学科能力标准与教学指南丛书

学科能力标准与教学指南：品德与生活、品德与社会

XUEKE NENGLI BIAOZHUN YU JIAOXUE ZHINAN:
PINDE YU SHENGHUO PINDE YU SHEHUI

北京教育科学研究院基础教育教学研究中心 / 编著

XUEKE
NENGLI
BIAOZHUN
YU JIAOXUE
ZHINAN
CONGSHU

图书在版编目(CIP)数据

学科能力标准与教学指南．品德与生活、品德与社会／北京教育科学研究院基础教育教学研究中心编著．—北京：北京师范大学出版社，2015.8（2021.7 重印）
（学科能力标准与教学指南丛书）
ISBN 978-7-303-18364-7

Ⅰ．①学… Ⅱ．①北… Ⅲ．①思想品德课—小学—教学参考资料 ②劳动课—小学—教学参考资料 ③社会科学课—小学—教学参考资料 Ⅳ．①G623

中国版本图书馆 CIP 数据核字(2015)第 003974 号

营 销 中 心 电 话 010-58802135 010-58802786
北师大出版社教师教育分社微信公众号 京师教师教育

出版发行：北京师范大学出版社 www.bnupg.com
北京市西城区新街口外大街 12-3 号
邮政编码：100088
印 刷：北京虎彩文化传播有限公司
经 销：全国新华书店
开 本：787 mm×1092 mm 1/16
印 张：13.25
字 数：230 千字
版 次：2015 年 8 月第 1 版
印 次：2021 年 7 月第 4 次印刷
定 价：34.00 元

策划编辑：路 娜 责任编辑：戴 轶
美术编辑：焦 丽 装帧设计：天泽润
责任校对：李 菡 责任印制：马 洁

学科能力标准与教学指南丛书

编委会

代序

PREFACE

基于学科能力的教学指南应用研究[①]

2010年，党中央、国务院印发的《国家中长期教育改革和发展规划纲要(2010—2020年)》(以下简称《教育规划纲要》)在全面深刻把握知识和能力关系的基础上，明确提出了“坚持能力为重”的战略主题思想，强调“优化知识结构……强化能力培养”。可以说，切实促进学生能力的发展，是当前深化基础教育改革，全面提高教育质量的关键点。

尽管《教育规划纲要》在政策顶层设计上强调“能力为重”，但是如何在学校教育的实践中真正贯彻落实这一要求，还存在一段较长的距离，需要教育工作者共同努力，开拓创新。在有关日常课堂的调研中我们也发现，在教学中存在形式化，忽略学科能力的提高等现象。我们认为，造成这种问题的主要原因在于中小学教师在实践层面缺乏将课程内容和能力发展统一起来的具体指导。尽管中小学教师在主观上比较认可这些理念，但是在实践层面难以落实到位，而且还存在不同程度的认识偏差。结果导致教学改进单纯注重形式的革新，忽视了教学的根本是学生能力的发展。

本研究在严格遵循国家课程标准的前提下，根据北京市中小学实际，尝试研制出一套整合课程内容、学科能力和实施建议的学科教学指南，旨在帮助教师更好地把学

① 本研究为北京市教委委托项目“义务教育阶段27学科教学指南实验及应用研究”的成果。本项目负责人为北京教育科学研究院基础教育教学研究中心贾美华主任，项目助理顾瑾玉。

科知识的教学和学科能力的发展统一起来，实现国家课程标准和北京市课堂教学实践的“无缝连接”。

一、研究背景和意义

(一)研究背景

1. 基于学科能力的教学指南的研究符合国家课程改革深入推进的需要

《教育规划纲要》中明确指出：“把提高质量作为教育改革发展的核心任务。树立科学的质量观，把促进人的全面发展、适应社会需要作为衡量教育质量的根本标准。”“提高义务教育质量。建立国家义务教育质量基本标准和监测制度。严格执行义务教育国家课程标准、教师资格标准。”同时，在 2011 年底颁布的义务教育阶段课程标准中，也同样提出教育教学标准的相关要求，以促进课程标准的深入推进与实施。

2. 基于学科能力的教学指南的研究体现首都义务教育自身发展的实际需求

1995 年，当时的北京市教育局委托北京市教学研究部研制并颁发了《北京市中小学学科教学文件汇编》，包括《北京市进一步加强与改进学科教学的意见》《北京市学科教学常规》《北京市学科课堂教学评价方案》三个文件，对指导当时的北京市学科教学起到了重要作用，教育教学质量得到稳步提升。2001 年国家新一轮课程改革启动，北京市在推进义务教育课程改革中，根据实际需要于 2005 年颁发了《北京市中小学课堂教学评价方案(试行)》，成为北京市新课程实施后中小学开展各学科课堂教学评价的基本依据。2011 年，《北京市中长期教育改革和发展规划纲要（2010－2020 年)》发布，明确提出：“建立全市义务教育质量标准和监测制度。巩固小学和初中建设成果，加强对义务教育学校的办学水平和教学质量的督导，着力促进学校内涵发展。以提高质量为核心，凝练办学特色，提高办学水平。”

(二)研究意义

为更好地贯彻落实国家和北京市相关文件精神，进一步提高北京市义务教育各学科教学质量，加强课程标准理念在课堂教学中的深化，指导学校、教师有效推进课程改革，加强北京市中小学教师队伍建设，提升中小学教师教育教学的能力与水平，需要在总结十余年课程改革经验的基础上制定学科教学指导意见、学科能力标准及教学指南。

1. 理论意义

通过对核心概念的研究，理解学科能力的本质特征，构建宏观、中观、微观三个层面的教学指导意见、学科能力标准及教学案例研究，形成基于学科能力的教学指南框架、体系，并力图形成将课程内容、学科能力和实施建议整合起来的纲领性文本。

这对于促进我们对课程理念的深入认识，理解学科知识和学科能力之间的关系，形成科学的教育质量观、学生发展观等有着一定的意义和积极的影响。

2. 实践意义

该研究的实践意义在于：一是为指导教研、教学和评价提供重要依据，形成明确基础，鼓励创新，且便教利学的方向性工具；二是为促进一线教师深入理解课程标准，有效实施课堂教学，为促进学生全面发展，提高首都义务教育质量提供方向引领与有力支撑。

(三)核心概念

学科能力是中小学生在各门课程学习过程中表现出来的比较稳定的心理特征和行为特征。把握学科能力的内涵首先要认识到学科能力必须以学科知识为中介。我国心理学家林崇德指出，心理能力不是空洞的，它总是要和特定的活动或者特定的认识联系在一起。“学科能力是学科教育和学生智力发展的结晶。”[①]在学科知识和学科能力的关系问题上，近代教育史上曾出现过形式教育论和实质教育论的对峙：形式教育论重能力训练、轻知识传授；实质教育论则反其道而行之，重知识传授、轻能力训练。现代教育理论已经认识到学科知识的积累和学科能力的发展是辩证统一的关系：一方面，学科知识是学科能力发展的基础，要发展学科能力就需要掌握学科知识；另一方面，学科能力的发展不能归结为学科知识，它是学科知识内化后形成的比较稳定的心理特征。所以，学科知识和学科能力之间并不是简单的正比关系，而是可能出现“剪刀差”，教育工作者必须对教学过程和方法加以合理安排，才能有效促进学科能力的发展。其次，学科能力和一般能力既有区别又相互联系。一般能力指大多数活动共同需要的能力，如观察力、记忆力、想象力等。学科能力是学生的智力、能力在特定学科中综合的、具体的体现，如语文学科中的听说读写能力，数学学科中的运算能力等。显然，一般能力和学科能力的区别在于概括和抽象的层次不同，属于一般和特殊的关系；它们的联系在于都有思维品质的参与，都遵循思维活动的规律。

二、研究内容与过程

(一)研究内容

1. 开展学科能力的相关理论研究，分析学科能力的结构、类型、水平，构建学科能力标准及框架，为学科教学指南的研究奠定理论基础。

2. 从学科教学本质出发，总体提出基本原则和要求，提出加强与改进教学的指导

① 林崇德．论学科能力的建构[J]．北京师范大学学报(社会科学版)，1997(1)：5—11.

意见，为教育行政部门的决策提供依据和借鉴，同时也是给教研部门和教师提供教学参考的层次框架，指导教师教学行为的改进。

3. 基于学科课程标准的研究，从促进学生学科能力发展的角度出发，研制适合北京地区实际的学科能力标准，并围绕标准提出具体教学建议，为规范教师教学行为，推动评价改革，优化教学过程，提高教学质量提供参考和依据。

4. 通过培训、实验，在实施过程中不断完善标准。围绕“意见”和“指南”，依托案例研究的方式，选择典型、适宜的教学主题、单元或课时进行教学研究与探索，促进教师对标准的理解，为教师教学提供范例指导与借鉴。

(二)研究过程

主要研究过程如下图所示。

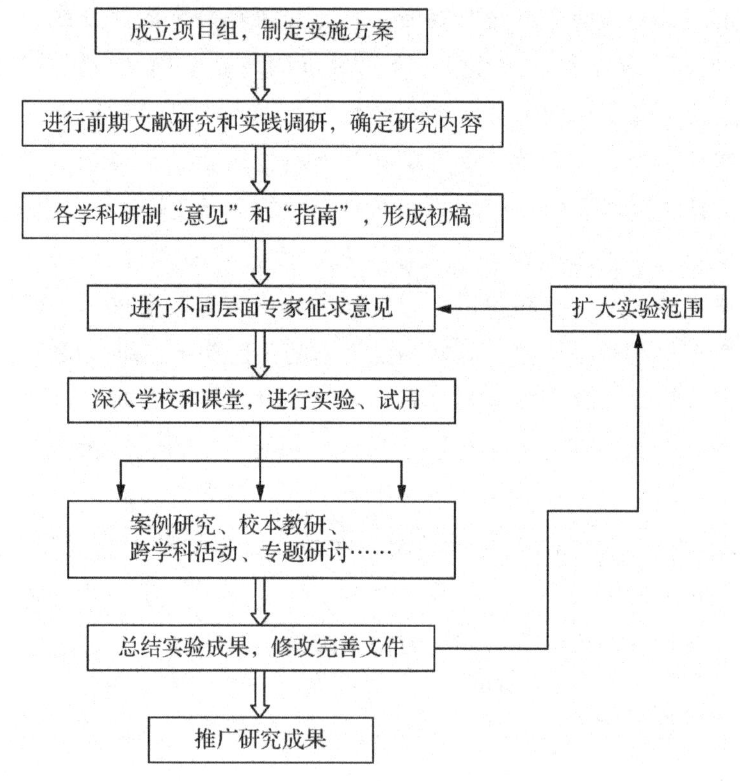

图1　项目工作实施流程图

三、研究结果及分析

(一)理论的构建：学科能力的结构、类型及层次水平

关于学科能力的结构，国内外许多研究都有所涉及，但不同的研究者侧重的内容

并不一样。美国心理学家布卢姆(Benjamin Bloom)开展的教育目标分类学研究实质也是对学科能力的分类研究，他提出“认知领域”“情感领域”“动作技能领域”的教育分类目标本质上是以学科能力为核心的，只不过布卢姆的分类研究侧重从心智操作层面对学科能力进行描述，例如，他把认知领域划分为知识(knowledge)、领会(comprehension)、运用(application)、分析(analysis)、综合(synthesis)和评价(evaluation)等亚分支领域，基本属于心智操作的范畴。美国课程理论家安德森(Lorin W. Anderson)等人在继承布卢姆目标分类学的基础上进行了一些修订，修订后的目标分类系统最大特点是将知识作为一个领域从心智操作领域中分离出来，并且将知识领域划分为事实性知识、概念性知识、程序性知识、元认知四个分支领域。这样一来，构成学科能力的要素至少可以区分为知识和心智操作两大块。除此之外，PISA(Programme for International Student Assessment)测试还提出了问题情境(situations)的概念。[①] PISA 主要考查的是学生为适应不断变化的社会所应具备的能力的掌握程度，所以它非常强调问题情境经验在学科能力中的作用。综合来看，学科能力主要有三个方面的构成要素：学科知识、心智操作和问题情境经验。[②] 这三种要素不能截然分开，而是相互联系构成一个立体的学科能力结构。

学科能力的类型有哪些？这个问题不能一概而论，不同的学科表现出来的能力类型也不会完全相同，有的还存在很大差别。拿语文学科来说，语文能力大体可以划分为识字写字能力、阅读能力、写作能力、口语交际能力等，这种划分是以技能为基础的。但是品德课程就不能按照这种方式划分，因为德育不是一种典型的学科。“德育始终不完全是‘学科’意义上的学科，它所承载的教育目的和任务具有学校教育的全局性意义的影响。”但是品德学科能力也是通过学习品德课程而形成的稳定而具有综合性的社会性能力。所谓社会性能力就是“个人顺利参与社会生活，成为合格的社会成员的能力，就是人的现实社会生存和生活能力”[③]。根据品德课程的特点，我们把品德学科能力分为观点认知能力、价值分析能力和行为实践能力，并进行了一定的说明，具体如表 1 所示。

---

① PISA. The PISA 2003 Assessment Framework: Mathematics, Reading, Science and Problem Solving Knowledge and Skills [EB/OL]. http://www.oecd.org/pisa/pisaproducts/.

② 张警鹏，郑启跃．学科能力心理要素三维结构模型的构建[J]. 科学教育研究，2006(10)：9—10.

③ 黄建君．德育学科能力特性刍议[J]. 全球教育展望，2012(11)：79—84.

表1　初中思想品德学科能力类型及说明

学科能力	说明
观点认知能力	定位于"知"，包括学科的基础知识，也包括基于知识理解基础上形成的观点(概念、原理、思想方法等)，以及对观点理论层面的解释和说明。
价值分析能力	定位于"析"，包括运用观点(概念、原理、思想方法等)分析说明现实问题，对现实问题作出价值澄清，并能审视自己已有的价值观念。
行为实践能力	定位于"行"，包括基于价值澄清与价值选择基础上的行动，真正的落实行动和面对新问题时改进、优化与提升的行动。

学科能力类型的划分除了要体现学科的特征，不用一把尺子来衡量，还要防止分类过程的随意性。为了确保划分的科学性与严谨性，项目组深入研究了国际三大教育评价(PISA、TIMSS、NAEP)对学科能力的分类标准和方式，借鉴了其中的宝贵经验。例如，PISA测试把科学能力划分为三大类别：确立科学问题、解释科学现象和运用科学证据。我们借鉴了这种分类法，并根据具体学科有针对性地作了一些本土化的改造，例如，将化学学科能力划分为获取信息的能力、科学探究的能力和解决问题的能力。

学科能力在不同年龄和学习水平上表现出来的程度是有差异的，这是因为学生的身心处在不断成熟和发展过程之中。比如，数学能力在小学阶段主要表现为数量关系理解能力和计算能力；到了中学阶段，则主要表现为数学推理、论证等能力。国际知名的TIMSS测试将科学认知能力由低到高区分为三个层次：理解、应用和推理，并且在每个层次下又进行了更加细致的层级区分。例如，把理解水平细化为"回忆""识别""下定义""描述""举例说明""使用工具"六个层级。这种划分方式实际是和布卢姆的教育目标分类学一脉相承的。学科能力层级水平的区分可以帮助教师在教学过程中更自觉地遵循儿童身心发展规律，提高教学效率。只是，国家课程标准作为一个总体性的纲领性文本，不可能面面俱到，因而在学科能力层级水平的区分方面比较宏观概括。例如，它将语文能力主要概括为识字与写字能力、阅读能力、写作能力、口语交际能力四大块，而各个能力领域内部的层级水平则比较模糊。针对这种情况，我们在遵循国家课程标准的大框架之下将各种能力进行了细分，并详细描述了每一层级能力水平的表现情况。以"阅读能力"为例，其层级水平详见表2。

表 2　语文学科阅读能力水平描述

阅读能力	水平 1	阅读文章能够初步把握主要内容、揣摩表达顺序、大体了解作者表达的思想感情；能了解说明性文章的部分要点，能大体把握诗意，了解诗歌表达的情感。能根据需要从文本中找出简单的信息，了解关键词语、重点句子和段落的表面意思，能作出简单的解释，并能有自己的看法；能借助阅读丰富自己的语言表达，能利用文本提供的单一信息，解决简单问题。
	水平 2	在阅读中能够抓住要点，全面把握文本的主要内容；能了解表达顺序；能根据需要从文本中找出多个信息；能利用文本信息和生活积累作出解释和评价，并能简单说明理由；能利用文本提供的信息，发展自身语言，或解决学习和生活中的一般问题。
	水平 3	阅读中，能够抓住要点简练地概括文本的主要内容，全面抓住说明要点；正确理解作者要表达的思想感情；理清文章思路；能根据需要从文本中加工出新的信息；能充分利用文本信息，对相关内容作出准确、全面的解释，或有理有据地进行评价；能灵活运用文本相关内容发展自己的语言，或解决实际问题；有较为丰富、扎实的语言积累。

(二)实践的探索：基于学科能力的教学指南

在对理论进行梳理的基础上，我们进行了实践层面的探索，形成了基于学科能力的教学指南。教学指南是以学科为基础的，涵盖了义务教育阶段 27 个学科，它不仅包括围绕学科能力发展而紧密联系起来的两个文本：《北京市义务教育阶段 27 个学科教学指导意见》和《北京市义务教育阶段 27 个学科能力标准及教学指南》，还在此基础上进行了实践层面的案例研究。

1. 从纵向来看，本套教学指南是一个覆盖宏观、中观和微观三个层次、指导教师教学的地方纲领性文本

国家课程标准是学科教学的根本指南，但由于课程标准要兼顾全国的教育教学实际，在课程内容安排和教学要求上具有一定的普适性，而缺少足够的针对性和操作性。因此，我们需要针对北京市教育教学实际情况，在国家课程标准和教师课堂之间搭起“桥梁”和“缓坡”，形成符合北京教育改革与发展实际的、更具有操作性和指导性的教学指南。

“教学指导意见”(《北京市义务教育阶段关于加强与改进 27 个学科教学的指导意见》)侧重于在宏观层面对学科教学提出基本原则和要求，从而为教育行政部门的决策提供依据和借鉴，同时也给教师提供教学参考的宏观理论框架，促进教师教学行为的改进。具体内容包括：第一，阐述学科的教育教学价值；第二，梳理学科课程改革取得的成效与经验；第三，分析学科教学中存在的主要问题；第四，提出未来在学科知识、思想和方法上的教学改进建议。

“学科能力标准及教学指南”(《北京市义务教育阶段 27 个学科能力标准及教学指南》)处于中观层面，它是基于学科课程标准研制的适合北京地区实际的学科能力标准，并围绕标准提出了一些具体教学建议。“指南”的研制旨在为规范教师教学行为、优化教学过程、推动评价改革、提高教学质量提供参考和依据。基本内容框架包括：第一，整体描述学科能力，并对学科能力进行分层次水平的细化；第二，针对具体课程标准的具体内容，提出更细致、更实用的学科能力标准；第三，围绕学科能力标准提出具体的教学建议。以初中地理为例，具体的结构见表 3。

表 3　初中地理学科“地球、地球仪、地图”能力标准及教学建议

<table>
<tr><th colspan="2">内容标准中的主题</th><th colspan="2" rowspan="2">学科能力标准</th><th colspan="3">能力水平</th><th rowspan="2">教学建议</th></tr>
<tr><th>内容领域</th><th>主题</th><th>1</th><th>2</th><th>3</th></tr>
<tr><td rowspan="10">地球和地图</td><td rowspan="6">地球和地球仪</td><td rowspan="3">感知能力</td><td>运用资料，了解人类认识地球形状的过程。</td><td>√</td><td></td><td></td><td></td></tr>
<tr><td>用简单的方法演示地球自转和公转。</td><td>√</td><td></td><td></td><td>用地球仪和手电演示地球的自转和公转。</td></tr>
<tr><td>运用地球仪，说出经线与纬线、经度与纬度的划分。</td><td></td><td>√</td><td></td><td>以小组为单位，观察地球仪，找出经纬度分布的规律。</td></tr>
<tr><td rowspan="2">理解能力</td><td>用地理现象说明地球的自转和公转。</td><td></td><td>√</td><td></td><td>用地球仪等教具或身体模拟地球的自转和公转，体会地球的自转和公转特点。</td></tr>
<tr><td>用平均半径、赤道周长和表面积描述地球的大小。</td><td>√</td><td></td><td></td><td>画出地球示意图，在图中标出地球的平均半径、赤道周长、表面积等数据。</td></tr>
<tr><td>问题解决能力</td><td>在地球仪上确定某地点的经纬度。</td><td>√</td><td></td><td></td><td>观察地球仪，互相提问题，确定某地点的经纬度。</td></tr>
<tr><td rowspan="4">地图</td><td rowspan="4">问题解决能力</td><td>能在地图上辨别方向，判读经度和纬度，量算距离。
能在等高线地形图上，识别山峰、山脊、山谷，判读坡的陡缓，估算海拔与相对高度。</td><td>√</td><td></td><td></td><td>在大比例尺地图上量算从居住地到天安门广场之间的直线距离。
在地图上辨别方向，判读经度和纬度。
在等高线地形图上，识别山峰、山脊、山谷，判读坡的陡缓，估算海拔与相对高度。
在野外进行“定向越野”活动。</td></tr>
<tr><td>初步学会在地形图上识别五种主要的地形类型。</td><td>√</td><td></td><td></td><td></td></tr>
<tr><td>根据需要选择常用地图，查找所需要的地理信息，养成在日常生活中使用地图的习惯。</td><td></td><td>√</td><td></td><td>将地图册上的地图进行简单分类。</td></tr>
<tr><td>列举电子地图、遥感图像等在生产、生活中应用的实例。</td><td>√</td><td></td><td></td><td>在电子地图上查找从学校(或某地)出发到某个旅游景点路线，说明电子地图的特点和与传统地图的不同。</td></tr>
</table>

在微观层面，则采取了边研究边实验、边推进边修改的工作方式，将理论的研究与实践的检验有机结合起来。具体做法是：(1)选定实验学校，在实验过程中不断发现、总结“意见”和“指南”的存在问题，完善研究成果。(2)围绕“意见”和“指南”，依托案例研究的方式，选择典型、适宜的教学主题、单元或课时进行教学研究与探索，为教师教学提供范例指导与借鉴，实现国家课程标准和本土课堂教学的“无缝连接”。例如，地理学科就依据教学指导意见及能力标准，基于本学科特点，在教学实践层面围绕以下主题进行案例的研究，具体见表4。

表4　初中地理基于能力标准的教学案例

序号	主题	相应案例例举
1	地理价值观的培养	举例说明纬度位置、地形对气候的影响
2	知识结构的完善	澳大利亚
3	地理图像分析解读能力	长江的开发与治理
4	多样的教学方式	北京城市职能及建设成就
5	生活与地理	判读等高线地形图(2)
6	地理信息载体与传统教具的结合	“影子”的秘密

2. 从横向看，教学指南始终贯穿着一条中心线索：学科能力的发展

“教学指导意见”是在一般层面从教学内容、教学原则、教学方法、教学评价、教师发展等几个方面就如何更好地培养学生的学科能力提出指导意见。“学科能力标准及教学指南”则是针对具体的课程内容，围绕着如何促进学科能力发展提出具体的教学建议。在横向框架的设计过程中，我们借鉴和吸收了国外一些地区的课程标准的部分内容，例如我们根据澳大利亚多利亚州课程标准框架进行了本土化改造。澳大利亚多利亚州的课程标准不仅列出了学习的主要领域和重点内容，而且还对学习结果和能力表现指标进行了详细的说明。学习结果和能力表现指标是相互对应的，“学习结果”就是用来描述“学生应当获得什么知识以及能够具备怎样的能力”，能力表现指标回答“我们如何知道学习获得了特定的学习结果”。学习结果和表现都尽可能用可理解和可评估的行为动词来表述，这样有利于教师对教学过程的广度、深度和复杂程度的把握和控制，同时也是教学评价的基础。教学指南在借鉴国外课程标准框架的基础上，根据我国课程标准的内容安排就如何实施提出了具体的教学建议。这样一来，就形成了一个集内容标准、能力水平和教学建议于一体的纲领性文本。以语文学科的“识字”为例，其框架如表5所示。

表 5　语文学科“识字”内容领域的能力标准及教学建议

内容标准			语文学科能力水平描述		教学建议
一级	二级	三级			
识字与写字	识字	读准字音	水平1	能读准声母、韵母、声调和整体认读音节。认识大写字母，熟记《汉语拼音字母表》。能准确地拼读音节，正确书写声母、韵母和音节。	通过多种多样的游戏、活动，提高汉语拼音学习的趣味性；同时，注意汉语拼音学习的渐进性，通过定期复习、组合运用等方式增加汉语拼音的复现率，让学生在与汉语拼音的多次接触中逐渐掌握汉语拼音。
			水平2	读准《课程标准》附录 4 中 300 个汉字的读音及附录 5“字表 1”中的大部分汉字读音。	利用母语学习的特点，基于学生的既有经验展开教学，提高教学的针对性。注意字音教学与朗读教学相结合，指导学生读准教材中生字的读音。
			水平3	读准《课程标准》附录 5“字表 1”中的大部分汉字读音，并能辨析常见的多音字、形近字、音近字的读音。	结合学生的学习和生活实际，通过联系字义、联系字理等方法加强多音字、形近字、音近字辨析的指导，随时纠正容易误读字的读音。

四、研究的成效

(一)有助于克服简单传授知识和单纯传授知识的倾向，促进学生能力的发展

简单传授知识和单纯传授知识是困扰课堂教学、影响学生能力发展的两大难题。所谓“简单传授知识”就是教师没有将贯穿在知识中间的原理讲解清楚明白，学生不能理解，只能呆读死记来应付考试，通常所说的“满堂灌”“填鸭式”就是这种情况。所谓“单纯传授知识”就是教师教学停留于认知层面，不能深入下去，教学对学生的发展价值很有限，通常批评的“教书不育人”就是属于这种情况。应该说，人们很早就认识到“单纯传授”和“简单传授”的消极影响，但是却大都局限在观念层面对这些弊病进行激烈谴责和批判，对于如何在具体实践层面克服这些弊病则较少给予实质性的帮助，好像“满堂灌”等现象的存在主要是观念方面的原因。其实，谁都知道“满堂灌”不好，但总是改不掉，主要是因为师资能力和水平的问题，非不为也，实不能也。因此，只有针对具体的课程内容，描述要达到的学科能力水平，提出具体的转识成智的教学建议，才能更好地实实在在地帮助教师克服简单传授和单纯传授知识的难题。以物理课程中的“速度”为例，国家课程标准提出的内容要求是“用速度描述物体运动的快慢。通过实验测量物体运动的速度。用速度公式进行简单计算。”在我们的研究中，首先对内容标准进行了细化和分解：知道速度的概念；了解速度的国际单位及速度各单位之间的换算；会用 v－t 图、s－t 图像描述物体的运动；用速度公式进行简单计算。然后，分析

各个分支内容的能力水平，例如“知道速度的概念”属于“了解”水平。最后，根据具体的内容及其需要达到的能力标准提出有针对性的教学建议，例如“教学中可以提出：‘如果两个物体运动的路程和运动的时间都不相同，如何比较它们运动的快慢?’的问题，让学生展开充分的讨论，从而建立起速度的概念。通过这样的学习过程，不仅要让学生了解速度的概念，同时也增强了运用数学工具处理问题的能力，更重要的是要学生领悟建立速度概念的方法。”

(二)有利于教师的专业成长，促进教师专业能力的发展

教育质量的高低，乃至教育改革的成败，一个十分关键的因素在教师。教师专业能力水平决定了课堂教学的质量，也制约着学科知识转化为学生能力的尝试和广度。教师的专业发展不是一蹴而就的过程，而是在实践中逐渐累积的过程。本丛书可以为中小学教师的日常教学提供专业方面的智力支持，也可以说，它是专门为中小学教师的专业成长而量身定做的“脚手架”。它在促进教师专业成长方面体现出四个方面的特点：第一，以促进学生的学科能力发展为中心，让教师在教学过程中具有“能力意识”是本丛书追求的重要目标之一；第二，紧贴学科内容，避免脱离内容的泛论述化；第三，紧贴课堂教学，标准中的教学建议主要是针对课程教学而言；第四，紧贴实际需要，我们分析了北京市近十年来义务教育监控与评价的数据，并利用教学视导、课例分析、现场课的展示、问卷调查等方式深入一线进行调研，为本丛书的研制奠定了牢固的实践基础。

五、研究的几点思考

(一)进一步加强学科的共性与个性研究

在研究过程中，我们已经从理论的角度对学科能力的类型、结构等进行了梳理，并构建了基于学科能力的框架，为各学科的研究提供了基础。但对于框架、结构本身的研究还需要进一步明确：学科能力的描述是否合适？分类及水平层次的界定是否准确？能否真正代表所有学科的共性特点？这是我们下一步需要在顶层设计中继续探索和完善的地方。

另一方面，我们也发现在学科研究的过程中，学科特色不够凸显。每个学科都有自己的课程定位、价值与特点，如何在研制能力标准的过程中突出本学科的重点是研究的难点，这也是区别一般能力与学科能力的关键点。比如有专家提出，“化学学科重在培养科学精神，数学重在培养数学思维，政治重在形成正确价值观，综合实践活动重在加强知识运用及人际合作能力”，因此，在考虑共性与全面的前提下，学科特色研究将是我们下一步的研究重点。

（二）进一步加强教学实践层面的应用研究

此次研究虽然注重了宏观、中观、微观层面的研究，并在微观层面依托教学案例进行教学实践层面的应用研究，力图在实践层面检验学科能力标准的实效性。但教学案例的研究只是质性研究的一种方式，学科能力标准的信度、效度如何以及是否能有效指导教师教学，则需要通过不同的研究方法作进一步的探索，例如通过定量与定性的结合，为学科能力标准的理论建构提供更具实证意义的支持。

（三）关注学科能力标准与学业水平标准等其他评价标准之间的联系

当前，随着课程改革的深入推进，基于教学、教师、学生的标准研究都是人们日益关注的焦点与热点问题，但教学、教师、学生并不是孤立的，而是课堂的主体因素，彼此之间紧密联系，因此，在研究学科能力标准时，要关注与教师专业发展标准、学生学业水平标准之间的联系与区别，并能在标准建构中有所体现，在实践层面则更需要三者之间的融合，形成合力，真正促进教师专业水平的提升、学生的发展，从而促进教育教学质量的提高。

目　　录
CONTENTS

第一部分　学科教学指导意见

品德与生活学科教学指导意见

品德与生活课程是一门以小学低年级儿童的生活为基础，以培养具有良好品德与行为习惯、乐于探究、热爱生活的儿童为目标的活动型综合课程。本课程是根据社会与时代发展的需要和儿童身心发展的特点而设置的旨在以正确的价值观引导儿童更好地适应学校生活，形成良好品德和行为习惯，在充满探究与创造乐趣的童年生活中，为学会生活、学会做人、学会创造打下基础。因此，有效发挥本课程的价值将会对培养学生良好的公民道德素质和勇于探究的创新精神与实践能力起到积极的促进作用。

一、品德与生活课程改革取得的成效与经验

北京市义务教育阶段品德与生活课程的改革经过了十年的实施，取得了明显的成效，教师的教育观念、教学方式以及学生的学习方式都发生了质的改变，教师的专业素养不断提升，教学实效性不断增强。总结十年来的改革经验，其主要成绩表现在以

下几个方面。

（一）教师的观念发生了质的改变，新课程理念正在成为教师教学行为的指南

随着课程改革的不断深入，教师的观念发生了根本的变化，“关注每一个学生”、“为了每一个学生的发展”、“让道德教育回归生活”、“让教与学植根于儿童的生活”这些新课程理念从理解、接纳到逐步确立，并能在教学实践中得以体现。在教学设计和教学行为上，教师在引导学生理解和掌握生活常识、道德知识和规范要求的同时，更加注重对学生生活、学习需要和问题的研究，珍视学生的童年生活价值，尊重学生的权利，重视促进学生个性的发展。在课堂教学过程中，教师更加注重教学目标制定的准确性，更加注重学生的学习过程，积极创设适宜的教学活动情境，引导学生参与教学活动，激发学生学习兴趣，调动学生学习积极性，充分发挥学生的主体作用，使学生在教学活动的互动交流中提高认识，获得解决问题的能力。促进学生在活动中发展，在生活中发展。

（二）教学方式、学习方式有了根本的改进，课堂学习活跃，教学有效性逐步增强

实现教学方式、学习方式根本性的改进是品德与生活课程改革取得成效的关键。广大教师能自觉地根据课程特点和学生认知规律，结合教学内容，积极探索和运用体验、探究、合作、讲授等多种教学方式，引导学生参与观察、实验、调查、讨论、参观、访问、游戏、制作等各种活动，使学生在活动过程中与社会接触、与环境互动、与生活实际结合、与伙伴合作、与教师平等交流，从而获得对自然和社会的亲身体验与感受，获得知识和经验的丰富，获得创造性和实践能力的发展。在课堂中，教师努力去做学生学习的组织者、指导者与合作者，给学生创设主动探究、合作学习的环境，把学习的主动权还给学生，使教学为学生的学而服务。

教学方式的改进使得“活动”成为品德与生活课堂教学的主要形态，而这促使学生学的方式也发生了根本性的改变，学生自主学习和主动探究的意识和能力日益增强。在教师指导下，学生会围绕学习主题通过多种途径进行学习资料的收集和简单处理；学生能在探究和讨论中提出问题，交流思想和发表见解，分析判断解决生活中遇到的问题，生成新的认识；学生愿意在活动实践中，积极参与、动手操作，一些课堂已经呈现出师生、生生多向互动、互促、互相影响的良好态势。

（三）课程资源开发与利用的有效性正在向纵深方向发展

在课程实施中，教师对品德与生活课程资源开发与利用的特殊意义和价值有了更深刻的认识。教师越来越清楚地认识到，充分地开发并有效利用课程资源，既是扩展和深化课程的有效途径，也是增强课程开放性、生成性和教学活力以及发挥学生主体作用的重要手段。教师们积极尝试因地制宜开发和利用学生自身和家庭资源、校内和社区资源、自然和社会资源等各方面资源，丰富教学的内容，拓展学习的视野，开放教和学的空间，为增强教学实效性起到了积极的促进作用。

（四）评价观念有了明显转变，评价方式呈现多元化

在新课程改革倡导的发展性评价理念的指导下，广大教师的评价观念有了明显的转变，能够以关注评价过程、促进学生品德发展、生活能力提升为本学科的评价目的，积极尝试进行评价改革，注重评价的过程性和评价主体、评价方式、评价标准的多元化，注意发挥评价的诊断功能和激励作用，激发了学生的学习积极性，使评价为促进学生发展、教师提高和改进教学实践而服务。新的评价方法不仅能更科学合理地反映教与学的过程和结果，同时也更有利于促进儿童的学习与发展。

（五）教师的学科教学能力明显提高，形成了教师骨干队伍

新课程改革为学科教师专业素养的提升和教学能力的提高创造了机遇，搭建了平台，促进其在实践中不断成长。教师们理解教材和处理教学资源的能力、进行教学设计和教学活动组织的能力、把握学情和因材施教的能力、驾驭课堂和促进动态生成的能力、勤于学习和善于总结反思的能力都在不断提高，教学经验不断积累和升华。初步形成了一支具有一定素质和学科专业化水准的骨干教师队伍，涌现出一批市区级学科带头人和学科骨干教师，成为深入改革的积极探索者和实践与创新的研究者，在学科建设与可持续发展中发挥着重要作用。

二、品德与生活学科教学中存在的主要问题

在课程改革的过程中，也存在一些认识的偏差、实施中的难题和困惑，需要深入研究与努力改进，以促进品德与生活课堂课程改革的不断深入发展。

（一）教师的课程意识不强，课程理念在课程实施中落实不到位，导致课程价值难以体现

对课程理念、目标和性质的全面、整体、深入理解是有效实施课程、体现课程价值的根本和基础。有些教师对本课程的性质、总体目标和教育理念缺乏了解，领会不深，甚至存在一定的认识偏差，课程意识淡薄，因而导致一些教师在教学实践中不能准确把握课程定位，只关注具体教学内容局部的表层思考，而忽视了课程的本质属性和整体价值，使得课堂教学实施显得偏颇、狭隘、机械，培养学生良好品质和行为习惯、乐于探究、热爱生活的课程价值难以实现。

（二）重教轻学，学生参与教学活动的实效性不强

在新课程理念的指导下，课堂上呈现了较多的外显活动，使得教学活跃了，但是有些教师更多地注重在教学活动形式设计上下功夫，而缺乏对学生学习需要的研究；

在教学实施中多注重实行教学预设方案，而忽略了对学生的学习反馈的关注和研究，往往不自觉地牵制学生的思维使其符合教师的教，虽然有时课堂教学开放了，学生活跃了，但学生参与的目的性、实效性不强，教学活动呈现出程式化、形式化、局限于表层的现象，教学活动缺乏针对性，其作用与价值低下。教学实质上不是为学生的学而教，而是为教师的教而教。

(三)课程资源开发缺乏深度和广度，资源利用的有效性不足

教师具有一定课程资源意识，愿意在教学中积极开发与利用课程资源，但是在教学实践中，课程资源的开发与利用形式化、简单化、浅显化、机械化的现象比较普遍；多种课程资源整合利用的意识匮乏，不能高位地统整课程资源；对学生资源、生活资源和生成性资源的开发与利用不到位，导致大量的品德与生活课程资源被闲置、埋没和流失，这些问题都影响和制约了教学改革的进程。

(四)学科师资力量相对薄弱，专职教师数量太少，队伍流动性过大，学科专业水平不高

品德与生活学科具有自身的学科特征和学科专业教学技能，所以没有接受专业培训的教师难以满足教学要求，但就目前现状来看，本学科的专职教师配备严重不足，师资队伍以兼职教师为主，人员变动频繁，专业不定的现象比较普遍，造成本学科教师队伍的专业知识和教学调控能力不足，学科教学基本功不够扎实，教师的专业发展受到制约，这些直接影响学科教学质量的提高。

三、进一步推进品德与社会学科教学改革的建议

(一)深入认识和理解品德与生活课程，催生教师课程意识，提升教学意义

组织和引导教师加强对《义务教育品德与生活课程标准(2011 年版)》的学习，正确理解课程性质、课程目标、课程理念等的内涵，明确课程实施的意义和价值。促进实现教师自觉以课程理念为指导，正确理解教育教学内容，准确进行各级教育主题的教学定位，合理设计教学活动，选择运用适宜的教和学方式，努力落实和达成课程目标，实现课程价值，提升教学意义。

(二)强化课程资源意识，增强课程资源开发与利用的有效性

品德与生活课程资源的开发与利用是品德与生活课程改革的一个重要组成部分，是课程改革顺利推进的基本保障，是增强课程的适应性、实现课程整体优化的有效途径。充分开发和有效利用课程资源对于品德与生活课程的深度改革具有重要意义。因此，教师应重视课程资源的开发与利用，准确把握教材和其他资源的关系和作用，合理、有效地运用课程资源，力求面向生活、切合实际，增强教学实效。

应注重开发与利用多种课程资源，为学生搭建参与教学、参与实践、走向社会、贴近生活的平台，为有效教学拓宽视野、拓展空间、拓宽途径，为学生的发展创造机会、条件，更好地体现课程价值；应注重捕捉学生生活中存在的相关问题和现象以及学生身边的一些典型事例作为课程资源并有效利用，使教和学植根于学生生活，增强教学的针对性和适切性；应注重积极利用现代信息技术作为教与学的工具，在教学内容的呈现方式、学习方式、交互方式等方面和教学有效整合，积极开发和利用各种网络资源，有效地为学生学习服务。

（三）努力实现植根生活的品德教育，加强教学针对性，促进学生全面发展

品德源于生活，品德与生活的课堂教学也必须植根于生活。要理解学生的生活，了解学生的生活世界，掌握学生实际情况、学习需求和心理需要，针对学生品德、生活中的真实问题，有的放矢地进行教学，让学生在真实的生活中、在具体的活动实践中直接体验、探究、思考，实现知识的构建、认识的提高、经验的积累和能力的历练，从而使问题解决的过程成为学生心灵成长的过程，成为课程目标实现的过程，以达到彰显课程价值的目的。

（四）优化教学过程，倡导教学方式多样化，注重提升各教学环节的有效性

科学制定教学目标，准确确定主题教育定位；正确理解教材，有效处理教学资源，创设有意义的教学活动；充分利用一切合理有效的教学方式，为学生的知识构建、认识提升、价值观形成和个性自主发展创设情境和条件；促进学生主动参与和独立思考，促进生生、师生等多向互动，实现课堂的生态良性循环，增强教学的实效性。

（五）凸显学生道德学习的主体作用，强调课程的活动性，注重培养学生体验感悟、探究、创新与实践的能力

教师要明确学生是品德与生活课堂学习的主体，要创设一切条件让学生成为道德学习的真正主体，引导学生主动参与、积极思考、自觉实践，帮助他们实现一定程度上的自我教育和自我发展。

教师要认真研究学生，了解学生的生活世界，从学生的视角观察生活，着眼于学生主体作用的有效发挥，有意识地启发、引领学生在道德情境中积极感悟、积极探索、积极积累经验，从而使问题获得解决和认识得以提升。

教师要尊重学生的个性差异，根据不同学生学习和发展的不同需求，创设条件，有的放矢地引领学生与自我、与他人、与自然、与社会互动，使不同层次、不同需求的学生都能够在生活中发展，在发展中生活。

（六）明确评价目的，研究科学合理的多元评价方式，充分发挥评价的作用

教师要明确评价应以“促进学生发展、教师提高和改进教学实践”为最终目的，要淡化评价的甄别与选拔功能，注重教师、学生在发展中的需要，突出评价的激励和调控功能，激发教师、学生的内在发展动力，促使其不断进步，努力实现课程价值。

教师要明确评价过程是与教学过程并行的同等重要的过程，评价是教与学重要的组成部分，它贯穿在教学活动的每一个环节中。因此，应强调评价与教学紧密结合；强调综合性评价，关注个体差异，实现评价指标的多元化；强调质性评价，实现评价方法的多样化，倡导定量评价与定性评价相结合，使评价更加科学化；强调评价主体的多元化，加强评价过程的互动交流与沟通，促进学生的自我反思、自我教育和自我发展；关注过程，将形成性评价与终结性评价有机地结合起来。

(七)加强教研与培训实效，争取领导重视，建设稳定的学科骨干教师队伍，提高教师和教研员专业化水平

积极争取各级领导对品德与生活课程有效实施的重视，加强教师队伍建设，优化教师队伍结构，保证师资素质，保证课时，杜绝课时挤占现象。

建立并稳定骨干教师队伍，要引导并鼓励兼职教师明确学科发展方向，促进品德与生活学科兼职教师的定向专业发展。

要加大教师培训力度，加强教师培训的针对性，针对不同层次教师的专业发展需要进行分层培训，既要帮助骨干教师突破发展瓶颈，又要对青年教师夯实教学基本功常抓不懈。

教研活动要深入务实，积极发挥市、区、校三级教研网络功能，以教学实践中亟待解决的基本问题为研究专题，既要引领教师进行理论层面探讨，更要注重实践层面的行动研究与指导，帮助教师把握品德与生活课程的特点和教学规律，不断提高教师专业水平，增强课程的实施能力。

品德与社会学科教学指导意见

品德与社会课程是在小学中高年级开设的一门以学生生活为基础、以学生良好品德形成为核心、促进学生社会性发展的综合课程。品德是健全人格的根基，是公民素质的核心。品德与社会课程以社会主义核心价值体系为指导，以满足学生的身心需要为目标，以学生社会生活为基础，注重学生在主动学习的过程中，初步掌握认识社会事物和现象的方法，提高道德判断和行为选择能力，发展学生主动适应社会、积极参与社会的能力。

一、品德与社会课程改革取得的成效与经验

《全日制义务教育品德与社会课程标准(实验稿)》于2002年颁布，北京市在部分国家实验区开始品德与社会课程改革的实验，2006年开始在全市范围内展开京版教材改革实验。在各级教育行政部门、教研部门和广大教师的共同努力下，北京市品德与社会课程改革经过十余年的实施，在课程理念的落实、教与学方式的转变、课程资源的开发与利用等方面进行了深入探索，课堂教学发生了很大变化，教师教学素养得到提升，取得了初步成效。

(一)教师教育教学观念发生了转变，注重从观念到行为的落实

随着课程改革的整体推进和不断深入，品德与社会课程教师在课程标准的引领下，教育教学观念发生了很大的转变。"关注每一个学生的成长"，"回归生活，关注社会"，"引导学生过有意义、有价值的生活"等课程基本理念已经深入人心。这十余年，品德与社会课程教师经历了从被动接受"倡导"的理论到逐步理解、内化理论再到主动开展教学改革探索，从被迫适应到努力超越的成长过程。面对新课程、新教材、新理念，广大教师开始关注教学的预设与生成，在课堂教学中注重从学生的生活实际出发，引导学生在丰富多样的活动情境中学习，强调学生的主动参与和自主学习，努力创设宽松、平等、和谐的课堂氛围，力图将课程理念更好地落实在教学实践中，提高课堂教学的实效。

(二)课堂教学研究不断深入，教与学方式趋向多样化

教与学方式的变革是此次课程改革的明显特征之一。在课程改革实验中，品德与社会课程教师在学习和实践的基础上，不断尝试、探索新课程理念所倡导的自主、探究、合作等教与学方式在教学中的实施与应用。在教学中，教师能够根据课程的特点和学生实际需求，在课堂中创设多样的教学情境，引导学生在游戏、角色扮演、实践

操作、讨论、讲故事、画画、课堂辩论等多样的活动中去体验、感悟，获得知识、技能的提高以及积极情感、态度、价值观的养成。教与学方式的转变也让我们看到了教学效果的显著变化：教学正逐渐从封闭转为开放；教师角色从传授者转为引导者；学生从被动参与转为主动投入；课堂交流从单向转向多向。

(三)关注教学时空的拓展，注重课程资源的开发与利用

在品德与社会课程的教学实践中，教师逐渐树立了新的教学时空观和课程资源意识。在倡导回归学生生活、重视学生生活等课程理念的指引下，教师不再将教学空间局限于课堂和学校，而是将本课程的教学与相关学科、班队活动、学校德育活动、社区活动、社会实践活动等紧密结合，从中捕捉、挖掘鲜活的素材，调动学生在课外学习和活动中获得的经验和知识，充实本课程的教学过程。教师对教学资源的认识与利用也不再局限于教材和教师用书，而是将视野投入更广的范围中，积极开发学生、家长等不同人群的课程资源，开发校内外、社区、博物馆等不同场所的资源，利用网络等为载体的资源进行教学，拓宽了教学时空，丰富了教学内容，对教学实效性的提高起到了积极的作用。

(四)积极转变评价观念，努力探索多元化的教学评价方式

在新课程理念和课程标准的指导下，广大教师的评价观发生了较大的变化。教师能够关注到评价的过程性，认识到评价要从学生全面发展的需要出发，要注重学生的学习状态和情感体验，要全面了解和掌握学生的道德和社会认知、判断、行为，以及发现和解决问题等方面的能力。在日常教学实践中，广大教师能积极进行评价改革，关注评价主体的多元、评价方式的多样，注重发挥评价的导向、诊断和激励作用，从而改进教学、提升自身专业水平，最终促进学生的发展。

(五)教师专业水平得到一定提升

新课程实施十余年来，市区教育、教研部门依据课程的要求和教师的需求，通过教学设计评选、基本功展示、课例研讨、专题交流等多种培训与研修方式，为教师搭建学科交流与专业发展的平台，促进课程的实施。许多教师面对新课程的压力与挑战，勤于学习、勇于实践、积极探索，在不断地研究、交流、分享、反思中总结、积累教学经验，不仅促进了自身学科教学能力和专业素养的提升，而且为教材的完善、课程的建设提供了宝贵的经验，有力地保障了新课程的顺利实施。

二、品德与社会学科教学中存在的主要问题

北京市品德与社会课程实施十余年来，在取得显著成效的同时，仍存在一些问题，值得我们关注、思考与研究。

(一)对品德与社会课程的全面理解与整体把握不到位

在教学实践中，一些教师虽然能够在教学设计、教学方式等方面遵循新课程理念，但由于对课程的定位、价值、性质等方面的全面理解与整体把握存在问题、误区，出现重表面形式、轻实质内容，重结果、轻过程等形式化、功利化倾向；教师主宰课堂、牵引学生活动现象依然存在；教师的教学活动更多的是对知识的传授和记忆，往往忽略了学生的亲身体验；课堂教学流于形式、趋向僵化甚至偏离课程的本质，很难真正促进学生的全面发展。

(二)对教与学方式的研究表面化，实效性有待加强

部分教师在新课程理念指导下努力进行多种教学方式的尝试与探索，但是如何将倡导的课程理念内化为适宜的课堂教学方法与策略，仍然任重而道远。在教学中，还普遍存在为了让学生参与、探究、体验刻意创设情境，热热闹闹走过场，为了活动而活动等现象，忽略了探究学习、体验学习和问题解决学习的本质与意义。如何让学生真正有效地参与课堂，如何使我们的课堂活而不乱、活而有序，如何使先进的教育观念转变为教师有效的教育行为，是我们今后需要深入研究的问题。

(三)课程资源的开发与利用的针对性、有效性和深入性有待提高

在教学实践中，教师已经初步具有资源意识，能够广泛利用各种资源进行课堂教学。但教师对课程资源的开发与利用存在针对性不强、片面化、形式化、简单化等问题；面对大量的资源，不知道如何选择、开发与利用；课程资源整合意识比较薄弱，这些问题在一定程度上制约了教学实效性的提高。

(四)师资队伍不稳定，流动性大，教师专业化发展仍是一个长期课题

由于学校人事制度的改革及传统观念的影响，品德与社会课程教师的地位比较边缘化，品德与社会课程在学校是不被重视的薄弱课程。无论是对课程实质的理解，还是课时安排、师资水平、教研情况等，都没引起高度的重视。自该课程开设以来，常常存在着课程受重视度不高、实际开课率低、课时未开齐开足的情况，有的学校甚至每周只开一节课；大量的其他学科教师兼任，课程常常被挪用；专职教师比例很小，教师队伍不稳定，不利于教师的可持续发展，更影响教学质量的提高。品德与社会课程对教师专业程度的要求较高与教师自身专业化水平相对较低之间的矛盾，如果长期得不到解决，会制约教师自身专业化的发展和课程的深入推进。

三、进一步推进品德与社会学科教学改革的建议

回顾新课程走过的十余年，在总结经验、发现问题的同时，更需要认清今后教学改革的方向和重点，以《义务教育品德与社会课程标准(2011 年版)》为依据，继续落实

"品德培养回归生活、关注儿童现实生活、积极引导儿童发展"的课程理念，进一步促进品德与社会课程教师专业发展，推进品德与社会学科教学改革，提高品德与社会学科教学质量。

(一)认真学习课程标准，提高课程意识，努力践行课程理念

品德与社会课程是一门综合性课程，帮助学生参与社会、学会做人是课程的核心，学生的生活及其社会化需求是课程的基础，提高德育的实效性是课程的追求。教师要认真学习《义务教育品德与社会课程标准(2011 年版)》，从整体上理解与把握课程理念，正确理解课程的定位、性质、内涵、目标、内容，明确课程的价值与意义。

在教学中，教师要以课程理念为指导，根据学科的要求、学生的需求以及社会的发展，选择与组织教学内容，科学合理地确定教学目标，选择恰当的教学手段和教学方式，创设有效的教学情境，激发学生学习的主动性、自主性和创造性，促进学生知行合一，真正落实课程理念，体现课程价值。

(二)关注教学设计和教学实施能力的提升，以学定教，提高课堂教学实效性

在教学实践中，教师要注重课前的教学设计，不仅要分析教学内容，更关键的是要注重对学生情况的分析，了解与掌握学生的实际需求、问题与困惑，准确定位教学目标，有针对性地选择教学方式，设计教学活动，促进教学目标的达成。

在教学中，教师在关注教学预设的同时，还要关注课堂教学的生成，这也是教学实施能力的体现。教师在课堂中要注重激发学生的学习兴趣，关注学生参与的广度、深度，对学生的学习活动进行有针对性的指导；能够根据反馈信息对教学进程、难度进行适当调整，合理处理临时出现的各种情况，有效调控课堂；能够营造宽松、融洽的课堂氛围，引导学生体验进步和成功的愉悦，有进一步学习的愿望，最终促进教学实效性的提高。

(三)提高课程资源开发与利用的能力，加强针对性与有效性

有关品德与社会课程资源的开发与利用，最重要的因素是教师。品德与社会课程需要大量的资源，但要避免教学中资源的罗列、堆积与无目的、无选择地开发与利用。

从内容上看，教师开发与利用资源要注意：一是立足课堂，运用好校内资源。包括图书、报刊等文本资源，师生等人力资源，音像资源，实物资源等。二是适当引入校外图书馆、科技馆、博物馆、乡土资源等校外资源。三是根据教学需要，结合时代发展，关注网络资源的开发与利用。

从主体上看，除了教师，教学资源的开发也必须有学生的参与。学生的生活经验是教学得以正常进行的基础。学生用儿童独特的眼光去理解和体验课程，他们会开发出鲜活的教学资源，这是教学开发利用的重要组成部分。

在课前，教师要从教学内容和学生实际出发选择教学资源，注重资源的来源、种类、范围，加强资源的整理、分析与选择。在课上，教师要根据教学的实际需要对资源进行整合利用，要有针对性和典型性，有利于突出重点，突破难点。在课后，教师要注意资源的拓展与延伸，引导学生在课下、在生活中利用一些资源继续学习，加强课内外的结合，提高教学的实效性。

(四)促进多元化评价方式的研究，真正实现评价的多元与开放

根据课程要求，品德与社会教学要建立着眼于学生发展的开放性的多元化评价机制。在具体实施学生学业评价时，教师要依据课程标准和教学内容，注意做到评价内容多维性、评价主体多元化、评价时机全程化、评价载体情趣性、评价标准多层化。

在评价中，我们既要注重对学生学习能力、态度、情感、表现和实践能力以及学习方法的综合评价，通过评价激发学生学习的积极性、提高自信心；又要注重培养学生的个性，尊重学生的主体意识；同时还要在评价中既关注结果，又重视过程，既要有定量评价，又要有定性评价，以全方位的多元化评价来激励每个学生的发展。把评价作为教学过程的一个内容，将评价伴随在教学过程之中，使之成为提高品德与社会教学有效性的助力剂。

(五)加强师资队伍建设，开齐开足课时，提高教师专业素养

作为一门综合性课程，品德与社会课程对教师自身的教学水平和能力提出了很高的要求。因此，要体现品德与社会课程的价值，凸显课程在促进学生发展中的地位和作用，深入开展教学，就必须加强品德与社会师资队伍建设，优化教师队伍结构，加强骨干、专职教师力量，促进兼职教师学科方向明确化，稳定教师队伍。

学校要按照国家课程计划开齐开足课时，不挤压、占用品德与社会课时，全面落实教学任务，为品德与社会课程教师在业务进修、教学研究、专业成长等方面创造一定的条件。

要积极加强培训工作，根据教师专业发展的实际需求，加强培训的针对性和实效性，拓宽师资培训的渠道，发挥教研的三级网络，创新教研方式，通过小组研讨、案例分析、现场观摩、角色扮演、模拟课堂等实践性较强、贴近教师的培训方法，真正关注教师的主动参与和亲身体验，促进教师专业素养的提升。同时，鼓励教师在实践中学习、研究，通过自学、校本研修等活动，提升自身专业能力和专业素养。

第二部分　学科能力标准与教学指南

品德与生活学科能力标准与教学指南

一、品德与生活学科能力标准整体描述

依据《义务教育品德与生活课程标准(2011 年版)》和国内外学科能力研究的有关理论，结合学生品德和行为习惯、生活态度、认知发展规律，本书认为，品德与生活学科能力应是基于学科一般能力的学生智力、能力与本学科特性的有机结合，是学生智力、能力在品德与生活学科中的具体体现。品德与生活学科的特殊性又决定了其学科能力具有学科知识、技能和态度的综合性，是智力和非智力因素的统一。因此，品德与生活学科能力主要包括：学生学习在生活中感知自我、社会、自然的相关知识与相互关系，产生道德情感，领悟规范与要求的能力；分辨是非的能力，尝试解决生活问题的能力；参与活动和实践，将所学知识付诸生活和实践的能力，学习做人做事以及养成良好行为习惯的能力。品德与生活学科能力的具体描述如下。

(一)感知与领悟能力

主要指学生通过观察、体验，结合自己的生活经验，对生活中的感性事物、直观形象获得感性认知，初步形成一定概念，丰富认知的能力；在感知的基础上，初步了

解自我、社会、自然的相关知识与相互关系，以及所涉及的相关信息，在成人指导下领悟做人、做事的道理的能力。

水平 1：能通过观察、体验或结合自己的生活经验，对生活中直观形象的事物获得感性认知，初步感知、了解相关知识和所涉及的相关信息，丰富认知，产生道德情感。

水平 2：能通过观察、体验或结合自己的生活经验，从生活中直观形象的感性事物中初步感知、了解自我、社会、自然的相关知识和所涉及的相关信息，初步形成一定的概念，提升已有认知，丰富道德情感。

水平 3：能在感知基础上，了解自我、社会、自然的相关知识或相互关系和所涉及的相关信息，在成人指导下领悟做人、做事的道理，爱憎分明。

(二)分析与判断能力

主要指学生对生活和学习中的事物和现象进行观察思考、是非分辨、价值判断的能力；学生运用所学知识和规范要求，对生活具体事件的独立思考、正确处理的能力，且初步形成新的认知的能力。

水平 1：在生活和学习中，能分辨是非，进行正确的价值判断和行为选择。

水平 2：能运用所学在对生活中的事物和现象进行判断的基础上，做简单的分析、解释和评价描述，初步形成自己新的认识。

水平 3：能尝试运用所学知识和规范要求，在成人指导下独立思考、正确处理生活和学习中的问题，获得新的认识。

(三)生活与实践能力

主要指学生在本学科学习的基础上，参与生活和实践，并能将所学付诸生活和实践的能力；在日常学习和生活中，学习料理生活、规范行为、养成良好习惯的能力；能在成人指导下，综合运用所学知识与学习方法和掌握的规范要求，对生活、社会、自然等方面的问题进行探究，尝试解决问题、获得结论的能力。

水平 1：能在成人指导下，尝试运用所学参与实践活动，进行实践应用的能力；初步自理生活、规范自己行为的能力。

水平 2：运用所学参与实践活动，进行实践应用的能力；能初步自理生活、规范行为、养成良好习惯的能力。

水平 3：能在成人指导下，综合运用所学知识与学习方法和掌握的规范要求，对生活、社会、自然等方面的问题进行探究，尝试解决问题的能力。

二、品德与生活学科能力与教学建议

内容标准			学科能力描述	能力水平			教学建议
一级主题	二级主题	主题内容		1	2	3	
健康、安全地生活	初步养成良好的生活、卫生习惯	1. 按时作息，生活有规律。	感知与领悟能力			√	结合自己的生活，交流遵守与自己相关的简单的生活规则和纪律的事例，领悟合理安排自己的生活、养成良好的生活作息习惯的重要性。
			生活与实践能力	√			创设模拟表演情境，体会合理安排时间、养成良好生活习惯的好处。争取家长支持，采用课后记录的方式，约束自己的行为。
		2. 养成良好的饮食和个人卫生习惯。	感知与领悟能力			√	结合自己生活中的事例，设置体验情境，感悟良好饮食习惯及个人卫生习惯对健康成长的益处。
			分析与判断能力		√		列举实际事例，分析判断哪些饮食习惯和卫生习惯对健康成长有益。
			生活与实践能力	√			开展“制定食谱”和“比整洁”等活动，展示生活中的好做法。
		3. 生活中自己能做的事情自己做。	感知与领悟能力		√		结合自己的生活经验，交流讨论自己能做的事自己做的好处。开展角色扮演、游戏活动等，激发学生愿意料理自己生活的情感。
			分析与判断能力	√			创设问题情境，展开讨论、辨析，认识到自己的事情自己做很重要。
			生活与实践能力		√		组织“比比谁的本领大”的活动，认识和解决生活中的实际问题，在与同伴交流经验的过程中，相互学习，分享快乐。
		4. 爱护家庭和公共环境卫生。	感知与领悟能力		√		观察身边的生活环境，开展“环境调查”和情境对比活动，感知垃圾与环境的关系，激发爱护环境的情感。
			分析与判断能力			√	开展“如何减少垃圾污染”的辨析讨论活动，学会正确处理生活中的问题。
			生活与实践能力		√		开展“减少垃圾我有高招”的活动，在交流讨论中获得更多的好方法，提升爱护环境的意识。

续表

内容标准			学科能力描述	能力水平			教学建议
一级主题	二级主题	主题内容		1	2	3	
健康、安全地生活	有初步的自我保护意识和能力	5. 知道初步的保健常识并在生活中运用。	感知与领悟能力		√		指导学生进行观察记录、采访，从而具体了解一些有关手、五官和牙齿的知识，感悟身体各部分器官对身体健康的重要作用，增强爱护身体的意识。
			分析与判断能力			√	创设生活情境，进行判断、选择与辨析，获得爱护自己身体的方法，提升健康意识和生活能力。
			生活与实践能力		√		创设“角色扮演和模拟实践”等情境，进行行为实践，养成良好的生活习惯。
		6. 了解天气、季节变化对生活的影响，学会照顾自己。	感知与领悟能力		√		观察生活，交流季节变化的显著特征，感知天气、季节与人们生活的关系。
			生活与实践能力	√			开展“小小天气预报站”、“外出活动指数我知道”等观察、交流活动，感受天气、季节变化对生活的影响，愿意参加亲近大自然的户外活动，学会根据天气情况照料自己，健康安全生活。
		7. 了解儿童易发疾病的有关知识，积极参加预防疾病的活动。	感知与领悟能力		√		观察生活，并结合自己的生活经验，了解不同季节气候带来的对人健康影响的流行性传染病的危害，学习一些防病知识和基本方法及注意事项，感受健康安全生活的重要性。
			分析与判断能力			√	引导学生参与“案例或情境辨析判断”、“健康生活不能这样做”、“我要告诉你”等活动，帮助学生对健康良好生活习惯的行为做出正确判断，并初步树立健康意识。
			生活与实践能力	√			组织学生进行“小品表演”、“情景剧表演”或“制作健康小贴士”等活动，初步学会自我保护的简单方法，掌握一些预防疾病的常识和健康生活常识。

续表

内容标准			学科能力描述	能力水平			教学建议
一级主题	二级主题	主题内容		1	2	3	
健康、安全地生活	有初步的自我保护意识和能力	8. 使用玩具、设备进行活动时，遵守规则，注意安全。	感知与领悟能力		√		分组进行现场游戏、观察讨论活动中出现的问题、游戏活动资料搜集等活动，感知使用玩具、设备进行活动时有规则并要遵守规则、注意安全的重要意义。
			分析与判断能力			√	创设问题情境，辨别玩具和设备的安全与合理收存放置的位置，懂得常用玩具和设备的合理收放位置与正确使用方法，增强安全意识和规则意识。
			生活与实践能力		√		通过游戏或小制作活动，认识一些常用的用具，并在使用用具自制有趣玩具的活动中，掌握使用方法，享受健康安全的快乐生活。
		9. 认识常见的交通标志和安全标志，遵守交通规则。不到危险的地方去玩，避免意外伤害。	感知与领悟能力			√	开展“给安全标志找家”、“规则在哪里”、“列举案例”和“案例分析”等活动，体验和领悟交通标志、安全标志和交通规则等在人们生活中的重要作用。
			分析与判断能力		√		组织进行有规则和没有规则的对比活动，结合现实生活问题，展开辨析，认识违反规则带来的危害，初步树立遵守规则的意识。
			生活与实践能力		√		开展“守规则从我做起”、“生活处处守规则”的模拟实践或评比活动，积极倡导遵守规则。
	适应并喜欢学校生活	10. 了解当地多发的自然灾害的有关知识，知道在紧急情况下的逃生或求助方法。	感知与领悟能力		√		组织“安全事故播报”、“寻找安全隐患”等活动，结合学生生活事例，展开讨论交流，了解当地多发自然灾害的有关知识，感悟在遇到灾害天气时要有初步的自我保护能力。
			分析与判断能力		√		创设情境，引导学生判断存在的安全隐患问题，组织进行辨析讨论，帮助学生掌握防范灾害的能力，提高遇到自然灾害时自我保护的意识。
			生活与实践能力		√		通过仿真性演习活动，学习一些在紧急情况下的逃生或求助方法。进行安全求救的实践演练，学习掌握有关知识和方法。

续表

内容标准			学科能力描述	能力水平			教学建议
一级主题	二级主题	主题内容		1	2	3	
健康、安全地生活	适应并喜欢学校生活	11. 在学校里情绪稳定，心情愉快。	感知与领悟能力		√		组织“讲讲我的上学故事”等活动，引导学生回顾自己学校生活的经历和感受，展开讨论交流，感受上学的乐趣，体验作为班集体成员的责任与快乐。
			生活与实践能力	√			尝试参与集体活动，感受集体生活的快乐，增进热爱班集体的情感。
		12. 熟悉学校环境，能利用学校中的卫生保健设施。	感知与领悟能力			√	组织“夸夸我们的学校”、“校园这里我最喜欢”等活动，结合自己的生活经验，提升对学校环境和设施的认识，激发对学校的热爱。
			生活与实践能力			√	开展实地参观等活动，了解学校环境和设施，尝试利用学校中的设施继续学习，感知校园的温暖可爱，增强喜欢学校生活的情感。
愉快、积极地生活	愉快、开朗	1. 喜欢和同学、老师交往，高兴地学，愉快地玩。	感知与领悟能力			√	开展“找朋友”的游戏，帮助学生尽快互相熟悉；开展“我认识的老师”、“说声同学你好”、“和老师说句心里话”等活动，帮助学生尽快熟悉自己的老师和同学，并初步体验到集体生活的乐趣。
			生活与实践能力		√		结合实际事例，学习和老师、同学交往的方法，并在实践中进行尝试。
		2. 亲近自然，喜欢在大自然中活动，感受自然的美。	感知与领悟能力		√		组织学生走进自然感知大自然；结合学生的生活经历，启发学生了解大自然，帮助学生体验大自然的美好。
			生活与实践能力	√			组织学生以拍照、绘画、手工制作等多种方式，开展“留下美丽的大自然”活动；鼓励学生到大自然中参加丰富多彩的活动，在实践的过程中感受大自然的美好。

续表

内容标准			学科能力描述	能力水平			教学建议
一级主题	二级主题	主题内容		1	2	3	
愉快、积极地生活	愉快、开朗	3. 在成人帮助下能较快地化解自己的消极情绪。	感知与领悟能力	√			组织学生做游戏，感知人有情绪变化，绘制“情绪变化记录图”，在活动中引导学生思考不同情绪带给自己的体验；体验到积极的情绪让人感到愉快，消极的情绪影响自己的生活。
			分析与判断能力		√		开展创编“快乐方法大本营”活动，在收集、了解、掌握一些方法的基础上，能够分析不同情绪带给自己的体验，学会选择适合自己的化解消极情绪的方法。
			生活与实践能力	√			可以在学校开展“快乐鸟”信箱活动，在成人的帮助下，引导学生尝试在生活中应用所学，解决自己的情绪问题。
	积极向上	4. 能看到自己的成长和进步，并为此而高兴。	感知与领悟能力		√		组织“比比看看我长大啦”的活动，引导学生回顾自己的生活和学习过程，进行自身变化的对比，帮助学生从自己的变化中感受到成长和进步，并为自己的成长而高兴。
			生活与实践能力	√			加强与学生家庭之间的联系，引导学生把积极愉快的情绪、对自己的期望延伸到生活中，激励学生具有积极向上的生活态度。
		5. 在成人的引导下学会正确地对待自己的学习成绩。	感知与领悟能力		√		设计教学情境，进行事例分析，引导学生体会学习成绩在一定程度上反映学习的现状，也可以从中看到自己的努力方向。
			生活与实践能力	√			交流自己在取得成绩时的想法和做法，讨论应该怎样对待自己的学习成绩；在生活实践中能在成人的帮助下正确对待成绩。
		6. 在成人帮助下能制订出自己可行的目标，并努力去实现。	感知与领悟能力		√		向身边的人了解在生活、学习中制订目标的事例，体验目标在成长过程中的积极作用。制订出恰当可行的目标督促自己的进步。
			生活与实践能力	√			列举出目标范例，学习制订目标的方法，能够把为自己制订的目标在生活实践中尝试运用。

续表

内容标准			学科能力描述	能力水平			教学建议
一级主题	二级主题	主题内容		1	2	3	
愉快、积极地生活	积极、向上	7. 学习欣赏自己和别人的优点与长处，并以此激励自己不断进步。	感知与领悟能力		√		开展“夸夸我自己”、“夸夸我的伙伴”的活动，感受自己的优点和长处，正确认识他人的优点和长处，欣赏自己，欣赏他人。
			生活与实践能力	√			开展“找找我的榜样”的活动，可以制订“我还能更棒”的进步目标，帮助学生在确定目标的基础上不断努力，获得进步。
	有应对挑战的信心与勇气	8. 学习在生活中遇到问题时愿意想办法解决。	感知与领悟能力		√		观察生活中的事例，并设计战胜困难的游戏活动，引导学生感受到学习、生活中会遇到困难，困难并不可怕。
			分析与判断能力		√		进行生活事例的比较和分析，从中学习遇到问题的解决方法，能够利用适宜的方法来处理和解决问题。
			生活与实践能力	√			利用与学生生活密切相关的生活事例的分析和讨论活动，引导学生在生活中学会解决自己生活、学习中的问题。
		9. 敢于尝试有一定难度的任务或活动。	感知与领悟能力	√			列举生活中敢于尝试有一定难度的具体事例，开展“面对困难我试试”的活动，启发学生进行感知。
			分析与判断能力	√			开展“面对困难我有办法”擂台赛的活动，通过对不同事例的分析，帮助学生学习一些克服困难的方法。
			生活与实践能力	√			开展经验交流会活动，帮助学生学会在尝试有一定难度的任务或者活动时，能够利用所学习的正确、恰当、可行的方法来解决问题。
负责任、有爱心地生活	学会做事，学会关心	1. 做事认真负责，有始有终，不拖拉。	感知与领悟能力		√		通过参与实践性活动和自己已有的生活体验，了解做事负责任对生活、学习的影响，感悟到做事要负责任。
			分析与判断能力		√		通过问题情境辨析，进行分析判断，认识到做事要负责任、有始有终，愿意培养有耐心、有毅力的好品质。
			生活与实践能力	√			开展“我的劳动岗”的活动，进行生活实践，逐步形成做事负责、有始有终、不拖拉的好习惯。

续表

内容标准			学科能力描述	能力水平			教学建议
一级主题	二级主题	主题内容		1	2	3	
负责任、有爱心地生活	学会做事，学会关心	2. 爱父母长辈，体贴家人，主动分担力所能及的家务劳动。	感知与领悟能力		√		开展“观察父母长辈一天的生活、工作”的活动，了解他们的辛劳；开展“今天我当家”的活动，体验父母长辈为家人的付出，体会父母长辈的辛苦。
			生活与实践能力	√			开展“我是家人小帮手”的活动，展示劳动本领和体贴家人的好做法。
		3. 关心他人，友爱同伴，乐于分享与合作。	感知与领悟能力		√		开展“我来帮助你”和“分享合作的故事”等活动，引导学生观察生活中同伴的需要，帮助学生领悟到同学之间要团结友爱，互相关心，互相帮助，分享合作的好处。
			分析与判断能力		√		创设问题情境进行辨析，认识到合作分享时应该具备的好品质。
			生活与实践能力		√		列举实际事例，进行行为指导，开展“我们都是好朋友”的活动，引导学生在生活、学习中做到友爱互助，合作分享。
		4. 认真完成自己承担的任务。	感知与领悟能力			√	观察、参与“出板报、做值日”等力所能及的班级、小组活动，开展“寻找身边认真承担任务的小榜样”活动，引导学生领悟每个人都要认真完成自己承担的任务，才能保证任务顺利完成。
			分析与判断能力		√		开展问题讨论和辨析，引导学生愿意向认真承担任务的榜样学习，产生愿意做这样一个人的愿望。
			生活与实践能力		√		开展“这是我的责任”的活动，确定自己的任务，并开展自评和他评，努力完成承担的任务。
	遵守社会道德规范	5. 懂礼貌，守秩序，爱护公物，行为文明。	感知与领悟能力			√	观察生活，开展对比活动和“生活规则在哪里”、“寻找文明小学生”的体验活动，引导学生感悟到文明有礼对生活的影响，初步知道要做到有礼貌、遵守规则，爱护公物，行为文明。
			分析与判断能力			√	列举生活情境，能分辨文明行为，愿意做文明有礼的小学生。
			生活与实践能力		√		开展“评选文明有礼小学生”的活动，引导学生践行，促进学生文明行为养成。

续表

内容标准			学科能力描述	能力水平			教学建议
一级主题	二级主题	主题内容		1	2	3	
负责任、有爱心地生活	遵守社会道德规范	6. 能初步分辨是非，做了错事勇于承认和改正，诚实不说谎。	感知与领悟能力			√	结合学生成长事例和典型案例，召开“讲诚实的故事”和“勇于改过”的故事会，帮助学生获得积极的体验，感悟到做错事要勇于承认改正，要诚实不说谎。
			分析与判断能力		√		组织“小小辩论会”，列举学生中共性的问题进行辩论，帮助学生明辨是非，引导学生做诚实的人。
			生活与实践能力		√		开展“诚实的孩子人人夸”活动，帮助学生养成诚实守信的好品质和好习惯。
		7. 尊重社会各行各业的劳动者，爱惜他们的劳动成果。	感知与领悟能力		√		引导学生观察生活、观看教师提供的视频资源，或组织到附近工厂参观，开展“采访身边劳动者”、“我的劳动成果”等体验活动，帮助学生了解各行各业劳动者的辛苦，感悟劳动成果来之不易，引导学生尊重劳动者、爱惜劳动成果。
			分析与判断能力		√		通过案例分析，认识到爱惜劳动成果是尊重劳动者的表现，是好品质。
			生活与实践能力	√			开展“劳动成果我爱惜”的活动，帮助学生养成爱惜劳动成果的好品质，树立尊重劳动者的意识。
		8. 爱护动植物，节约资源，爱护公物，为保护环境做力所能及的事。	感知与领悟能力		√		开展“动植物朋友怎么了”、“一滴水一度电的作用”、“身边的公物”等调查活动，帮助学生认识到环境与生活的关系。
			分析与判断能力		√		开展案例展示及分析、播放资源现状和相应的体验活动，引导学生体会到节约资源保护环境要从小事做起。通过观察生活中的浪费现象，树立节约资源光荣、浪费污染环境可耻的观念。
			生活与实践能力	√			开展模拟活动及实践活动，如“我和公物做朋友”、“节能环保我能行”等活动，帮助学生积极参与力所能及的环保行动。

续表

内容标准			学科能力描述	能力水平			教学建议
一级主题	二级主题	主题内容		1	2	3	
负责任、有爱心地生活	爱集体、爱家乡、爱祖国	9. 喜欢集体生活，爱护班级荣誉。	感知与领悟能力		√		参观学校荣誉室，采访学校取得的成绩、荣誉，交流感受，知道集体荣誉是大家努力获得的。利用与学生生活密切相关的班级活动，分享班级荣誉，帮助学生体会到集体生活的快乐，愿意为集体获得荣誉而努力。
			分析与判断能力		√		开展“我为班级骄傲”和案例分析的活动，培养学生的集体荣誉感。
			生活与实践能力		√		开展“制订班级目标”、“争做先进班集体”的活动，引导学生为班级建设出力，形成热爱班集体的良好品德。
		10. 了解家乡的风景名胜、主要物产等有关知识，感受家乡的发展变化。	感知与领悟能力			√	开展“夸家乡”的活动，引导学生了解家乡名胜和主要物产资源，感受家乡的美丽和变化。通过展示家乡美景、特产和变化的视频和图片资源，结合学生生活体验，感悟家乡资源丰富，家乡景色美丽，家乡在不断变化。
			分析与判断能力		√		开展“家乡物产知多少”的活动，在交流过程中，了解家乡，激发学生热爱家乡的情感。
			生活与实践能力	√			开展“我是家乡小主人”的活动，引导学生了解家乡、宣传家乡、关心家乡变化。
		11. 热爱革命领袖，了解英雄模范人物的光荣事迹。	感知与领悟能力		√		通过阅读和教师的介绍，开展采访“身边的模范人物”、“走近革命领袖故事会”等活动，了解革命领袖和英雄模范人物的光荣事迹，体会他们的精神。
		12. 尊敬国旗、国徽，学唱国歌。为自己是中国人感到自豪。	感知与领悟能力		√		结合生活实际进行师生交流，知道升国旗、挂国徽、唱国歌的场所，初步知道含义。通过参加学校升旗仪式和观看天安门升旗仪式的视频资料，感受升旗仪式的庄严；通过展示交流我国发展变化的各种生动形象的资料，产生做中国人的自豪感和爱国之情。
			分析与判断能力		√		通过情境和案例分析，知道要尊重国旗、国徽、国歌，这是爱国的表现，并为自己是中国人感到自豪。

续表

内容标准			学科能力描述	能力水平			教学建议
一级主题	二级主题	主题内容		1	2	3	
动手动脑、有创意地生活	有好奇心和多样的兴趣	1. 喜欢提问和探寻问题的答案。	感知与领悟能力		√		创设问题情境，组织“我也有发现”的讨论会，在情境中体验提问和探究的快乐，感受探寻答案的乐趣。
			生活与实践能力		√		开展“我是小问号”的活动，结合生活具体事例学习提出问题和探寻答案的一些方法，引导学生尝试在生活中使用。
		2. 对周围环境充满兴趣，喜欢接触新鲜事物。	感知与领悟能力		√		引导学生用图画或文字的形式记录日常生活的发现以及自己的问题，在班级中布置展台，展示学生探索周围环境、接触新鲜事物的作品。
			生活与实践能力	√			开展《十万个为什么》的读书活动，尝试在学习的基础上增加探究周围环境的兴趣。
	设计与制作	3. 喜欢利用身边的材料自制小玩具、小礼物或布置环境等来丰富和美化生活。	感知与领悟能力		√		开展“身边小小制作”展示活动，欣赏制作的作品，体验制作的乐趣。
			分析与判断能力	√			在对生活中作品的分析与学习中，学会选择和利用身边材料自制小玩具、小礼物。
			生活与实践能力	√			开展“我有小巧手”、“我是小能人”等制作活动，能够利用自己的作品布置环境，美化生活，学习一些创新制作的方法。
		4. 能根据需要动手做简单的道具、小模型、小物品等来开展活动。	感知与领悟能力	√			开展创作活动，进行“创作作品大擂台”展示，从中感知动手动脑设计和制作的乐趣。
			生活与实践能力	√			进行“我的作品”展示和介绍活动，学习一些制作的方法，在制作的过程中培养动手动脑能力。
	勤于思考，学习探究	5. 能积极地出主意、想办法来扩展游戏或推进活动。	感知与领悟能力		√		组织学生熟悉的游戏活动，在参与游戏的过程中，进行“新游戏大创编”的活动，感受到出主意想办法能获得更多的乐趣。
			生活与实践能力		√		开展“我来设计游戏”、“我会拿主意”的活动，尝试在游戏中进行实践应用。

续表

内容标准			学科能力描述	能力水平			教学建议
一级主题	二级主题	主题内容		1	2	3	
动手动脑、有创意地生活	勤于思考，学习探究	6. 学习用观察、比较、调查等方法进行简单的生活和社会探究活动。	感知与领悟能力	√			开展“观察记录”的活动，观察生活现象和自然现象，组织学生对身边的生活现象进行“小调查”。
			分析与判断能力	√			分析学生生活中的具体事例，帮助学生从中学会观察、比较、调查等简单的探究活动方法。
			生活与实践能力	√			通过实践练习，尝试用观察、比较、调查等方法进行探究活动，在实践过程中，更好地运用学习方法，帮助自己进行学习探究。
		7. 能与同伴交流、分享、反思探究的过程或成果。	感知与领悟能力		√		开展各种形式的“分享会”、“交流会”等活动，感受分享的快乐。
			生活与实践能力		√		开展小组合作、集体交流等活动，将自己的探究成果与老师、同学交流、分享、反思，在交流的过程中，享受分享的乐趣，在多次的交流过程中，进行更好的交流与分享。
		8. 能对问题提出自己的看法。	感知与领悟能力	√			结合情境演练和实践，通过回顾生活、创设情境，在面对问题时，敢于提出自己的想法，学习表达自己见解的方法，敢于提出自己的见解，为自己有独到的见解而高兴。
			分析与判断能力		√		创设情境、列举实际事例，能运用所学对生活中遇到的问题进行简单的分析，有自己的认识。

品德与社会学科能力标准与教学指南

一、品德与社会学科能力标准整体描述

品德与社会学科能力是指学生运用学科知识，掌握一定的基本技能和方法，在此基础上进行认识问题、分析问题、解决问题的能力，它与学科的特性及价值有着紧密的关联。依据《义务教育品德与社会课程标准(2011年版)》、品德与社会教材和北京市品德与社会学科教学改革的实际，紧密结合课程内容，基于对一般学习能力的认识，确定学科能力如下。

(一)感知能力

主要指学生通过观察、阅读地图、数据、图表、故事、文字等活动，能对有关的事实、概念、现象、观点等获得初步的感性认识，能在原有认识的基础上进行再认或再现；或者参与特定的教学活动，主动认识或验证对象的特征，获得一些经验。

水平1：能对有关的事实、概念、观点或生活中的事物、现象等进行初步的观察，了解有关知识，获取相关信息。

水平2：能对有关的事实、概念、观点或生活中的事物、现象的特征等进行列举、指出、初步描述，形成初步的感性认识或经验。

水平3：能对有关的事实、概念、观点或生活中的事物、现象等在原有认识的基础上形成新的认知。

(二)理解与领悟能力

主要指学生能对有关的事物、现象、观点、事实等进行初步分析、判断、归纳；能在经历、体验的基础上，表达相应的感受、态度；能对生活和学习中的事物、现象做出一定的价值判断或做出相应的反应。

水平1：能初步分析有关的事物、现象、观点或事实。

水平2：能对事物的本质与内在联系有初步理解、判断，能对观点、事实等有自己的认识或反应。

水平3：能结合生活体验和所学知识，对事物、现象、事实等进行归纳、解释、总结，能领悟内化观点。

(三)应用与实践能力

主要指学生在实践中运用对道德认知的正确理解，能依据自己的价值取向采取恰当的行为方式，或者能针对社会生活中的某种现象或实事，通过提出问题、查询资料、

访问调查，提出有针对性与合理性的解决问题方案，养成良好的行为习惯，培养良好的思想品德，养成良好的个性品质。

水平 1：能依据一定的价值判断进行相应的行为选择。

水平 2：能提出问题，运用观点分析生活中的现象、问题或新情境、新问题，并能表达自己的观点和想法。

水平 3：能用所学内容指导行为实践，尝试解决生活中的实际问题，并表现出持续的行为能力。

二、品德与社会学科能力与教学建议

主题	主题内容	学科能力描述	能力水平 1	能力水平 2	能力水平 3	教学建议
我的健康成长	1. 了解自己的特点，发扬自己的优势，有自信心。知道人各有所长，要取长补短。（中）	感知			√	通过开展“夸夸我自己”、“他人眼中的我”等活动，引导学生发现自己的优点，并能在同学的帮助下找到自己更多的优点和与众不同的地方，看到自己的优势。还可以采用问卷调查法，了解自己和同学眼里自己的优点；或者可以让学生建立成长册，记录自己的成长足迹。
		理解与领悟		√		能够引导学生在体验和探究的过程中，积极大胆地展示自己，为自己的优点和长处感到自豪和骄傲，从而树立自信心。
		应用与实践		√		在实践中，开展“我能行，你也行”等活动，发扬自己的优势。结合日常生活的反馈，引导学生在生活中有自信心，能够欣赏他人，取长补短。
	2. 懂得做人要自尊、自爱，有荣誉感和知耻心。愿意反思自己的生活和行为。	感知	√			通过故事、案例与同学交流等，了解并交流自尊自爱的日常表现。
		理解与领悟		√		结合实际事例，举行有关善恶、美丑、荣辱等是非的辨析活动。
		应用与实践			√	进行课后拓展与延伸，通过小报、调查、反思日记等方式引导学生在生活中进行实践。
	3. 能够面对学习和生活中遇到的困难和问题，尝试自己解决问题。体验克服困难、取得成功的乐趣。	感知			√	回忆自己在面对困难和问题时的想法和表现；讲一件自己或他人克服困难的事例，互相交流。
		理解与领悟		√		创设情境，结合生活中的事例，引导学生要有面对困难的勇气和信心，找到解决困难的方法，体会克服困难、取得成功的愉悦。
		应用与实践		√		开展“我们一起想法”、“面对困难我不怕”等活动，帮助学生尝试解决生活学习中遇到的困难，体验成功的乐趣。
	4. 理解做人要诚实守信，学习做有诚信的人。	感知	√			介绍古今中外诚实守信的故事，引导学生交流生活中诚实守信的事例，懂得“诚信是金”的道理。
		理解与领悟		√		引导学生结合自己生活中的事例，并收集社会生活中关于诚信的事例，进行比较分析；引导学生提出自己的看法。还可以对比诚实守信的正例和反例，理解诚实守信的意义。

续表

内容标准		学科能力描述	能力水平			教学建议
主题	主题内容		1	2	3	
我的健康成长	4. 理解做人要诚实守信，学习做有诚信的人。	应用与实践			√	通过“诚信我承诺”、“诚信小使者”、“我要做个诚信的人”等活动，加强课内外延伸，促使学生在生活中做一个诚实守信的人。建立“信用档案”，鼓励和监督学生做个信守承诺的人。
	5. 懂得感恩和基本的礼仪常识，学会欣赏、宽容和尊重他人。	感知	√			结合生活中的事例，学习基本的礼仪常识，懂得感恩和欣赏、宽容、尊重他人的重要性。
		理解与领悟		√		通过介绍感恩的故事，让学生理解感恩的内涵，使学生能够对生活中有关感恩、宽容等行为进行辨析，做出价值判断。
		应用与实践			√	邀请家长参加以“感恩”为主题的亲子交流活动，开展“我想感谢的人”、“礼仪知识小竞赛”、“我是礼仪小标兵”、“说说我欣赏的同学”、“说说我想感谢的人”、“那一天，我学会了宽容”等活动，或者给家长或身边的人写一封信、开故事会、诗朗诵等，引导学生在现实生活中用实际行动来感恩父母、感恩身边的人。
	6. 体会生命来之不易。知道应该爱护自己的身体和健康。知道日常生活中有关安全的常识，有安全意识和基本的自护自救能力。	感知			√	从防火、防盗、防触电、防中毒、防溺水、防雷电等方面，查找有关安全的小常识和案例，了解有关安全的常识，懂得爱惜生命和爱护身体的重要性。
		理解与领悟		√		以知识竞赛、设置情境等方式，学习、演练自救自护方法；通过对意外事故等生活事例的分析，树立生命安全意识。
		应用与实践			√	
	7. 了解迷恋网络和电子游戏等不良嗜好的危害，抵制不健康的生活方式。	感知	√			讨论、交流从报刊、电视、网络上了解到的因沉迷电子游戏而发生的危害及抵制的方法，并结合生活中的事例产生更深刻的感悟。
		理解与领悟		√		对生活中一些不健康的生活方式能够进行辨别，并能懂得其危害和影响。能够了解网络是一个虚拟的世界，学会安全上网的方法。
		应用与实践			√	通过“制订我的健康生活计划”等活动，指导学生选择健康的生活方式丰富自己的生活。

续表

内容标准		学科能力描述	能力水平			教学建议
主题	主题内容		1	2	3	
我的健康成长	8. 知道吸毒是违法行为，远离毒品，珍爱生命，过积极、健康的生活。	感知	√			从报刊、展览、影视作品中了解因吸食毒品酿成的严重恶果，在课堂中进行交流。
		理解与领悟		√		认识毒品的种类，并结合生活中的事例及搜集到的相关事例，提高学生防范的意识，分析吸毒带来的巨大危害。
		应用与实践			√	开展板报、小报宣传等活动，引导学生在生活中关注毒品的危害，远离毒品。
我的家庭生活	1. 知道自己的成长离不开家庭，感受父母长辈的养育之恩，以恰当的方式表达对他们的感激、尊敬和关心。	感知	√			学生向父母长辈了解他们养育自己的事例，还可以讲讲自己印象深刻的爱亲敬长的故事。
		理解与领悟		√		创设情境，讲一则自己印象深刻的爱亲敬长的故事。理解父母长辈的爱，学会恰当地向父母长辈表达感激、尊敬的方法。
		应用与实践			√	可以结合有关的节日、纪念日，用写信或其他方式向父母长辈表达感激之情。
	2. 学习料理自己的生活，养成良好的生活习惯。关心家庭生活，主动分担家务，有一定的家庭责任感。	感知	√			观察和体会日常生活中父母的辛苦操劳。交流在日常家庭生活中如何分担家务的事例，引导学生懂得关心家庭生活、分担家务的重要性。
		理解与领悟		√		创设情境，结合家庭生活案例，展开交流讨论，懂得我们是家庭的一员，要有一定的家庭责任感。
		应用与实践			√	开展“我的家庭小岗位”、“日常记录表”、“家务能手竞赛”、“我是家庭小主人”等活动，观察和体会日常生活中父母的辛苦操劳，引导学生选择一些可以承担的家务劳动，坚持去做。
	3. 懂得邻里生活中要讲道德、守规则，与邻里要和睦相处，爱护家庭周边环境。	感知	√			交流家庭与邻里相处的情况，讨论与邻里怎样才能和睦相处。
		理解与领悟		√		通过邻里相处的故事、案例进行交流讨论，引导学生发现邻里相处的方法，懂得和睦相处之道；懂得远亲不如近邻的道理。

续表

内容标准		学科能力描述	能力水平			教学建议
主题	主题内容		1	2	3	
我的家庭生活	3．懂得邻里生活中要讲道德、守规则，与邻里要和睦相处，爱护家庭周边环境。	应用与实践			√	通过日常观察记录表，让学生列举邻里相处的方法。可延伸到课堂外，通过家长及邻居反馈的方式了解学生是否学会处理邻里之间关系的方法。观察家庭周边的公共设施，为合理使用和爱护它们提出建议，做力所能及的事。
	4．了解家庭经济来源和生活必要的开支，学习合理消费、勤俭节约的途径和方法。	感知	√			向父母了解他们从事的工作、家庭经济来源，通过诸如水电、电信等费用了解家庭日常开支情况；体谅父母工作的辛苦。
		理解与领悟		√		引导学生展开讨论，体会有效合理消费、勤俭节约的方法；开展“统计个人日常消费”的活动，讨论这些消费观念，并建议更健康的消费方式和观念。
		应用与实践			√	开展“今天我当家”、“我家的消费计划”等活动，引导学生在实际生活中懂得合理消费。
	5．知道家庭成员之间应该相互沟通和谅解，学习化解家庭成员之间矛盾的方法。（高）	感知	√			组织“与父母长辈沟通”的主题活动，请父母长辈一起参加。讨论怎样用平和的态度和正确的方法处理与长辈之间的矛盾。选取典型事例或创设情境，让学生去解决沟通问题。
		理解与领悟		√		以真实家庭生活中亲子之间、祖孙之间的不同想法和主张为话题展开讨论，也可以采用角色扮演的方式，让学生们在模拟情境中解决两难问题。
		应用与实践			√	开展“家庭沟通我有招”的活动，在实际生活中尝试用一定的方法与家人沟通。比如，开辟“家庭民主墙”，把自己想和父母沟通的心里话写在卡片上，贴在家庭民主墙上。

续表

主题	主题内容	学科能力描述	能力水平 1	能力水平 2	能力水平 3	教学建议
我们的学校生活	1. 能看懂学校和学校周边的平面图。能利用简单的图形画出学校平面图以及上学路线图。	感知	√			通过小组合作的方式，开展看平面图、寻找学校设施或周边标志物的活动；还可以开展校园寻宝活动。
		理解与领悟		√		开展“辨方向、识图例”的活动，引导学生看懂平面图、路线图。
		应用与实践			√	通过“画画学校平面图”、“设计上学路线图”的活动，提高学生读图、用图能力。
	2. 了解学校主要部门的工作和发展变化，增强对学校的亲近感，尊敬老师，尊重学校工作人员的劳动。	感知	√			通过不同途径，了解并交流学校某一方面的发展变化；访问老师或学校其他工作人员，并向同学介绍他们是怎样为培养学生辛勤工作的。
		理解与领悟		√		在课堂中交流学校的主要工作，结合调查访谈结果展示学校的发展变化，讨论如何尊重老师和学校工作人员的劳动。
		应用与实践			√	可以与教师节、校庆活动以及少先队活动有机结合起来开展“尊师爱师”活动，在生活中做到尊重老师和其他学校工作人员。
	3. 珍惜时间，学习合理安排时间，养成良好的学习习惯，独立完成学习任务，不抄袭、不作弊。	感知	√			通过“一分钟能做什么”的游戏，体会时间的宝贵；或者可以用一张纸条表示我们的时间，撕去睡觉的时间，撕去假期休息的时间，来直观感受学习时间的短暂；通过“寻找身边的学习小能手”活动，知道独立完成学习任务、不抄袭、不作弊是良好的学习习惯。
		理解与领悟		√		通过“我来合理安排时间”的活动，引导学生懂得珍惜时间的重要性，找到合理安排时间的方法。
		应用与实践			√	尝试设计一周的课余或寒暑假的时间安排，并在生活中去执行；养成良好的学习习惯，独立完成学习任务，不抄袭、不作弊。

续表

内容标准		学科能力描述	能力水平			教学建议
主题	主题内容		1	2	3	
我们的学校生活	4. 体会同学之间真诚相待、互相帮助的友爱之情，学会和同学平等相处。知道同学之间要相互尊重，友好交往。	感知	√			可以讲述同学们互相关心的事例和自己的感受，体会同学之间真诚相待的友爱之情。
		理解与领悟		√		通过“讲述我和同学的故事”等活动，引导学生理解同学之间相互尊重、友好交往的意义；可以针对同学中常出现的摩擦和冲突，设置情境，讨论解决的办法。
		应用与实践			√	结合生活中的事例，针对同学间相处的实际问题，找到解决问题的方法，让孩子们通过实际行动去解决问题；帮助学生提高实际生活交往能力。
	5. 知道自己是集体中的一员，关心集体，参加集体活动，维护集体荣誉，对自己承担的任务负责。	感知	√			交流在集体生活中参加的活动，体会集体生活的快乐。
		理解与领悟		√		创设情境，针对集体生活中的实际问题等进行交流讨论，懂得集体一员的责任，能够维护集体荣誉。
		应用与实践			√	尝试与同学合作完成一件事，对自己承担的任务认真负责，并在班内交流自己的体会和感受；以组或班级为单位，进行集体竞赛活动，并交流体会和感受。
	6. 知道班级和学校中的有关规则，并感受集体生活中规则的作用，初步形成规则意识，遵守活动规则和学校纪律。	感知	√			通过游戏和学校、班级活动，体验规则的必要性。
		理解与领悟		√		结合班级生活中的事例，进行“班级问题我解决”、“我们给自己定规则”的活动，讨论班级规则的重要性，初步形成规则意识。
		应用与实践			√	可以组织学生制定班规或让学生自主举办一次集体活动，让学生在真实的情境中体会承担责任、学会协商，懂得规则的价值。
	7. 通过学校和班级等集体生活，体会民主、平等在学校生活中的现实意义。	感知	√			收集学校生活中能够体现民主、平等的事例，展开讨论交流。
		理解与领悟		√		分析班级民主参与和管理的现状，提出积极建议。
		应用与实践			√	举行“班级选举”或“投票选举”等真实或模拟活动，让学生初步体验民主、平等的现实意义。

续表

内容标准		学科能力描述	能力水平			教学建议
主题	主题内容		1	2	3	
我们的社区生活	1. 能够识读本地区（区、县、市等），旅游景区等小区域的平面示意图。正确辨认区域地图上的简单图例、方向、比例尺。（中、高）	感知	√			在地图上查找本地区（区、县、市、省）及省会城市的方位。开展认识地图的活动和查找地名的比赛。了解地图在生活中的用途，掌握出行的学问。
		理解与领悟		√		可以和学生一起观察不同的区域平面图，通过对比、分析，引导学生掌握有关平面图的知识，正确地标注地图的方向，使用图例，并按照恰当的比例绘制简单的平面图，初步知道出行时怎样选择合适的路线和交通方式。
		应用与实践			√	能读懂生活中的平面图，还可以配合社区调查等活动，让学生尝试绘制社区的局部地图或路线图，还可以为本社区、本地区设计参观/旅游线路，让学生组成小组，制作一份图文并茂的“地图册”。
	2. 了解本地区的自然环境和经济特点及其与人们生活的关系；感受本地区的变化和发展；了解对本地区发展有贡献、有影响的人物，萌发对家乡的热爱之情。（中）	感知	√			按主题分组查阅资料、调查访问、收集实物（有条件的学校可组织实地考察，感受地区变化和发展）。
		理解与领悟		√		针对调查等前期准备，知道家乡是祖国的一部分，可以正确辨认地图上的简单图例、方向、比例尺；组织学生用报告、图片、实物展览等形式进行交流；理解和尊重不同地区人们的生活方式。
		应用与实践			√	对自然环境的了解可以和地图学习结合起来，还可以与其他相邻地区比较找出本地区基本的地理环境特点，如地理位置、土地、河流（水源）、土特产和其他自然资源等；对本地区经济发展特点的了解可以从道路交通、居民住宅或工农业、服务业等的发展、变化状况入手；可以通过开展“家乡文化采风”、“找找家乡的老街和老屋”、“夸夸家乡的美食佳肴”等活动认识具有家乡特色的地域文化特点；还可以通过让学生查询资料或从祖辈、父辈那里了解自己家的生活变化状况或自己出生以来生活变化的状况，以及本地区十年、二十年前，或更早时期人们的生活状况，比较其中的不同，在实践活动中了解家乡的发展、变化，增强热爱家乡的情感。

续表

内容标准		学科能力描述	能力水平			教学建议
主题	主题内容		1	2	3	
我们的社区生活	3. 关心、了解周围不同行业的劳动者，感受并感激他们的劳动给人们生活带来的便利，尊重并珍惜他们的劳动成果。(中)	感知	√			观察或访问身边的劳动者，了解他们的劳动情况，感受他们的劳动给人们生活带来的便利。
		理解与领悟		√		可以"劳动者背后的故事"、"劳动者的心愿"等为题，让学生讲述自己的发现，学会理解他人。
		应用与实践			√	可以通过"劳动者的一天"的活动，让学生在实际生活中观察劳动者的生活、劳动，亲身体验他们的辛勤、付出、智慧等，真正懂得尊重、珍惜他们的劳动成果。
	4. 学习选购商品的初步知识，能够独立地购买简单物品，文明购物，具备初步的消费者自我保护意识。(中)	感知	√			观察和实地调查学校或家庭附近的商业场所，比较价格变化情况。
		理解与领悟		√		模拟或尝试实际购物活动，学习选择商品。
		应用与实践			√	通过"我也来购物"的活动，在实际生活中初步尝试购物，从而懂得通过包装说明鉴别商品、特别是食品的简单常识，一旦遇到买卖中的问题或发现商品有问题时，应该求助于家长或向有关部门反映。
	5. 了解本地区交通情况，知道有关的交通常识，自觉遵守交通法规，注意安全。(中)	感知	√			列举本地区人们经常使用的交通工具，通过调查收集有关本地区交通情况的资料。
		理解与领悟		√		结合实际生活中的交通安全事例，讨论、交流交通安全的重要性，还可以通过知识竞赛等活动，学习有关的交通知识、法规和安全小常识。
		应用与实践			√	设计"在生活中我会遵守"等活动，引导学生知行合一，在生活中也能遵守交通规则。
	6. 体验公共设施给人们生活带来的便利，形成爱护公共设施人人有责的意识，能够自觉爱护公共设施。(中)	感知	√			引导学生观察生活中常见的公共设施及其使用、维护情况，讨论公共设施给人们生活带来的便利。
		理解与领悟		√		引导学生针对实际生活中破坏公共设施的现象或行为，制定方案，提出一些改进的建议。
		应用与实践			√	

续表

内容标准		学科能力描述	能力水平			教学建议
主题	主题内容		1	2	3	
我们的社区生活	7. 自觉遵守公共秩序，注意公共安全。做讲文明、有教养的人。（中、高）	感知	√			引导学生在日常生活中，观察公共场所中公共秩序的情况和人们的言谈举止、行为表现，做出自己的评价。
		理解与领悟		√		结合学生已有或可能有的行为习惯，通过讨论和辨析，强化公共意识的教育，让学生明白遵守秩序的意义。
		应用与实践			√	通过各种模拟体验、观察活动，引导学生换位思考，充分体验和感受遵守规则与秩序的重要性。
	8. 体会社会对老年人和残疾人等弱势人群的关怀。对弱势人群有同情心和爱心，要有尊重和平等的观念，并愿意尽力帮助他们。积极参加力所能及的社会公益活动。（中、高）	感知	√			有条件的学校，可以组织考察本地区的公益设施和福利机构，了解发生在身边的关爱老年人和残疾人的事例。
		理解与领悟		√		通过模拟活动体会残疾人在生活中的不便和他们为克服困难所付出的努力，引发对他们的理解与爱心。
		应用与实践			√	根据社区条件，与综合实践活动相结合，让学生参加社区组织的慰问老年人活动，也可以让学生在自己居住的小区/村里，自我组织、开展服务或交流活动。
	9. 了解在公共生活中存在不同的社会群体，各种群体享有同等的公民权利，应相互尊重，平等相待，不歧视，不抱有偏见。（高）	感知	√			组织学生课前收集有关公共生活中不同群体的活动、生活等案例，了解不同群体享受的公民权利。
		理解与领悟		√		可以选择班级、学校和社会上对来自某些地域、行业、生活处境的人有歧视或偏见的言行，或者不同群体之间发生摩擦、冲突的现象，让学生展开辩论；或者开展“我眼中的社会群像”等活动，发表自己对不同社会群体的认识与看法。
	10. 了解本地区的民风、民俗和文化活动，体会其对人们生活的影响。能够识别不良的社会风气，不参与迷信活动。（中、高）	感知	√			调查本地区有特色的民俗活动，并进行交流展示，体会其对人们生活的影响。
		理解与领悟		√		设计、举办模拟民俗表演活动；列举本地区现实存在的陈规陋习、迷信现象，初步辨别其对人们的不良影响。

续表

主题	主题内容	学科能力描述	能力水平 1	能力水平 2	能力水平 3	教学建议
我们的社区生活	11. 了解本地区生态环境，参与力所能及的环境保护活动，增强环境保护意识。（中）	感知	√			进行实地调查，说明产生环境问题的原因及其危害。
		理解与领悟		√		结合调查结果，进行全班交流展示，讨论环境保护的重要性。
		应用与实践			√	通过板报、标语、广播等形式进行环境保护宣传，并在校内开展诸如节水、节能等活动，可以向有关部门提出环境保护建议；懂得从自身做起保护环境、节约资源。
我们的国家	1. 知道我国的地理位置、领土面积、海陆疆域、行政区划，知道台湾是我国不可分割的一部分，祖国的领土神圣不可侵犯。（高）	感知	√			进行查找地图竞赛或拼图游戏，初步了解我国的地理位置、海陆疆域等。
		理解与领悟		√		收集有关祖国基本概况的资料，在课堂进行展示交流，从不同角度进行讨论，理解祖国领土神圣不可侵犯。
		应用与实践			√	能够结合生活中的事例，设计“祖国知多少”等活动，或进行小报、宣传等方式，进一步激发学生对祖国的热爱之情。
	2. 知道我国是一个统一的多民族国家，各民族共同创造了中华民族的历史和文化，了解不同民族的生活习惯和风土人情，理解和尊重不同民族的文化。（中、高）	感知	√			选择、列举代表民族文化的事例(如传统节日、歌曲、民间传说、历史故事、服饰、建筑、饮食等)，进行交流展示。
		理解与领悟		√		进行“民族节日大观”或通过民族节日与习俗展示等活动，引导学生理解不同民族的生活习惯和风土人情。
		应用与实践			√	通过“民族习俗我尊重”的活动，呈现民族文化、风俗或交往中的一些问题，引导学生懂得如何理解和尊重不同民族的文化。
	3. 了解我国不同地区自然环境的差异，知道并理解这些差异对人们的生产和生活方式的影响。（中、高）	感知	√			比较我国不同区域的气候、地形、资源等差异，以及这些差异对生产和人们的衣食住行等的影响。
		理解与领悟		√		通过图片、视频等资料的展示，引导学生在观察、对比中发现不同自然环境的差异及其对生产生活的影响。

续表

内容标准		学科能力描述	能力水平			教学建议
主题	主题内容		1	2	3	
我们的国家	4. 知道我国是一个地域辽阔、有着许多名山大川和名胜古迹的国家，体验热爱国土的情感。（高）	感知	√			列举一些能够代表中国的典型标志和象征，并说明理由；观看有关祖国风光的影视片；通过观看祖国风光片，收集、整理图片诗文、景点门票等，制作有关祖国风光的小报。增强对祖国大好河山的热爱之情。
		理解与领悟		√		收集整理图片、诗文等资料，互相交流。还可以制作中国导游图，模拟向外国友人介绍祖国的旅游胜地；通过开展“祖国山水我足迹”等活动，体验热爱国土的情感。
	5. 了解我国曾经发生过的地震、洪水等重大自然灾害，知道大自然有不可抗拒的一面。感受人们在灾害中团结互助的可贵精神，学习在自然灾害中自护与互助。（高）	感知	√			收集有关地震、洪水等重大自然灾害的典型事例，认识灾害的巨大破坏性。
		理解与领悟		√		开展有关灾害发生时如何自护自救的逃生模拟活动，提高学生的自护自救能力；还可以通过手抄报、宣传栏等方式，进一步学习有关自然灾害自护自救的知识、方法。
		应用与实践			√	
	6. 初步了解我国的工农业生产，以及工农业生产与人们生活的关系，知道工人、农民付出的辛勤劳动与智慧，学会尊重他们的劳动。（中、高）	感知	√			了解当地一种工农业品的来历，相互交流，感受工农业生产与人类生活的密切关系。
		理解与领悟		√		有条件的学校可以组织学生访问农户，参加农业劳动、参观农业科技园或工厂；以常见的生活用品为例，通过组织学生参加农业劳动、参观农业科技园等途径了解这种产品的生产过程，相互交流；有条件的学校还可以让学生尝试制作；在参观、调查活动的基础上，开展讨论交流活动，体会工人、农民付出的辛勤劳动与智慧。还可以开展“我看工（农）业”等绘画、征文活动，引导学生尊重劳动者及其劳动成果。
		应用与实践			√	
	7. 了解我国的交通发展状况，感受交通在人们生活中的重要作用，关注城乡交通存在的问题。（中、高）	感知	√			收集我国交通发展状况的资料，结合生活中的事例，感受交通在生活中的重要作用。
		理解与领悟		√		设置情境，对比古今交通工具的差异，感受交通的变化与发展。
		应用与实践			√	通过“家乡交通变化”、“交通问题我发现”等活动，让学生学会观察、思考社会生活问题，并尝试提出方法去解决；还可以“如何缓解上下学学校周边的交通压力”为题，组织学生展开讨论，解决实际问题。

续表

内容标准		学科能力描述	能力水平			教学建议
主题	主题内容		1	2	3	
我们的国家	8. 知道现代通信的种类和方式，体会现代传媒尤其是网络与人们生活的关系。在有效获取信息的同时，增强对信息的辨别能力，遵守通信的基本礼貌和网络道德、法律规范，做到文明上网。（中、高）	感知	√			分小组交流个人运用不同通信方式与人联系、沟通的经验，以及利用不同传媒获取或发布信息的体会，或者结合社会生活中的事例，引导学生了解网络与生活的联系。
		理解与领悟		√		通过辨析等活动，在讨论中引导学生懂得网络与生活的密切联系和引发的问题。
		应用与实践			√	可以开展制定文明上网公约等活动，引导学生在生活中做到文明上网，注意网络安全。
	9. 知道我国是有几千年历史的文明古国，掌握应有的历史常识，了解中华民族对世界文明的重大贡献。珍爱我国的文化遗产。（高）	感知	√			观看一些反映我国历史上重大发明或重要文化遗产的影视片；或收集有关资料，举行报告会或讲述体现我国劳动人民聪明才智和发明创造的故事。
		理解与领悟		√		开展模拟考古或角色扮演等活动，引导学生初步理解中华民族对世界文明的贡献。
	10. 知道近代我国遭受过列强的侵略以及中华民族的抗争史。敬仰民族英雄和革命先辈，树立奋发图强的爱国志向。（高）	感知	√			有条件的学校可以参观历史博物馆，还可以观看有关影视片，学唱历史歌曲。
		理解与领悟		√		通过呈现一些历史事件、历史人物等，引导学生理解历史事件的意义，了解历史人物；或将采访和收集到的材料做成墙报或手抄报，也可开故事会；通过制作爱国英雄谱、宣讲英雄事迹等方式加深对民族英雄和革命先辈的认识和敬仰之情；还可以开展辩论活动，比如以“甲午战争”为题论“今日之中国”，通过对比激发学生的爱国热情。
	11. 知道中国共产党的成立，知道新中国成立和改革开放以来取得的成就，加深对社会主义祖国和中国共产党的热爱之情。（高）	感知	√			调查了解不同年代的生活用品、照片或其他材料，并能结合图表、图片、数据等信息说明不同时代的变化。
		理解与领悟		√		在收集实物、照片和对家长等成年人采访的基础上，举办反映生活变化和祖国发展变化的小型展览，引导学生初步理解中国共产党成立的意义及新中国和改革开放的成就。

续表

内容标准		学科能力描述	能力水平			教学建议
主题	主题内容		1	2	3	
我们的国家	12. 知道中国人民解放军是保卫祖国、维护和平的重要力量，热爱中国人民解放军。（高）	感知	√			有条件的学校可以通过少先队和当地部队开展联谊活动，请部队官兵担任校外辅导员。
		理解与领悟		√		结合自己看过的有关解放军的影视作品以及相关史实，归纳在战争期间人民解放军是怎样建立和发展壮大起来的。
	13. 知道自己是中华人民共和国的公民，初步了解自己拥有的基本权利和义务。知道我国颁布的与少年儿童有关的法律、法规，学习运用法律保护自己，形成初步的民主与法意识。（中、高）	感知	√			可结合生活中的事例，在案例中让学生了解与他们有关的法律。
		理解与领悟		√		围绕相关条文，结合生活中的案例，开展模拟法庭活动；通过设置情境，或结合事例，学会运用与自己有关的法律和法规保护自己的权利。
		应用与实践			√	
我们共同的世界	1. 知道世界的大洲、大洋的位置，能在地图或地球仪上找到相应的国家或地区。（高）	感知	√			能根据某个国家或地区所在的大洲或邻近大洋的条件提示，在世界地图或地球仪上快速找到这个国家。
		理解与领悟		√		开展环游世界的模拟活动；能够利用地图、地球仪等工具找到相应的国家或地区。
		应用与实践			√	
	2. 比较不同国家、地区、民族的生活习俗、传统节日、服饰、建筑、饮食等方面，从不同的角度，尝试探究差异产生的原因，尊重文化的多样性。（中、高）	感知	√			以小组为单位确定选题，然后收集某个国家、地区或民族具有特色的生产、生活方式的资料，加工整理后在全班做介绍；与同学交流自己收集的反映世界不同文化习俗的图片、邮票、明信片等；能围绕某个国家、地区、民族的服饰或饮食、建筑、传统节日，制订探究计划，计划包含探究目的、调查方法、调查对象、调查步骤、探究结果、结论等部分；还可以指导学生撰写一份与外国友人交流交往的指南，内含各民族的礼节和禁忌、避免尴尬和不愉快的方法等。
		理解与领悟		√		
		应用与实践			√	
	3. 初步了解一些人类的文化遗产，激发对世界历史文化的兴趣。（高）	感知	√			围绕文明古国以及其他世界文化遗产，收集图片、影像等材料，开展交流活动。
		理解与领悟		√		通过“模拟考古”等活动，引导学生进一步了解人类的文化遗产，激发学生对世界历史文化的兴趣。

续表

主题	主题内容	学科能力描述	能力水平 1	能力水平 2	能力水平 3	教学建议
我们的共同的世界	4. 初步了解我国与世界各国的经济依存关系，及其给人们生活带来的影响。（中、高）	感知	√			通过各种途径，调查了解日常生活中的进出口产品。
		理解与领悟		√		调查日常生活用品的产地，按产地国做分类统计，使用图表呈现各国商品的进口数量所占比例，从而理解各国的经济依存关系。
		应用与实践			√	结合生活中的事例，展开“世界产品我发现”的活动，进一步在社会生活中发现世界各国之间的密切联系。
	5. 初步了解科学技术与人们生产、生活及社会发展的关系，认识到科技要为人类造福，崇尚科学，反对迷信。（高）	感知	√			结合生活中的事例，交流展示科技与人们生产生活的联系。
		理解与领悟		√		围绕科技发展给人类带来的正、负面影响设置主题，召开辩论会。
		应用与实践			√	
	6. 初步了解全球环境恶化、人口急剧增长、资源匮乏等状况，以及各个国家和地区采取的相关对策，体会“人类只有一个地球”的含义。（高）	感知	√			收集有关全球面临的重大问题的资料，进行交流。
		理解与领悟		√		分组选择不同的全球问题，收集资料，制作剪贴簿，办小展板，交流展示，理解全球共同面临的问题。
		应用与实践			√	制定“环境问题与对策”的方案，引导学生尝试自己解决问题。
	7. 知道我国所加入的一些国际组织和国际公约，了解这些国际组织的作用。知道我国在国际事务中的影响日益增强。（高）	感知	√			选择并收集有关联合国、国际奥委会、国际红十字会等国际组织，以及我国主办的大型国际活动的图片或文字资料。
		理解与领悟		√		通过模拟联合国等活动，帮助学生了解国际组织的作用；调查国际组织在中国开展的活动，以及中国参与这些组织的方式和贡献情况。
		应用与实践			√	
	8. 感受和平的美好，了解战争给人类带来的影响，热爱和平。（高）	感知	√			收集有关战争给人类带来的损失和人们谋求和平的资料，体会世界人民对和平的渴望。
		理解与领悟		√		从有关两次世界大战的史料、回忆录、日记等文献中，调查战争的伤亡人数、经济损失、战争波及范围、环境破坏、心灵创伤等，了解战争给人类带来的灾难，理解“反对战争，珍爱和平”的意义。
		应用与实践			√	通过“珍爱和平”的小报、展览等活动，引导学生进一步理解和平的意义。

第三部分　教学案例及评析

品德与生活学科教学案例

“我的手”教学案例及评析

一、教学背景分析

(一)教学内容分析

本课是《品德与生活》一年级上册第三单元“认识我自己”的内容。这一单元有四个主题，“我的手”是主题一“爱护自己的身体”中的第二个栏目。此部分内容是使儿童在活动体验中了解一些手的特征，懂得手在生活、学习、游戏及传递信息方面的作用很大、很神奇，生活、学习离不开手，从而激发学生悦纳自己，产生保护手，进而爱护自己身体的愿望。

(二)学生情况分析

一年级学生经过一段时间的培养与训练，已经具备了一定的探究、合作学习与参与教学活动的能力。通过课前调查了解到学生对于自己的手在学习、生活中的作用已有一些初步认识，但缺乏对手系统的认知。针对这种情况，帮助学生在原有认知的基础上提升认识、增加体验、升华情感尤为重要。

(三)教学方式与手段

本课以体验式教学为主要教学方式。通过引导学生在各种情境与活动中体验、探究、交流，提高认知。如利用谜语与手指操的形式引入新课，让学生初步感知手的特征；利用“摸宝猜物”、“举例介绍”、“实际展示”等活动，感悟手在生活、学习、游戏及传递信息方面的作用很大、很神奇。使活动真正为学生的学习注入情感与活力。

(四)教学准备

教师准备：搜集图片，制作课件，录制生活片段；准备“摸宝猜物”道具和物品。

学生准备：展示作品。

二、教学目标

(一)知识与技能

1. 初步感知手是自己身体的一部分，了解手的一些特征。

2. 知道手在生活、学习、游戏及传递信息方面的作用很大、很神奇，生活学习离不了。

(二)过程与方法

1. 参与观察、尝试、讨论、探究等活动，了解手的知识，感悟手的作用。

2. 列举生活中的事例与回顾生活经历，感受手的灵敏、灵活、有力、神奇。

(三)情感态度与价值观

悦纳自己的心灵手巧，激发增强手的本领的情感，从而产生保护手的愿望。

(四)教学重点

了解一些手的知识，感悟手的本领大、很神奇。

(五)教学难点

懂得手的作用大，产生增强手的本领的愿望。

三、教学过程

(一)游戏体验，初步了解手

活动一　猜谜语

1. 教师说谜语：两棵小树十个叉，不长叶子不开花；能干能写又能画，天天做事人人夸。(打我们身体的一部分)你们猜是什么？

2. 提问：那你们猜得对不对呢？伸出你的手来看看，再想想谜语是怎么说的？

3. 小结：你们猜对了，谜底就是“手”。今天我们学习的主题就是“我的手”。

(板书：我的手)

活动二　做手指操

1. 过渡：我们都有一双手，让我们伸出小手，一起活动一下，好吗？请你们跟着我来做。

一根手指小棒子，点点点；
两根手指小剪子，剪剪剪；
三根手指小叉子，叉叉叉；
四根手指小拍子，拍拍拍；
五根手指小耙子，抓抓抓。

2. 交流：你们觉得有意思吗？谁愿意带着大家来做做？请你来说前半句，同学们一起接后半句。

3. 提问：在游戏中我发现大家都有一双灵巧的手，现在再请你看看自己的小手是什么样子的。

4. 小结：通过观察，你们一定对手有了更多的了解。手与我们的上肢相连，是我们身体的一部分，它的每一个动作都是靠大脑的支配并且全身协调配合才完成的。

活动三　摸宝猜物

1. 过渡：现在我们就来玩儿个“摸宝猜物”的游戏，体会一下手与脑的配合。

2. 介绍：看，百宝箱在这儿，里面可有不少的宝贝呢，请你们用手摸，然后猜出宝物的名称。谁能猜对，宝物就归谁。要求只准摸不能看，谁想试试？

3. 学生摸宝，教师引导(铅笔、毽子、尺子、橡皮)。

(1)提问：你摸到了什么？

(2)引导：你为什么能猜出它？

(3)评价：你们的小手可真棒，能感受物品的形状、长短、软硬。

4. 过渡：谁还想来摸一摸？不过这回可换一种方式啦，谁敢挑战？

(1)提出要求：找一名学生到前边，转过身，其他同学看他是怎样摸宝猜物的，大家看见可要保密，不能告诉他，看看他能猜对吗？

(2)采访：为什么你能猜出它们分别是乒乓球和核桃？

(3)评价：你的小手能感受物品的轻重和外表的光滑与粗糙，多棒啊！

5. 过渡：你们还想猜吗？这次大家都来试一试吧。

(1)要求：请组长把宝物盒拿到桌上，同学们依次用手分别伸进盒子的两个小孔儿里去摸，把你摸到的告诉小伙伴，比一比看哪个小组最先摸完。

(2)提问：你们摸到了什么？什么感觉？

(3)验证：那你们摸得对不对呢？请组长打开盒子，大家看看对了吗？

6. 提问：从刚才我们玩的“摸宝猜物”的游戏中，你发现小手有什么本领？

7. 小结：我们的小手与大脑配合，能正确识别物品的长短、形状、轻重、软硬、质地等，触觉真灵敏，可真棒呀！

[设计意图]为了有效激发学生的学习兴趣，采用猜谜语、做手指操、进行摸宝猜物的游戏活动形式，引发学生通过观察、思考、体验、探究，感知手的一些特征，以及手是身体的一部分。从而达到抓住学生的注意力、兴奋点、获得对手的感性认知的目的。

(二)活动体验，感悟手的本领大

活动一　回顾学习经历，感悟手的本领大

1. 过渡：下面请你打开书，翻到第45页，指指中间穿浅绿色衣服的小朋友，看看他在做什么。(用手写字、学习)

2. 提问：在日常学习中我们的小手也能做很多事，想想你的小手还能做什么？

3. 出示学生作业，教师引导：

(1)这位同学的语文作业怎么样？再看看这些同学的数学作业、英语作业呢？

(2)看，她的小手画得怎么样？

(3)评价：同学们的小手真棒啊，写字、画画样样行。

4. 小结：你们的小手不仅能写会画，还能打字、折纸、弹琴，样样都行，真是本领大呀！

(板书：本领大)

活动二　列举生活经历，感悟手的本领大

1. 提问：在生活中，你们的小手能做些什么呢？书上那位穿紫色衣服的小朋友在干什么？(洗脸)除了洗脸以外，你的手还能做些什么呢？举个例子说说。

(1)学生交流：我们的小手能擦地、叠衣服、抓住栏杆、提重物等。

(2)提问：你能给大家演示一下是怎么做的吗？

(3)评价：看来生活中我们的小手能做的事情还真不少呢。

2. 出示图片，引导思考。

(1)呈现图片，引导思考：小朋友在干什么？(帮奶奶提东西、摆桌椅)你想对他说什么？你想怎么夸夸他？

(2)提问：像这样的事，你还做过哪些？举例说说，当时你有什么感受？

(3)小结：随着同学们一天天地长大，你们不但越来越懂事，而且小手也变得越来越有力、越来越能干啦！

3. 过渡：你们的手能做这么多的事，那你知道大人的手都能做些什么吗？

(1)学生交流：做饭、洗衣、驾驶、养花、修理东西等。

(2)出示图片：大人的手还能做什么事呢？请你自己说说吧。

(妈妈在做饭，爸爸在上网，教师在批改作业，医生在给病人做手术，农民在种庄稼，警察在指挥交通，工人在盖房子，他们都在用自己的双手创造着美好的生活。)

(3)小结：大人的手多能干呀，你们长大后也会像他们一样，用双手做更多的事，发挥更大的作用。

活动三　参与游戏体验，感悟手的本领大

1. 过渡：我们的手不仅在学习、生活中的用处很大，而且在游戏中也发挥着重要的作用。刚刚我们玩了“摸宝猜物”的游戏，你们觉得手的作用大不大？在课间时，我看到同学们还在玩儿这些游戏呢。

2. 呈现活动场景图：同学们玩儿掰手腕、石头剪子布、翻绳、拍手等游戏。

3. 提问：你们玩儿得真高兴啊。谁来说一说，你们在玩儿什么？怎么玩儿的？

4. 过渡：谁来展示一下翻绳和拍手游戏？

5. 采访：你在玩儿的时候，心情怎么样？

6. 小结：你看小手在游戏中也发挥着重要的作用，它就像好朋友一样，给我们带来太多的欢乐。

(板书：好朋友)

活动四　参与实际展示，感悟手的本领大

1. 过渡：刚刚在课上，我发现你们能一直注意听讲，积极回答问题，真棒！(教师伸出大拇指夸学生)

2. 提问：你们发现了吗？老师刚才怎样夸你们的？

3. 讲解：就像刚刚老师所做的，能表达一定意思的动作就叫手势。

4. 提问：下面再请你猜猜我的手势表示什么意思？在什么时候用呢？（停止、胜利）

5. 提问：像这样的手势，你还了解哪些？用手做出来，我们大家来猜猜。

6. 过渡：同学们能做出这么多的手势，现在我可要考考你们。

(1)要上体育课了，同学们都在安安静静地排队，有的同学刚想说话，你会怎样提醒他？

(2)客人到你家做客，你的小手会怎样迎接客人进门？请你和同桌互相做一做。

(3)客人临走时，你怎样和客人告别？再和同桌做一做。

7. 小结：在生活中，手势可以代替语言表达出我们的想法、情感和礼节，手的作用多大呀！

8. 过渡：除了手势以外，手语也能传递信息，你见过吗？在哪儿看到过？什么样？(大街上聋人交流、电视上手语新闻等)下面请你到屏幕中来找一找。

(1)播放手语新闻片段：你找到了吗？在屏幕下方的小窗里，主持人在干什么？为什么要用手语播报新闻呢？

(2)小结：手语能使聋人互相交流，还能了解国家大事。手势和手语都能够传递信息，是一种无声的语言。

9. 小结：在学习、生活、游戏和与人沟通的时候，手都发挥着重要的作用，我们的生活中处处都要用到手，真是作用大，不能离。

(板书：不能离)

[设计意图]充分结合学生的生活经验，丰富学生的情感和认知。在教学活动中适时采取展示、交流、采访、评价的方式，使学生深刻感悟在学习、生活、游戏中，以及与人沟通中手的本领大，从而悦纳自己的心灵手巧。

(三)情境体验，感知手的神奇

活动一　手影表演

1. 过渡：老师也会手语，想看吗？猜猜是什么意思。

2. 播放手影表演。

3. 提问：看完表演，你想说些什么？

4. 过渡：其实手影表演并不难，老师也学会了一些，想看吗？

5. 教师示范做出小鸟、螃蟹、苹果。提问：看我做出了什么？

6. 过渡：谁也能来做一做？下面请你跟小组的伙伴们商量一下，也编个带配音的手影故事。

7. 学生表演，师生评价。

8. 小结：刚才你们一双双不断变化的手，表演得多么活灵活现，真神奇啊！

活动二　欣赏手指舞

1. 过渡：手还有很神奇的表演能力呢，你信吗？下面我们来欣赏一下。

2. 播放手指表演视频，提问：看了他们的表演，你想说些什么？

3. 小结：手的表演能力真强，本领真大，太神奇了，真了不起！

活动三　展示自己的巧手

1. 过渡：其实你们的手也很神奇呢，有的会绘画，有的会制作手工，有的还会表演，现在请你介绍一下自己的巧手吧。

(1)学生展示介绍自己的画，师生评价。

(2)播放录像：我们班刘婧的手还能演奏优美的音乐呢，下面我们来欣赏一下吧。

2. 评价：同学们展示得太精彩了，你们的小手会表演、会绘画、会制作，真是心灵手巧的孩子，一起用掌声夸夸自己吧！

3. 小结：我们每个人的手都有自己的本领，在不断的学习中，本领会不断地增强。

[设计意图]充分发挥情境教学的优势，创设手影表演、欣赏手指舞、展示巧手的活动情境，引导学生在合作学习、互动交流中，进一步感知手的神奇，产生增强手的本领的愿望。

(四)全课总结，提升爱护手的情感

1. 提问：通过今天的学习，你们对手有哪些新的认识和发现呢？想说些什么？

2. 小结：我们的手真是本领大，就像我们的好朋友，学习生活不能离。我们的手是身体的一部分，爱护手就是爱护身体的表现。

3. 过渡：最后跟着我学一首儿歌，来总结这节课学习的内容。

我有一双巧巧手
它是我的好朋友
能写能画会穿衣
做事灵活有力气
本领神奇了不起
生活学习不能离

4. 小结：相信经过同学们的不断努力，我们人人都会拥有一双灵活、有力、神奇的手！

[设计意图]引发学生回顾学习过程，提升对手的认知。采取儿歌形式帮助学生梳理总结，更深刻地感悟手在学习和生活中的作用，达到延伸课程，更直观地指导学生

的生活的目的。

四、教学点评

《义务教育品德与生活课程标准(2011 年版)》指出：“儿童品德的形成源于他们对生活的体验、认识、感悟与行动。”“儿童的知识是通过其在生活及活动中的直接体验、思考、积累而逐步建构起来的”。“教学必须与儿童的生活世界相联系才能真正促进儿童的成长”。这就决定了学生更多的是通过实际参与活动，动手动脑，深切体验，从而获取知识，得以发展的。那么，我们的课程培养学生具有感知与领悟能力，一定是在直观形象的活动中获得的，是在充分结合学生的生活经验和经历中感受的，是在引发学生自主思考和感悟中不断丰富和提升的。

“我的手”一课的教学，教师准确理解和把握课程标准，紧紧依据《品德与生活学科能力标准及教学指南》，关注学生感知和领悟能力的培养，有效达成了教学目标。

其一，活动体验，丰富道德认知。

本课教学中，教师注重结合一年级学生的年龄特点，充分发掘活动资源，巧妙地设计了“猜谜语”、“做手指操”、“摸宝猜物”、“打手势”、“表演手影”等一系列的教学活动，让学生亲身体验，充分地“动”起来、“活”起来。活动中，教师注意调动学生参与的积极性，通过观察、思考、交流、采访、评价等方式引领学生获得自主体验和认知。

如为了充分调动学生体验的欲望，教师发挥其主体性，巧妙设计了难度层层推进、形式三次变化的“摸宝猜物”活动。第一次活动是用手整体感受物品特征，包括长短、大小、轻重等；第二次活动是用手掌感受核桃与乒乓球之间的不同；第三次活动是用手指触摸棉花与海绵的质地差异。这三次活动，教师分别以“摸到了什么？有什么感受？怎么来猜宝的?”等问题来引领学生思考，从而发现手的触觉灵敏。活动中，教师采取师生评价的方式，激发学生探究感知的兴趣。问题为学生提供了各抒己见的机会，在自主体验中更进一步理解了手与大脑的配合，能正确识别物品的长短、形状、轻重、软硬、质地等，触觉非常灵敏，从而加深学生对手的认知，进一步激发学生对手的悦纳之情。

正是因为教师为学生提供了体验交流的平台，给予了积极的评价与鼓励，因此伴随着活动的层层推进，学生在动脑思考中、在热情参与中对于手的认知在原有基础上不断得到丰富和提升，从而实现了解手的特点，感知手是身体的一部分，以及懂得手在生活、学习、游戏中本领大的教学目标。

其二，联系生活，提升领悟能力。

品德与生活课程要培养的是在实际生活中发展的儿童。因此，教学活动不能脱离学生的生活和社会的实际。只有回归学生生活的东西才能在最大程度上让学生乐于接受。在本课教学中，教师有针对性地创设了走进生活，贴近学生，开放、互动、活泼的教学情境，营造了自由、民主、愉悦的课堂气氛，让学生在动手、动脑参与的活动中体验感悟，不断提升领悟能力。

如教学中，教师通过引发学生回顾生活经历，交流学习、生活中用手所做的事情，亲自参与翻绳和拍手等游戏，现场展示生活中的手势等，从而深刻感悟在学习中、生活中、游戏中、与人沟通中手的作用大。这种回归于生活的体验活动，使学生顺畅、自然地提升了对手的认知，同时对手的热爱之情也在逐步加深。根据以上活动的铺垫，教师还设计了“展示巧手”的活动，让学生将自己的作品进行展示，并进行特长表演，达到了互相欣赏、互相学习的效果，激发了增强手的本领的愿望。

这些活动充分结合学生的生活经验，能够引发学生的思考感悟。活动成为联系生活、动手动脑、感知体验、探索合作的载体，促使学生在活跃氛围中参与、体验、领悟、发展。

设计者：张如燕（北京教育科学研究院通州区第一实验小学）

点评者：肖月（北京市通州区教师研修中心）

“秋天在哪里”教学案例及评析

一、教学背景分析

“秋天在哪里”是人教版《品德与生活》二年级上册第二单元“金色的秋天”中的第二个主题，本课旨在通过观察秋天的天气、动植物等的变化，感受北京秋天的季节特征，了解秋季保健知识，欣赏秋天的美，培养学生亲近自然、热爱自然的情感。它是依据《义务教育品德与生活课程标准（2011 年版）》中“健康、安全地生活”的内容而设置的。健康、安全地生活是儿童生活的前提和基础，它旨在使儿童从小知道珍爱生命，养成良好的生活习惯，获得基本的健康意识和生活能力，初步了解环境与人的生存的关系，为其一生身心健康地发展打下基础。

通过课前调查，发现本班学生对北京秋天季节变化特点已有了一定的生活体验和知识积累，但学生对秋天景物的变化缺乏细致的观察、全面的了解。通过本课的学习，旨在借助儿童已有的生活经验，通过教师指导下的各种教学活动培养学生观察与分享的意识，提高观察与比较的能力，以激发学生对秋天以及对自然的热爱。

品德与生活课程以儿童的生活为基础，源于儿童实际生活的道德教育才有实效，本课引导学生用眼看、用嘴问、用笔画，调动学生用多种感官去体验、感受北京秋天的季节特点，在获得充分感性积累的基础上去提高认识，升华情感，指导行为，把学生道德认识的提高、道德情感的激发有机地联系起来，进一步激发学生对秋天以及对自然的热爱，学习秋季保健知识，学会照顾自己和关心他人。

本课教学力求在活动中融知识性与趣味性于一体，引导学生在生活中寻找秋天，并适时加以拓展，进而使学生的认知源于生活，又高于生活。根据二年级上学期孩子的生活实际和知识水平，本课设计了“寻秋”、“赏秋”、“赞秋”三个活动，目的在于引导学生学会在描述、欣赏、赞美秋天的活动中感受秋天的美，热爱自然、热爱生活。

二、教学目标

(一)知识与技能

1. 了解秋天的农作物、天气、花草树木、小动物等的变化。

2. 观察认识秋天的季节特征，感受秋天的美，培养观察、表达、合作能力。

(二)过程与方法

通过观察、比较、调查等方法，了解与秋天有关的自然现象和知识以及生活中的自然常识。

(三)情感态度与价值观

激发学生亲近大自然、探索大自然的欲望与热爱大自然的情感。

三、教学过程

(一)导入新课

1. 提问：同学们好！今天我们一起先来欣赏一首小诗，请你们仔细听，认真看，想一想，这首小诗描绘的是什么季节的情景。

2. 播放课件：小诗《秋天到了》。风变爽，大雁排成行，枫叶红，瓜果香，农民收获忙。

3. 小结：我听到很多同学一下子就说出来了答案，对了，这首小诗描绘的正是秋季的景色。看来大家对秋季的特点了解得真不少！请你们找一找，今年日历上的哪一天告诉我们秋季到了。

4. 播放课件：2012 年 8 月日历。

小结：你找到了吗？很多同学发现今年立秋的日期是 8 月 7 日，秋季从这天就开始了！

5. 播放课件：标明立秋的日历。

6. 过渡：让我们一起走进生活，走进大自然，共同感受秋天的奥秘。

［设计意图］ 以谜语导入新课，激发学生学习兴趣，调动学生已有的生活经验，引导学生联系生活实际，初步感知秋季的基本特征。

（二）寻找秋天足迹，感受秋天特征

1. 提问：很多同学在家、校园、公园、街道、田野中，早已发现了秋天的踪迹，你们是在哪里找到秋天的？

2. 预设 1：植物变化。

(1)提问：我听到有的同学说发现校园里的柿子变得越来越黄了；有的同学说和家长到公园看到枫叶红了。你们发现，植物在秋天里发生了哪些变化？

(2)谈话：有位细心的同学用相机记录下了小区银杏树的变化，还把照片放在日记本里，让我们一起来听听她发现了什么。

播放课件：《秋叶的变化》。

(3)提问：你发现这种变化了吗？你从中知道了什么？

(4)小结：我听到有的同学说：发现马路边上的银杏树也在慢慢变黄，从树叶的变化中知道秋天到了。

(5)提问：你发现秋天的树叶还变换出哪些颜色呢？

(6)小结：让我们跟随同学们的身影一起走进大自然，看一看、数一数，你又发现了树叶变换出哪些颜色。

(7)提问：当我们看到五彩缤纷的树叶纷纷下落时，你一定知道什么季节到了。从树叶的变化，我们知道秋天到了，你还在哪里发现秋天到了？

(8)小结：当我们看到树叶变黄，果实成熟，人们忙着收割，我们知道秋天到了。

3. 预设 2：动物变化。

(1)提问：秋天到了，你们发现动物发生了哪些变化？

播放课件：《动物》。

(2)小结：有的同学发现听不到知了的叫声了，有的同学看到大雁排成人字形向南飞到温暖的南方去过冬了，有的同学在公园里发现松鼠跳来跳去地忙着储存食物。随着气温慢慢降低，动物为过冬做着各种准备。原来小动物也在告诉我们秋天到了！当我们听不到知了歌唱，看到大雁南飞，我们知道秋天到了。

(3)过渡：和夏天相比，我们生活中的很多方面也发生了变化，你发现秋天给我们的生活带来哪些改变？

4. 预设3：气候变化。

(1)提问：我听到有的同学说：到了秋天，早上出门时感到天气凉了，人们的衣服变厚了。秋天到了，气候发生了哪些变化？

播放课件：《明明的日记1》。

(2)小结：我看到有的同学边看边点头，有的同学说和明明一样，由于没有及时穿外套，也感冒了，可难受了！看来，我们在生活中感受到了秋天气温变化的特点。立秋以后，气温逐渐降低，特别是在下雨后，气温会降低很多，所以在北京地区有这样一句谚语：“一场秋雨一场寒，十场秋雨穿上棉。”

(3)提问：在我们北京地区，秋天的气温还有一个特点，那就是秋天里一天的温度也在不断变化，你发现一天的温度发生了怎样的变化？

(4)小结：北京地区秋天气温的特点是气温慢慢降低，而且一天里的早晚温差比较大，早晚凉，中午热。正如同学们所说，看到树叶变黄，大雁南飞，气温降低，就知道秋天到了，这就是北京秋天的主要特点。

5. 预设4：人们的生活。

(1)提问：秋天是寒暑交替的季节，由于气候干燥，冷暖多变，我们的身体一时难以适应，所以容易引发感冒等疾病。你想知道应该怎样照顾好自己，预防疾病吗？

请大家看大屏幕，让我们一起来听听医生的建议！

播放课件：《秋天防感冒》。

(2)提问：了解秋天气温变化的特点和秋天保健知识，对我们的生活会有哪些帮助呢？

(3)提问：下面请你们学做“聪明小管家”，根据秋天气温变化特点和秋天保健知识，分析下面几种做法的对与错，并说一说理由。

播放课件：《秋季运动会》。

(4)小结：你们说秋天里应多参加体育锻炼，来帮助自己增强抵抗力，我非常同意你们的看法，你们看，小奖章已经迫不及待地跑来和你们做朋友了。

播放课件：《生吃瓜果要洗净》。

(5)小结：看到这幅图中的小伙伴，我看有的同学竖起了大拇指，你们说的没错！瓜果在采摘和运输的过程中，表面会沾有细菌，所以生吃瓜果一定要洗干净。看，你们又赢得了一枚小奖章。

(6)提问：你们看图中的明明遇到了什么问题？你们想对他说些什么呢？

播放课件：《没穿外套的明明》。

(7)小结：你们看，听了你们的劝告，明明马上就穿上了外套，学会了照顾自己，正在微笑着感谢你们对他的帮助呢！是呀，秋天到了，我们一定要记住，随着气温变化，及时增减衣物。你们不仅学会了照顾自己，还知道主动关心帮助小伙伴，真是了不起！再奖励你们一枚小奖章吧！

播放课件：《穿上外套的明明》。

(8)小结：我们在生活中，可以利用我们了解的秋天气温变化的特点和保健知识来帮助我们身边的伙伴和亲人，从小学会关心他人，让大家都能健康快乐地享受秋天的美丽。

(9)提问：乐乐在国庆节期间，要和爸爸妈妈到海南旅游，她看到妈妈为她准备了几条夏天穿的裙子，这又是为什么呢？让我们看大屏幕，了解一下其中的原因吧！

播放课件：《不同地区的秋色》。

(10)小结：我国幅员辽阔，由于气温不同，全国各地展现出不同的秋日美景，海南的秋天气温依然很高，人们要穿短袖衣服，所以妈妈为乐乐准备了夏天的裙装，看来秋季的奥秘真是不少！

[设计意图]寻找秋天活动引导学生观察生活，交流季节变化的显著特征，感知天气、季节与人们生活的关系。感受天气、季节变化对生活的影响，学会根据天气情况照料自己，健康安全生活。学会观察生活，并结合自己的生活经验，了解不同季节中易给人们健康带来影响的流行性传染病的危害，学习一些防病知识和基本方法及注意事项。教师适时抓住气温变化特点，教育学生要学会自我保护，让家人放心，还应学会关心他人。

(三)走进自然，欣赏秋天

1．提问：北京的秋天有五颜六色的秋叶，有千姿百态的菊花，有各种新鲜诱人的瓜果，快让我们一起走进大自然，再一次欣赏北京秋天的美景！请同学们边看边想，北京的秋天带给你的感受是什么？你想用什么方式来表达你心中的感受？

2．播放课件：《北京的秋天》。

[设计意图]带领学生回味北京秋色，感知大自然的美丽；结合学生的生活经历，启发学生了解大自然，帮助学生感受大自然的美好。

(四)抒发真情，赞美秋天

1．提问：你想怎样表达你心中的感受？几位同学正在用不同的方式来展现他们心中的秋天，让我们一起来分享吧！

2．展示。

(1)谈话：看到秋天到了，鱼虾肥美，瓜果成熟，小诗人写了一首秋天的童谣，让我们来听一听！

播放课件：画配诗《秋收》。

(2)小结：一场秋雨一场凉，农民伯伯收获忙，瓜果新鲜又好吃，鱼虾肥嫩又健康。

(3)谈话：看到秋天里，人们在田野里忙着收割，这位小画家制作了一幅记录下人们丰收喜悦的豆子画！

播放课件：豆子画《丰收》。

(4)豆子画介绍：这是用在秋天成熟的各种豆子做成的一幅豆子画，名叫《丰收》。看，一匹马拉来了满满一车粮食，小朋友在忙碌地称粮食，一个小姑娘一边敲鼓，一边唱丰收的歌。

(5)谈话：看到秋天里美丽的落叶，南飞的大雁，一位小音乐家特别想把秋天留住，他和爸爸合作谱写了一首秋天的歌曲！让我们一起伴随着他动听的歌声，再次回味秋天的美丽！

播放课件：学生创作歌曲《秋天到》。

(6)提问：欣赏了同学们的创意，你一定也有奇思妙想吧！快把自己心中的秋天也记录下来吧！

(7)总结：这节课，我们通过观察、了解气候、植物、动物和人们在秋天里的变化，发现了北京秋天的特点，感受到秋天到了！希望同学们在生活中多观察，多思考，发现秋天更多的乐趣，收获秋天更多的美好！

[设计意图]组织学生以拍照、绘画、手工制作等多种方式，开展“留下美丽的秋天”活动。鼓励学生到大自然中参加丰富多彩的活动，在实践的过程中感受大自然的美好。引导学生明白，自己亲自动手实践是走进自然、探索自然的好方法。

四、教学点评

《品德与生活学科能力标准与教学指南》中对感知与领悟能力的描述指出：学生通过观察、体验，结合自己的生活经验，对生活中的感性事物、直观形象获得感性认知，初步形成一定概念，丰富认知的能力；在感知的基础上，初步了解自我、社会、自然的相关知识与相互关系以及所涉及的相关信息，在成人指导下领悟做人、做事的道理。

本课引导学生通过观察、体验，结合自己的生活经验，感受北京秋天的季节特点，对秋天特点的直观形象获得感性认知，初步形成一定概念，丰富认知的能力；在感知的基础上，初步了解自我与自然的相关知识与相互关系以及所涉及的相关信息，在获得充分感性积累的基础上去提高认识，升华情感，指导行为，把学生道德认识的提高与道德情感的激发有机地联系起来，进一步激发学生对秋天以及对自然的热爱，学习秋天保健知识，学会照顾自己和关心他人。

教师在坚持生活化价值取向的基本前提下，主动关注、研究学生生活中存在的典型问题，如向学生展示观察树叶变化的树叶相册、学生的秋季气温记录等，引导他们深入生活情境，由事及理地运用学到的道德知识和道德观点对一定事例进行分析，提高道德教育的针对性、形象性和指导性，让学生学起来简明生动，用起来切实可行。

本课教师在实施课程中展现出了良好的课程意识，以自己对课程的独特理解为基础，从目标、课程、教学、评价等维度来整体规划教育活动和行为方式，在教学过程中选择恰当的教学内容，运用科学的教学策略，营造和谐的教学氛围，这些教学行为有利于学生知识生成、情感培育和能力发展，从而成为课程的动态构建者。教师能够自觉地体现课程性质和课程理念，关注课程总目标的落实，并在教学过程中不断审视教学目标的合理性；关注教学过程的教育意义和教学结果的价值，并根据教学实际灵活地选择方式方法实施有效教学，从而真正形成课程实践的自觉性和敏感性。

授课教师将教学的理念与实践相结合，通过多样的、密切联系学生生活的活动，帮助学生获得感知，从而感悟到秋天的特点和人们与大自然之间的和谐关系。在教学过程中，授课教师能自觉地根据课程特点和学生认知规律，结合教学内容，积极探索和运用体验、探究、合作、讲授等多种教学方式，如让学生观察身边的秋天，从人们的生活、动植物的变化入手引导全体学生参与观察、调查、讨论、游戏、制作等各种活动，使学生在活动过程中与自己的生活接触、互动、交流，从而获得对自然和社会的亲身体验与感受，丰富了知识和经验，获得了创造性和实践能力的发展。在课堂中，教师努力把握好自己的角色，从学生学习的组织者、指导者与合作者的角度，为学生创设主动探究、合作学习的环境，帮助学生逐步获得感知进而有所感悟，整个学习过程把学习的主动权还给学生，使教学为学生的学而服务。

设计者：张崧（首都师范大学附属育新学校）

点评者：胡玲（北京教育科学研究院基教研中心）

“我是北京人”教学案例及评析

一、教学背景分析

(一)教学内容分析

本课是《品德与生活》二年级下册第四单元中的教学内容，从教材内容的前后联系出发，可以较好地为本年级、本节课的教学进行定位。

纵览《品德与生活》、《品德与社会》教材，与本课教学内容相关的内容在不同年级均有所涉及，但是侧重点各不相同。一年级学习过“祖国妈妈的生日”，对毛主席在天安门广场升起第一面五星红旗有所了解，可以作为本课学习的认知基础。二年级第四单元“我的家乡在北京”包括“我是北京人、北京名胜古迹多、北京的变化大、感受丰富多彩的生活”四个主题的内容，侧重社会常识，讲到了北京的风土人情、名胜古迹、民俗，同时渗透爱家乡的思想教育。本课侧重知道自己是北京人，懂得天安门的象征意义，同时，以“我是小导游”的活动，联系学生生活和后续教材内容。

在了解整体教材内容分布后，重点对本课教材进行解读。本课教材包括“我的家在北京”、“我爱北京天安门”两部分内容。总体来看，“我的家在北京”从学生说说自己家在北京城的大致位置切入，旨在引导学生初步理解家乡的含义，并由此激发学生了解家乡的愿望。“我爱北京天安门”则主要通过让学生交流有关天安门的图片、照片、故事等，使学生认识并理解天安门是北京的象征，同时也是为了引导学生理解家乡北京是祖国的心脏，从而进一步增进学生热爱家乡的情感。在教学时，协调教材前后内容和学生实际，突出对北京人的认识，突出对天安门的意义的初步理解，并以小导游的形式引导学生关注北京及家乡，引导学生延伸到课后的观察和发现。

对于二年级学生来说，可能并不能对“北京人”的概念有一个很科学的理解，对其要求又不能过高，因此教学时可以认为“家在北京，长时间在北京居住、生活在北京”就是北京人。二年级学生能够认识到天安门代表北京，人们都向往这里就可以了，因为认识首都是四年级的学习任务，而此时应侧重于在学生原有认知的基础上，引导学生初步认识到天安门的象征意义，程度要求不宜过高，所以教学设计中重点引导学生从生活体验、从丰富的天安门的直观资料中获得感悟，提升认识、激发情感。

(二)学生情况分析

本校二年级学生接受过调查活动的指导，能够在他人帮助下完成调查任务，因此课前设计调查活动，引导学生课前参与，培养调查能力，并以调查的内容作为学习资源，课堂教学中引导学生开展交流活动，在交流中尝试探究，提高学生认识。

(三)教学方式

活动体验、小组合作。

(四)教学手段

PPT课件——整合教学资源，直观呈现，启发学生思考。

二、教学目标

1. 通过课前、课上的采访交流活动及生活体验知道自己的家在北京，自己是北京人。

2. 利用生活经验和地图，知道我们都是北京人，并为是北京人而感到自豪。

3. 通过课前的观察、采访，课上的交流、展示等活动，了解与天安门有关的故事，懂得天安门是北京的象征，是全国人民向往的地方。

教学重点：懂得天安门是北京的象征，是全国人民向往的地方。

教学难点：懂得天安门是北京的象征，是全国人民向往的地方。

三、教学过程

活动一　交流讨论——我家在北京，我是北京人

1. 谈话导入：每个人都有自己的家乡，你的家乡在哪里？

(预设：门头沟、北京)你知道你的家在北京的什么地方吗？

2. 地图上找家乡：出示“中国政区图”点击“北京”，出示“北京市政区图”。

追问：你们是怎样这么快找到北京的？为什么只有北京才有五角星呢？(北京是中国的首都)

3. 小结：门头沟是北京的一个区，属于北京市，所以说我们的家在北京，我是北京人。北京还有很多其他的区县，你能在北京市政区图上找到其他区县的名称吗？

4. 小结：生活在北京市其他区县的人跟我们一样，家都在北京，我们都是北京人！

(板书：我家在北京　我是北京人)

5. 交流调查表：课前我们完成了一份关于家人出生地和居住地的调查表，你的家人都在北京生活了多少年？——交流汇报调查结果，教师引导得出对北京人的初步认识。

6. 小结：我们的家人都在北京居住和生活，有的是祖祖辈辈居住在这里，我们称他们为老北京人(出示照片)；像我们这些小同学，也在北京生活了很多年，我们就是小北京人；还有一些人我们称他们为新北京人。

[设计意图]本环节突出品德与生活课程活动性、开放性的特点，激发学生学习的积极性，拓展学生认知。通过引领学生参与学习活动，在活动过程中初步感悟到我们生活在北京，都是北京人。通过讨论，使学生对北京人的几种类型有初步的感知和领悟，突破教学难点。在这一学习活动过程中，结合学生对首都北京已有的感知及生活体验和感悟，提升学生的感知与领悟能力。

活动二　我眼中的天安门——结合多种资源懂得天安门是北京的象征

1. 过渡：在咱们首都北京有一个很大的城市广场，你们知道是哪儿吗？

（出示天安门广场图片，板书：天安门）

2. 小组交流：你们去过天安门吗？跟同学说说你眼中的天安门是什么样的？

3. 全班交流：天安门的相关知识。

(1)追问：在天安门广场看到了什么？听到了什么？想到了什么？有什么问题？（教师随着学生的回答给予相应的补充）

(2)教学预设与调控：学生对天安门的了解比较浅显，只能从表面去介绍，如天安门很大、人很多、花坛很漂亮……教师抓住学生介绍的几个点来提升学生的思想认识，如为什么中国、外国的游客都要去天安门参观呢？为什么人们都要去天安门观看升旗仪式呢？……

[设计意图]重点是通过学生交流生活经历和分享照片以及教师的引导性提问，由学生自主表达心中的天安门，帮助学生领悟到天安门是全国人民向往的地方、是北京的象征，突破教学难点。本活动的目的是在学生已有的体验和生活经验的基础上，将自己对生活的感性认识，在教师的引领下初步形成概念，提高学生感知与领悟的能力。

4. 播放配乐幻灯片“我爱北京天安门”——直观感受，抒发情感。

(1)提问：听同学们介绍了这么多，你能用一句话或一个词来形容天安门、天安门广场吗？

(2)提问：老师知道你们都会唱一首歌《我爱北京天安门》，你们愿意演唱这首歌以表达心情吗？

5. 小结：不仅是北京人，全国人民都热爱天安门！因为天安门是北京的象征，是全国人民都向往的地方。

[设计意图]课前了解到学校正在开展唱红歌活动，本班学生正好演唱了《我爱北京天安门》这首歌，因此，在交流了天安门相关经历和知识的基础上学生已经有所感受，这时，引导学生唱起这首歌，可以很好地表达学生的情感，达成教学目标。课堂上的演唱，唤起了学生对课前活动的感受，提高了学生的认识。

活动三 我是北京小导游——我是北京人我自豪

1. 过渡：作为北京人，除了天安门，你对北京还有哪些了解呢？如果让你来做北京小导游你愿意来介绍北京吗？你想介绍哪儿？

引导学生结合自己的生活经历进行介绍。

2. 我是小导游活动：学生介绍。

[设计意图]在课堂中倡导教学民主，给学生多一些思维和展示自我的空间。此环节中以“我是北京小导游”活动，让学生选择适合自己的方式介绍北京，表达出对北京的热爱和做北京人的自豪感，同时为后面几个主题的学习奠定知识基础和情感基础。带着已有的经验，带着本课学习后的感悟，学生交流分享，作为北京人的自豪感油然而生。

全课总结：北京的风景名胜、文物古迹、美食以及人们朝气蓬勃的精神状态说上一天也说不完！老师相信你们每个人都对北京充满了热爱之情，通过今天的学习和你们的介绍，作为北京人，你们最想说什么？（预设学生反馈：我们都是北京人！我们爱北京！）同学们，我们的家乡北京每天都在发生着奇妙的变化！希望在课后继续用你们那善于发现的眼睛去了解北京。

（板书：我们爱北京）

四、教学点评

感知与领悟能力主要是指学生通过观察、体验，结合自己的生活经验，对生活中的感性事物、直观形象获得感性认知，初步形成一定概念，丰富认知的能力；在感知的基础上，初步了解自我、社会、自然的相关知识与相互关系以及所涉及的相关信息，在成人指导下领悟做人、做事的道理的能力。“我是北京人”这一教学课例，从学生原有认知和经验出发，教师引领学生思考、感悟，使学生获得认知的丰富和能力的提升。

其一，读懂学生的生活，以多种资源提升学生的感知与领悟能力。

《义务教育品德与生活课程标准(2011 年版)》中指出：能否积极有效地开发利用各种课程资源，关系到本课程性质、目标的实现，制约着课程实施的质量。在提升学生感知与领悟能力上，教师结合三个不同水平，在资源的选择和利用上注重了以下几点。

(1)整合照片资源唤起学生丰富的感知。本节课围绕教学目标、结合学生的现实生活，突出了教学资源的获得和利用。如，课前鼓励搜集和家人一起在北京各处游玩的照片，主要包括在天安门、在北京其他旅游景点、在博物馆的留影等，在突破教学重点的环节，运用学生在天安门的照片资源，结合学生自身的经历，让学生说出自己的感受，其他资源在“我是小导游”环节中加以利用，突出对北京的热爱。用这样的方式激励学生在课后的参观过程中继续了解家乡的名胜古迹、文化、特产等。以学生可感可知的照片资源引导学生观察、交流，感知与领悟能力的提升在教学的全过程得以逐步实现。

(2)整合生成性资源提升学生认识。在教学前两天，得知学校正在进行“唱红歌”活动，本班学生正好演唱了《我爱北京天安门》这首歌。把现实生活的资源引入教学成为课程资源，于是在教学环节中设计了“唱一唱”的活动，让全班学生现场演唱这首歌，表达感情。为了更好地利用这一资源，教师还展示了天安门广场的雄壮、美丽、各种建筑的恢宏气势，人们在广场进行的各种活动，起到情景交融、以情激情的效果。教师能够及时补充利用生成性资源提升学生认识。

在教学实施过程中，学生的表现是动态的，可能会出现不可预见的精彩，巧妙地利用这些生成的资源，顺学而导，可以凸显课堂的生命活力。在学习“我是北京人”的环节中，利用调查表进行反馈，预设时主要是让学生知道老北京人、小北京人，并扩充新北京人的认识。但是将在北京生活、工作的外国人称为新北京人，有的学生好像还不认同，这时，教师没有急于下结论，而是利用这个生成资源，引导学生课后继续思考探究，形成自己的认识，而且这个认识是个不断完善的过程。正是教师具有开放的意识，才尊重学生的认识水平，尊重学生的学习过程，而不是以得出结论为最终的追求，正像课程专家钟启泉先生所说：好的教学应该是学生的问题越来越多，学生的兴趣越来越高。课堂伊始问题引入，课堂结束问题不断，这样的学习过程才是学生不断求索和进步的学习过程。巧用课堂生成的资源，可以在已有教学成效的基础上有效地提升学生的认识和情感。

其二，读懂学生的需求，在活动过程中培养学习能力，促进感知与领悟能力的提高。

教学过程是使学生的生活经验不断丰富，各种能力不断提高，知识积累不断增加，形成符合社会规范的价值观念的过程。教师要通过实施各种活动，有效地引导和帮助，使学生思考和尝试的范围不断扩大，使他们原有的生活经验和学习能力得以拓展、扩充、提升。

低年级学生愿意参与学习活动，愿意交流表达，乐于完成教师交给的学习任务。在满足学生需求的同时，教师精心设计调查表和小组交流活动的主题。在活动过程中，学生参与其中，尝试探究，在完成和利用调查表学习的过程中，和家人合作，丰富自己的经验，提高认识水平，为后续学习奠定能力基础。在与同学交流的过程中，学生积极参与，分享经验，提升认识。

丰富的学习资源，全程参与学习活动，有利于学生观察、体验，并结合自身的生活经验，在与同伴交流的过程中提升感知与领悟的能力，形成概念、提高认识、丰富情感。

设计者：安海霞（北京实验二小永定分校）

点评者：艾艳敏（北京市门头沟区教师进修学校）

“保护牙齿 预防牙病”教学案例及评析

一、教学背景分析

（一）教学内容分析

“保护牙齿 预防牙病”是人教版《品德与生活》一年级下册第三单元“健康生活每一天”的第一个主题“我换牙了”第二课时的教学内容。在品德与生活课程结构中处于儿童与自我这一轴线，属于健康、安全地生活这一方面。

本课旨在使学生懂得保护牙齿的意义，初步了解牙齿的保健常识，学习正确的刷牙方法，逐步养成良好的口腔卫生习惯，进而使学生初步具有基本的自我保健常识和对生活和学习中的事物和现象进行观察思考、分辨是非、价值判断的能力，为今后健康生活打下扎实的基础。

（二）学生情况分析

授课前，教师采用对学生家长问卷调查、访谈等形式，进行前期调研，了解本班学生用牙、护牙的真实情况，调查结果如下。

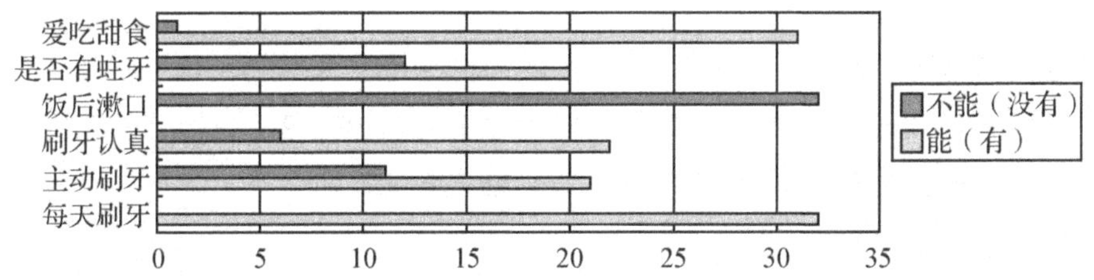

从调查情况中可以看到：牙病问题是本班学生中普遍存在的问题，大部分学生因为饭后不漱口、刷牙不认真、不爱刷牙或过多地吃甜食而出现蛀牙。由此看来，学生对于牙齿的保健常识知之甚少，有的知识甚至是错误的。怎样保护刚刚长出来的新牙，怎样健康快乐地长大，是他们所面临的一个亟待解决的问题。

因此，教师通过教学活动，创设生活情境，进行判断、选择与辨析，引导学生懂得保护牙齿的意义，了解牙齿保健的好方法，提升健康意识和生活能力，促使学生养成良好的卫生习惯，就显得尤为重要。

(三)教学方式

根据低年级学生的身心特点和认知规律，依据新的课程理念，教师在本课教学中采用了体验、探究的学习策略。从本班学生的生活实际入手，巧用小镜子，通过三照小镜子，引导学生观察吃饼干前后、漱口前后自己牙齿的变化，以小实验用手触摸醋泡鸡蛋等一系列教学活动，引导学生在探究活动中观察思考，深刻体验并感悟到刷牙、漱口的重要性，初步树立保护牙齿的意识，形成新的认知能力。

另外，在自主探究保护牙齿都有哪些好方法这一教学环节中，教师采用多种形式让学生在课堂中充分地展示出来，启发学生发现问题并引导学生进行正确的价值判断和行为选择，使学生学习到更多爱护自己身体的方法，提升健康意识和生活能力。

(四)教学手段

教师根据本课教学目标，以学生的现实生活为教学的基础和源泉，创设问题情境，引导学生尝试运用所学知识和规范要求对生活中的事物和现象进行观察思考、判断、选择与辨析，从而获得爱护自己身体的方法，提升健康意识和生活能力。为今后能够健康、安全地生活奠定很好的基础，有效地增强课堂教学的实效性。

二、教学目标

(一)知识与技能

1. 懂得刷牙、漱口的重要性，学习正确的刷牙方法。

2. 初步了解牙齿保健的常识，逐步养成良好的用牙卫生习惯，提升健康意识和生活能力。

(二)过程与方法

运用所学知识和规范要求，对生活和学习中的事物和现象进行判断、选择与辨析，获得爱护自己身体的方法，初步形成分析与判断的能力。

(三)情感态度与价值观

1. 愿意拥有健康整洁的牙齿，愿意养成良好的卫生习惯，从而乐于追求健康文明的生活方式。

2. 表现出愿意接受牙齿检查或治疗的意愿。

三、教学过程

(一)观察牙齿，初步了解牙齿的作用

1. 谈话：课前，我请每位同学都带来一面小镜子，为什么要带小镜子，想知道这个谜底吗？今天我们要用它来观察自己的牙齿。

2. 活动：用镜子观察自己的牙齿。(教师提醒学生：注意卫生，手指不要触摸到牙齿。)

3. 提问：谁来说一说，你的牙齿都长什么样呀？

4. 过渡：同学们观察了自己的牙齿，知道了自己牙齿的样子，那你们想一想，平时牙齿都能帮助我们做些什么事情？

5. 小结：健康、整洁的牙齿在我们生活中真是太重要了，不仅帮助我们咀嚼食物，还能帮助我们发音，而且拥有一口健康、整洁的牙齿，还能使我们看上去更加漂亮和精神。

[设计意图]本环节教师巧用小镜子，创设问题情境，调动学生的学习兴趣，使学生真实地感受到自己牙齿的现状。在此基础之上，教师又提出问题：平时牙齿都能帮助我们做些什么事情？引导学生认识到牙齿在生活中的作用，为下面的教学活动打下坚实基础。

(二)体验探究保护牙齿的方法

1. 品尝饼干，二照小镜子，观察牙齿表面的变化。

(1)谈话：牙齿能帮助我们吃东西，那我们就一起来吃一块饼干吧。吃完饼干的同学，请你拿起小镜子，仔细观察一下自己的牙齿吧。

(2)活动：学生品尝饼干，用小镜子观察牙齿表面的变化。

(3)提问：看，牙齿有什么变化？

(4)追问：平时在什么时候，牙齿上也会出现这样的现象呀？

(5)小结：看来，我们只要吃过东西，嘴里就会有食物残渣。

2. 学生漱口，三照小镜子，观察牙齿表面的变化。

(1)提问：那你们有什么好方法把嘴里的食物残渣清除掉？

(2)活动：学生漱口，并观察漱口水。

(3)提问：你们惊讶什么呢？(这漱口水跟刚才的清水一样吗？)请同学们拿起小镜子，再仔细观察一下自己的牙齿吧。

(4)活动：学生用小镜子观察牙齿表面的变化。

(5)提问：牙齿与刚才相比，又有什么变化？

(6)小结：真没想到只吃了一小块儿饼干，牙齿里就会有这么多残渣，及时漱口太重要了！

3. 实验探究，感受刷牙漱口的重要性。

(1)提问：平时我们吃东西时，如果不清理掉这些食物残渣，长时间下去，我们的牙齿会怎样呀？

(2)学生回答，教师引导：是不是像同学说的那样呢，我们来做个实验吧。

(3)提问：(教师手拿一颗鸡蛋并敲击蛋皮)这是什么？听到什么声音啦？

教师讲述：鸡蛋皮里的主要成分是钙，所以比较坚硬。

(4)活动：学生用手触摸蛋皮，观察鸡蛋的蛋皮和刚才老师手中鸡蛋的蛋皮有什么不同。

(5)提问：你们发现了什么？

(6)追问：你们知道吗，这些是被一种含有酸性物质的液体浸泡过的鸡蛋，鸡蛋皮被酸性物质侵蚀就会变软，我们牙齿的主要成分也是钙，如果也被酸性物质侵蚀，会怎样呢？

(7)过渡：就像你们想的一样，让我们一起来看一看吧。

播放课件：蛀牙的形成。

(8)提问：同学们谁有过蛀牙，牙疼起来是什么样的感觉啊？

(9)小结：看来酸性物质对牙齿的破坏作用真是了不得，可不能让食物残渣在我们的牙齿里安家呀。刷牙漱口是一个保护牙齿、预防牙病的好方法，牙齿健康了，我们才能健康快乐地生活。

(板书课题及图片：保护牙齿，预防牙病)

刷牙漱口(贴图)　　健康生活每一天(贴图)

[设计意图]教师通过三照小镜子、用手触摸醋泡鸡蛋等活动，引导学生观察思考，分辨是非，从而使学生深刻体验并感悟到刷牙漱口的重要性。教师紧紧抓住学生已有的生活经验与教学内容的结合点，通过巧妙地活动设计，让学生在活动中自己教育自己，丰富已有的经验，提高学习的主动性，获得新的认知，提高对事物的分析与判断能力。

(三)分析辨别生活现象，学做小牙医，学习解决问题

1. 谈话：课前，老师和你们的家长交流过，发现班里有些同学是这样做的，请你用刚刚所学的知识分析一下，如果照他们这样长期做下去的话，哪些同学的牙齿很可能会生病？

2. 播放课件：晚上睡觉前，不刷牙；随便刷刷，凑合；挑食；不停吃糖；牙齿生病了，不及时看牙医。

3. 现象1：晚上睡觉前，不刷牙；随便刷刷，凑合。

(1)提问：看到这两种现象，我想先问问同学们，你在生活中有过这样的行为吗？这样做对牙齿有什么影响呢？你快和身边的人说说吧。

(2)过渡：同学们都说刷牙非常重要，那么每天都是怎样刷牙的呀？

(3)过渡：让我们一起看一看正确的刷牙方法，自己比较一下，平时刷牙的方法对不对。

播放课件：正确的刷牙方法。

(4)提问：平时你刷牙的方法正确吗？

(5)活动：让我们再跟录像一起学习一遍正确的刷牙方法吧。

(6)小结：学会用正确的方法刷牙，认真刷牙是对自己健康负责任的表现。

4. 现象2：挑食。

(1)提问：妈妈做了这么多好吃的，可是他们却不吃，对这样的现象你们有什么看法？

(2)追问：如果你是他们，你该怎么做？

(3)角色扮演：请学生分别扮演妈妈和孩子的角色，说出自己的看法。

(4)小结：就像刚才同学们说的，我们平时要经常吃一些含钙质多的食物，多吃蔬菜和水果。每样食物都要吃一点，身体的营养均衡了，牙齿才会变得又白又健康！

5. 现象3：不停吃糖。

(1)提问：这种现象，同学熟悉吗？你在生活中有过这样的行为吗？

(2)追问：同学们，在你不停吃糖时你想到的是什么？你知道这样做的危害吗？

(3)提问：糖确实很好吃，我们在想吃的时候怎么吃好呢？

(4)小结：在不停吃糖的时候我们想到的只是糖好吃，而忘记了多吃糖的危害，在好吃和健康之间选择了好吃。现在通过我们的学习，同学们知道了多吃糖也是生牙病的一个重要原因，要是得了牙病，牙齿会很疼，既影响我们的心情还影响我们的健康啊。所以同学们要记住平时吃糖要适量，保护好我们的牙齿！

6. 现象4：牙齿生病了，不及时看牙医。

(1)提问：这种现象，你在生活中遇到过吗？大家是怎么做的呢？

(2)提问：看，这个场景大家熟悉吗？你参加过吗？为什么要做口腔健康检查和窝沟封闭？

播放课件：口腔健康检查和窝沟封闭。

(3)小结：为了有效预防牙病，每年学校都要组织同学进行免费的口腔健康检查和窝沟封闭。一旦发现牙齿生小病了，我们就要赶紧治疗，这样牙齿就不会生大病了。

7. 提问：换牙之后，我们现在长的是恒牙，它可要陪伴我们一生呢！要是牙从现在就开始生病，经常牙疼，会怎么样呀？

8. 小结：同学们知道的保护牙齿的知识可真多！你们不但会思考，还会对别人的发言进行判断和分析，真是太了不起了！让我们一起来看一看牙防五步曲，牢记这些保护牙齿的好方法吧。

播放课件：牙防五步曲。

[**设计意图**]教师把调查中家长反映的普遍问题，用情景再现的方式呈现出来，引导学生进行问题讨论，分析判断哪些饮食习惯和卫生习惯对健康成长有益。在师生双向交流的过程中，教师及时捕捉一些看似平常，却值得深入思考的问题，启发学生运用所学知识对生活中的事物和现象进行判断、选择与辨析，提升健康意识和生活能力。

(四)总结，课外延伸

1. 谈话：我们知道了这么多的保护牙齿的好方法，要养成良好的卫生习惯，关键是要每天坚持做，老师发给每位同学一张“爱护牙齿、预防牙病的记录卡”，一周以后，比一比看谁坚持得好。

评价内容	自评	家长评
饭后漱口		
用正确的刷牙方法刷牙		
早晚刷牙两次，坚持三分钟		
睡前刷牙后不再吃食物		
不乱咬硬物，不咬手指头		

*空格部分用于根据学生个体情况对评价内容指标进行补充。

2. 总结：最后老师祝愿同学们，人人都拥有一口健康、整洁的牙齿，真心希望你们笑口常开，健康快乐地生活。

[**设计意图**]教师借助刷牙情况评价表，把学生的课堂生活延伸到家庭生活中去，强化了学生们的行为，帮助学生养成良好的刷牙习惯，真正地使学生受益，有效地增强了课堂教学的实效性。

四、教学点评

《义务教育品德与生活课程标准(2011版)》在健康、安全地生活方面提出了“知道初步的保健常识并在生活中运用”的具体要求，本课“保护牙齿 预防牙病”是这一要求的具体体现。在教学过程中，教师密切联系学生的生活，注重对学生分析与判断能力的培养，主要体现在以下三个方面。

其一，关注学生真实生活，以生活为源头。

“问渠那得清如许，为有源头活水来”，生活是写作的源头活水，做一个生活的有心人才能发现源头活水，汲取源头活水，我们的教学何尝不是这样呢？新课程倡导品德教学回归生活，强调以儿童现实生活为课程基础，强调良好的品德的形成必须在儿童的生活过程之中，而非在生活之外进行。本教学设计很好地关注了学生的真实生活，如教师在课前做了较为详尽的学生生活调查，对学生已有的认知基础、生活中的各种问题等做到心中有数，因此我们看到的是在教学过程中，教师所呈现的五种分析辨别现象都是来源于学生的真实生活，是学生自己的生活，这样的熟悉感使学生感受到生活就是我们的学习，我们的学习是为了生活。

教师在引导学生分析生活现象的过程中，不仅掌握了学生的实际，并且从学生的学习需求和心理需要入手，没有表现出这些现象存在于哪些同学的身上，而是从分析、辨别现象的角度入手，有的放矢地进行教学，努力实现品德教育植根生活，努力加强教学针对性，以促进学生的全面发展。

其二，强调对生活现象进行观察思考，分辨是非，彰显课程价值。

在品德与生活教学中，如果片面地强调道德观念的灌输，或者片面地强调道德行为的训练，都不能真正触动学生的内心，不能督促学生形成良好品德和行为习惯，也达不到实现课程价值的目的。创设生活情境进行判断、选择与辨析，掌握爱护自己身体的方法，提升健康意识和生活能力是本课教学较为突出的特点。

学生在现实中遇到生活世界里的价值冲突、情感冲突等才能够真正触动他们的内心世界，因此本课教师在教学中引导学生去分析生活中的事例，从事例中看到冲突，在对冲突的辨析中进行判断，从而强化学生正确的行为。

如针对一部分学生吃糖多的现象进行分析时，教师追问学生："在不停吃糖时你想到的是什么？你知道这样做的危害吗？"当学生想到自己在吃糖时关注的是好吃，而忽略了什么时，教师继续引发学生思考，糖确实很好吃，我们在想吃的时候怎么吃好呢？这一系列的问题直接指向学生在生活中的真实思想和行为，引发他们思考、探究，在分辨行为对与错的过程中，就像一层层剥开竹笋一样，学生的思考不断深入，不仅提高了对生活现象的辨别能力，更彰显了课程的价值。

其三，注重学生在分析、判断基础上的多角度提升。

从生活中来到生活中去，并且在学习的基础上引导学生过更为积极健康的生活，是我们教学的追求。

教师通过课前调查发现，学生对于牙齿的保健常识知之甚少，有的甚至是错误的，因此设计了"品尝食品三照小镜子"的活动，通过一看牙齿、品尝食品二看牙齿、漱口后三看牙齿的体验活动，帮助学生感受到吃过东西后牙齿中会留有残渣和漱口对牙齿有保护作用。教师又设计了"醋泡鸡蛋"的活动，探究酸性物质的腐蚀作用。通过这两个活动，学生在认识层面、情感层面都有新的认识和提高，实现了新知识的构建、经验的积累和能力的历练。

教师在教学过程中引导学生分析生活现象之后，更为关注的是学生知道了这么多保护牙齿的好方法，怎样才能让这些好方法在生活中得以坚持，于是教师设计了“爱护牙齿、预防牙病的记录卡”，这样有利于督促学生每天坚持保护自己的牙齿，从而养成良好的卫生习惯。

我们可以看出，教师在教学中关注了学生知识、情感、行为等多个不同层面的提升，这样才有利于学生获得基本的健康意识和生活能力，为学生一生的健康发展打下基础。

设计者：李爽（北京市西城区自忠小学）

点评者：安子琴（北京市西城区教育研修学院）

“班级就像我的家”教学案例及评析

一、教学背景分析

（一）教学内容分析

本课时选自首师大版《品德与生活》一年级下册中“快乐的学校生活”单元的“班级就像我的家”这一主题中的两个活动“我们都是好朋友”、“愿为集体做事情”。“我们都是好朋友”主要是引导学生了解集体的含义，知道自己是班集体的一员，并能热爱自己所在的班集体。“愿为集体做事情”主要是通过活动培养学生对班集体的责任心，养成愿为班集体做事情的积极态度。

（二）学生情况分析

授课时，学生入学已经一个多学期，对班级这个集体已经有了一定的了解，而且对班级和同学也有了一定的了解。本主题的设置正是帮助学生进一步了解“每个人都是生活在集体中的，脱离集体是孤独的”，进而感受到“自己作为班集体的一员，要为班集体做出自己的贡献”。还有一点不容忽视：现在的孩子多数为独生子女，在家庭中自我中心意识比较强，来到学校后不知道怎样与同学相处，本课通过体验活动，让学生感悟到生活在班级大家庭中应该互相帮助、团结友爱，更应该努力为班集体做贡献。

（三）教学方式

小组合作学习：通过小组成员间的交流与分享，帮助学生回忆班主任和同学像家人的事例，更深入了解班级成员间的关系。

体验式学习：通过情境模拟活动，让学生懂得大家团结友爱，才能真正体验到集体带来的快乐。

(四)教学准备

技术准备：制作课件，通过视频投影播放。为每位同学准备班级树叶片，在课堂教学中师生共同完成班级树的制作。

二、教学目标

(一)知识与技能

1. 在生活学习的过程中初步形成集体的概念，知道班主任和同学们共同组成了班级大家庭。

2. 知道自己是班级大家庭中的一员，自己的成长离不开集体。

(二)过程和方法

1. 在回忆以往集体生活和集体荣誉的过程中，激发热爱班集体的积极情感。

2. 通过为集体做事情和设立小小责任岗的生活体验，树立愿为集体做事情的责任心。

(三)情感态度与价值观

培养学生热爱班集体、愿为班集体做事情的态度和关心爱护同学的情感。

(四)教学重、难点

引导学生回忆以往集体生活和集体荣誉，激发学生热爱班集体、愿为集体做事情的积极情感。

三、教学过程

(一)谈话导入引出话题

1. 今天老师给大家带来了一首好听的歌曲，让我们一起来认真听一听这首歌唱的是什么内容。

播放歌曲：《让爱住我家》。

(板书：家)

2. 我们每个同学都有自己的家，有疼爱自己的父母，有的还有相亲相爱的兄弟姐妹。你能用一个词来形容一下你在家中生活的感受吗？

(选取学生发言的词语板书：温暖、幸福、快乐……)

3. 那同学们想一想在学校里有没有像家一样温暖、快乐的地方呢？

(板书：班级就像我的家)

[设计意图]播放与“家”相关的歌曲，从学生最熟悉的家入手，引导学生谈家中生活的感受，为后面感悟班级像家做情感铺垫，提升学生感知与领悟的能力。

(二)活动探究感悟班级像家

活动一　找找哪儿像家

探究一　教室像我家

1. 同学们都说我们的班级像家，那到底哪里像家呢？我们先来观察一下我们的教室，哪些地方像家啊？

预设学生反馈：

(1)我们教室像家一样，有电视、电扇、柜子等，让我们在学校的生活像家一样方便。

(2)板报、绿色植物把我们的班级装扮得更漂亮，更温馨，更有家的感觉。

2. 小结：生活在这样的教室里就像生活在家里一样，让我们感受到方便与温馨。

[设计意图]先从教室内的物品等外在方面找班级与家的相似之处，让学生先对班级像家有一个初步的认识，感受在班级中生活像在家一样让我们感受到方便与温馨。

探究二　说说家中的人和事

1. 在我们的家里有疼爱自己的父母，还有兄弟姐妹，在学校里有没有像家人一样的人呢？在我们的班级中又发生过哪些事情让你觉得他们像家人呢？先和你的同桌说一说。

此处对学生回答问题的情况进行如下预设：

预设 1：同学像兄弟姐妹	预设 2：班主任像家长
(1)同学们每天像家人一样在一起学习和游戏的确给我们带来了很多的欢乐。 (2)当我们遇到困难的时候，我们就会得到同学们的帮助，让我们感觉像家一样的温暖。	(1)班主任像家长一样关心我们的学习，而且非常有耐心。 (2)看我们的班主任多细心啊，不仅关心我们的学习，更像妈妈一样关心我们的生活，关心我们的健康。同学们说得真好，班主任的确像我们的家人一样。

[设计意图]承上顺势引导学生将班级成员的关系与家庭成员的关系进行对比，让学生更深一层了解到班级成员间的关系也像家庭成员一样。

2. 听同学们说了这么多，老师真的觉得我们的班级就像家一样，那现在你能说一说生活在我们这个班级大家庭里的感受吗？

[设计意图]此时让学生说出在班级中生活的感受，学生们会惊喜地发现与家庭生活的感受是相同的，从情感上进一步体会到班级像家，激发热爱班集体的情感。

活动二　夸夸我们班

1. 过渡：看到同学们有一个温暖快乐的班集体，老师都想加入你们的集体当中了，而且老师还听说很多老师都很喜欢我们班，都在夸我们班呢。

2. 你们想不想听听老师们是怎么夸咱班同学的？

(1)体育老师说，上操的时候，我们班很多同学都站得特别直，特别精神，你们猜猜这是在夸谁呢？

追问：为什么你做操的时候总是站得这么直呢？

(2)美术老师也夸我们呢，说我们班每次上美术课，水彩笔和学具总是带得特别齐。

(3)经常来我们班上课的王老师也夸我们呢，说我们班的地面总是特别干净，这是在夸谁呢？

3. 看我们班同学方方面面都得到了老师的夸奖，咱们班可真棒，听到这些夸奖你是什么样的心情呢？

4. 小结：从同学们一张张笑脸我就能看出，我们都为这个班集体感到骄傲和自豪！

[设计意图]通过典型事例的分享及学生感受的交流，提升学生分析与判断的能力。活动过程中学生发现各科老师都在夸我们的班级，初步体会到集体的自豪感与荣誉感；通过找一找老师在夸谁，学生发现班级里大部分同学都被夸奖了，从中感悟到只有每个人都做好，都为班级做贡献，我们的班集体才能更好。

活动三　辨一辨、演一演

1. 过渡：在我们的班集体里有这么多让我们开心和自豪的事，而在这一年多的集体生活里，我想也一定发生过不愉快的事。

2. 老师就了解到这样一件事情：有一位同学在课间活动的时候爬到学校的围墙上去玩，被老师发现狠狠地批评了一顿，都给他说哭了，那你觉得这样的老师还像我们的亲人吗？为什么？

3. 小结：看来同学们都很理解老师，老师像我们的父母一样，当我们做错事的时候也会批评我们，那都是为了我们好。

4. 还有这样一件事：一位同学刚刚折好的纸飞机被同学不小心弄坏了，接下来发生什么了？我们一起来看一看。

5. 追问：他们这样做好不好？如果是你，你会怎么做？先和同桌一起演一演。

6. 小结：你们做得都非常好，通过一个道歉就能解除同学间的误会。误会解除了，我们还是好朋友，还像一家人一样。

[设计意图]辨一辨的环节，使学生们理解了老师有时会批评我们，但那也是为我们好；演一演的环节让学生学会了处理同学间的矛盾。通过两个环节的体验，学生发现班级生活中不仅有高兴的事，也有一些不开心的事，从中感悟到在与“家人”相处时应多一些理解和宽容，才能让我们更加亲密地像一家人一样。对班级的认识与热爱离不开学生对师生、生生相处时事件的分析与判断，才能领悟到班级真的像家一样。

7. 同学们，今天我们的班主任也来和我们一起上课了，看到同学们的表现，我想班主任一定有话想对大家说，你们想不想听一听啊？

（班主任的话：看到同学们把班级当作家，老师觉得很开心，又听到那么多老师夸我们班，老师觉得很骄傲……为了鼓励大家，老师给大家带来了一份礼物，就请殷老师展示给大家吧。）

8. 咱们的班主任老师非常用心地为大家制作了班级相册，就让我们随着这一张张照片来回顾一下我们一起生活的温馨时刻吧。

[设计意图]班主任是班级中的大家长，本节课邀请班主任全程参加，并在此环节发言表达对同学们的喜爱与肯定，表达了把同学当家人的情感，进一步拉近了班主任与同学间的情感，同时也激发了同学们的感恩之心，感谢班主任为同学们的付出。

活动四　愿为班级做事情

1. 过渡：我们的班主任老师是多么的用心啊，用相机记录下了同学们在班级大家庭中生活的一个个快乐、温馨的瞬间。

2. 提问：看了这些照片，刚才又听了班主任老师的话，你们有什么感受呢？

3. 提问：那你们想不想为班集体做出更多的贡献，为我们班赢得更多的表扬呢？你要怎么做呢？先和同桌讨论讨论。

[设计意图]班级相册引导同学们一起回顾了班级生活的点滴瞬间，同学们重温了班级生活的快乐与温馨，老师适时提问“你们想不想让我们班集体变得更好”，激发了同学们愿为班级做事情的情感。

4. 学生活动：那我们就一起动手来制作一棵班级树吧，把我们的责任写在自己的那片树叶上，时刻提醒自己对班集体的责任。

播放歌曲：《我们的生活多么幸福》。

[设计意图]班级树的制作需要班级同学共同来完成，用树叶比作每一位同学，用贴满树叶的大树比作班级，只有每位同学都为班集体做贡献才能让我们的班级树越来越茁壮，越来越茂盛。

(三)全课总结

我们每个同学都是班级中的一员，就像这棵班级树一样，这么多片树叶才能组成这棵树；这么多同学组成了我们的班集体，只有我们每个人都为班集体做贡献，才能让我们的班级树越来越茁壮，越来越茂盛。

（板书设计图片）

四、教学点评

分析与判断能力是小学品德与生活学科能力标准之一，主要指学生对生活和学习中的事物和现象进行观察思考、分辨是非、价值判断的能力；学生运用所学知识和规范要求，对生活具体事件的独立思考、正确处理的能力，且初步形成新的认知的能力。在“班级就像我的家”这一课例中，教师在分析与判断能力培养方面有以下几点有益的尝试。

其一，明确分析与判断能力的三个水平，在活动设计时体现目标达成的层次性。

教师在进行教学活动设计时，首先明确了分析与判断能力三个水平之间的关系，结合具体教学内容和学生实际，设计学习活动落实不同层次的目标。在仔细研读课程标准和学科能力标准后，教师能够认识到课程标准中的内容标准与教学内容之间不是一一对应的关系，同理在使用学科能力标准时，教师也能意识到在学科能力标准框架下，“感知与领悟、生活与实践”这两方面能力在内容标准下更具有外显性的特征，而分析与判断能力似乎体现得并不明显，而这恰恰是在“班级就像我的家”这一教学内容中不可忽略的能力点。因为只有通过学生的生活和学习经历，提升对经历过的人和事的分析与判断能力，才能更好地激发学生对班集体的热爱之情。

正是有了这样的认识，教师在教学活动设计时关注到了在开始主题学习前先从教室内的物品等外在方面找班级与家的相似之处，通过交流，学生自己分析、自己判断，首先对班级像家有一个初步的认识，感受在班级中生活像在家一样方便与温馨。教学过程中，通过典型事件、辨一辨、演一演等活动形式，在学生自主、生生互动、师生互动中，逐步提升学生分析与判断的能力。

其二，关注学生的年龄特点和生活经验，选取典型事件提升学生分析与判断的能力。

低年级学生乐于接受他人的夸奖，得到他人夸奖能激发学生更强烈的自信心和荣誉感。教师结合授课班级的实际，设计了以下几个典型活动，选取典型事件来提升学生分析与判断的能力。

首先，以“其他老师夸夸我们班”为话题，教师选取了不同学科教师对学生的夸奖，采用了录音、录像、照片等多种形式，同时教师还巧妙地追问“你们知道这是在夸谁吗？你们是什么心情?”此环节通过典型事例的分享及学生感受的交流，提升学生分析与判断的能力，活动过程中学生发现各科老师都在夸自己的班级，初步体会到集体的自豪感与荣誉感；通过找一找老师在夸谁，学生发现班级里大部分同学都被夸奖了，从中感悟到只有每个人都做好，都为班级做贡献，我们的班级才能更好。

接着，教师设计了辨一辨、演一演的活动环节，重点选取了在班级生活中会有老师的批评，同学间会产生矛盾，面对生活中真实存在的学生困惑的问题，引导学生展开辩论，用表演的方式表达自己的认识和理解。在辨一辨的环节，学生们有自己的分析和判断，理解了老师有时会批评我们，但那也是为我们好；演一演的环节让学生学会了如何处理同学间的矛盾。通过两个环节的体验，学生们发现班级生活中不仅有高兴的事，也有一些不开心的事，从中感悟到在与“家人”相处时应多一些理解和宽容，才能让我们更加亲密得像一家人一样。对班级的认识与热爱离不开学生对师生、生生相处时事件的分析与判断，才能领悟到班级真的像家一样。

《品德与生活学科能力标准与教学指南》刚刚出台，教师在教学中有自己的思考与实践，在尝试的过程中对分析与判断能力三个水平在教学目标和教学过程中的具体体现还有需要改进之处。品德与生活是一门综合课程，在实际教学中，教师要关注到感知与领悟、分析与判断、生活与实践三方面能力的培养。遵循品德与生活学科的特点，依据学生的年龄特点和可接受性，选择恰当的方式实现本学科三方面能力的有效提升。

设计者：殷冉冉(北京市门头沟区大台中心小学)
点评者：艾艳敏(北京市门头沟区教师进修学校)

“做个有礼貌的小学生”教学案例及评析

一、教学背景分析

(一)教学内容分析

“做个有礼貌的小学生”是首师大版《品德与生活》一年级下册第三单元“快乐的学校

生活"中的第二课。本课是根据《义务教育品德与生活课程标准(2011年版)》"负责任、有爱心地生活"中有关规定设置的。本课旨在引导学生在知道基本的礼貌用语的基础上，懂得正确使用礼貌用语是尊重他人的表现，并能结合具体环境理解每种礼貌用语的含义、用法及作用，从而学会使用礼貌用语，增强使用礼貌用语的自觉性，养成使用礼貌用语的良好习惯。

(二)学生情况分析

通过课前调查了解到：一年级学生经历了幼儿园教育和学校的文明礼貌教育，大多数都知道基本的礼貌用语，对熟悉的人愿意主动使用礼貌用语。但还存在以下问题：一是不能恰当地使用礼貌用语；二是缺乏主动性；三是对于这些礼貌用语的真正含义、使用环境以及用后对个人、社会有什么好处等理解不深。

(三)教学方式与手段

针对一年级学生的认知、情感等特点，本节课主要采取体验式的教学方法。教学中以学生的生活作为教学资源，提高对礼貌用语含义的理解。充分运用现代教学手段再现生活情境，引导学生交流讨论、实践运用、提升认识，发挥学生的主体作用。

(四)教学准备

教师准备：

1. 教学视频和课件。

2. 校园提示语照片。

3. 一周自评表 。

学生准备：

课前观察人们在生活中使用礼貌用语的情况。

二、教学目标

(一)知识与技能

1. 知道基本的礼貌用语，初步懂得正确使用礼貌用语不仅是对人尊重的表现，而且还能促进与他人良好关系的形成。

2. 学会正确使用基本的礼貌用语，并能在实际生活中恰当运用。

(二)过程与方法

学习参与事例分析、情境辨析等实践活动，结合具体环境理解礼貌用语的含义、用法及作用。

(三)情感态度与价值观

愿意自觉使用礼貌用语，学会尊重他人。

(四)教学重、难点

懂得生活中正确使用礼貌用语的重要性并愿意自觉使用。

三、教学过程

(一)谈话导入，初步感知

[设计意图]课程伊始以学生刚刚经历的生活体验——通过努力获得运动会精神文明奖为教学的切入点，引发学生回顾经历，从而感受到礼貌用语带给内心的愉悦与力量，同时也为下面的教学活动做思想和情感的铺垫。

1. 谈话：交流运动会上得到精神文明先进集体奖的做法。

播放课件：奖状。

2. 小结：正因为你们符合学校提出的“文明在口中、文明在手中、文明在脚下、文明在心中”的要求，所以才能获得荣誉。

播放课件：“文明在口中、文明在手中、文明在脚下、文明在心中”。

3. 提问：你知道的礼貌用语都有哪些呢？什么时候用过？

4. 小结：“请、您好、谢谢、不客气、对不起、没关系、再见”是最基本的礼貌用语。

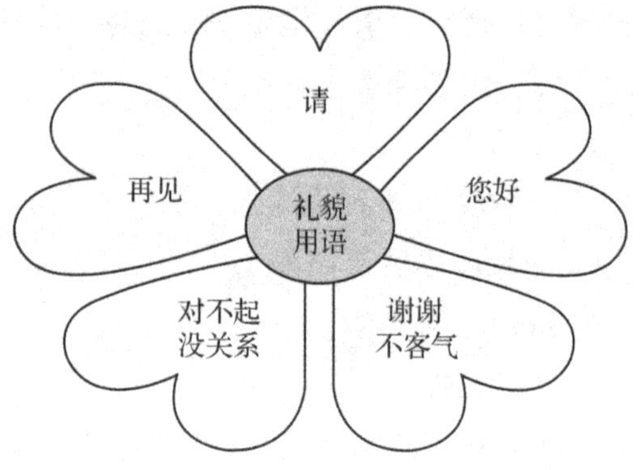

(板书：贴画)

随机板书课题。

(板书：有礼貌的小学生)

(二)联系生活，体会意义

[设计意图]创设情境，引发学生对生活中的事件进行分析讨论，使学生直观地感受到正确使用礼貌用语不仅是对人尊重的表现，而且还能促进与他人良好关系的形成。同时，潜移默化地引导学生在生活中要向榜样学习，努力践行校园提示语提出的行为要求。

1. 交流课前调查：先分组再集中交流同学发现的在生活中使用礼貌用语方面做得比较好的人和事。

2. 情境分析。

(1)播放课件：小品《问题》。

(2)提问：如果你是小红，你会帮助谁？为什么？

(3)小结：使用礼貌用语，能让大家友好相处。

（板书：友好相处）

(4)播放课件：校园提示语照片“礼貌是最容易做到的事情，也是最容易忽视的事情，但它却是最珍贵的事情”。

(5)议一议：为什么说礼貌最容易做到又最容易忽视但却最珍贵呢？

3. 现状分析。

(1)回顾现状(播放课件：课下随机拍摄的学生与人问好情况)。

(2)讨论：你有什么发现？

(3)小结：主动问好是我们尊重别人的表现。

（板书：尊重别人）

(4)播放课件：提示语照片“今天我行鞠躬礼向老师、同学、客人问好了吗？今天我出门和家人打招呼了吗？”

4. 典型事例分析。

(1)出示典型事例(播放课件：墩布事件)。

(2)假设：如果这个孩子不说“对不起”，结果会怎么样？

(3)小结：学会使用“对不起”、“没关系”，我们就会减少很多麻烦。

(4)出示课件：校园提示语照片“礼貌和文明是我们共处的金钥匙”。

(5)讨论：谁在生活中体会到过这把金钥匙的作用？

(6)小结：我们要学会用文明礼貌这把金钥匙来解决与人相处中遇到的问题。

5. 提问：如果人人讲礼貌，处处讲礼貌，我们的生活会是什么样子？

6. 小结：如果人人讲礼貌，处处讲礼貌，我们的校园会更文明、家庭会更融洽、社会会更和谐。

(三)联系实际，提升认识

[设计意图]以学生的生活为基础，引用事例复原生活，再现学生生活中的实际问题，引发学生反思，并借助评价机制充分调动学生形成正确的道德认知，促进学生的体验、感悟，产生愿意做个有礼貌的小学生的强烈愿望。

1. 情境辨析：有些同学在生活中是这样做的，你有什么想法？(播放课件：照片)

2. 先分组讨论再集中交流。

3. 播放课件：校园提示语照片“微笑是我们的语言，文明是我们的信念”。

4. 提问：你在什么情况下用过微笑这种语言？表达的是什么意思？

5. 小结：我们要做到主动、自觉、正确地表现出你的礼貌，做一名有礼貌的小学生。

（板书：做一名有礼貌的小学生）

6. 课后延伸：在一周的时间内检查自己在文明礼貌方面做得怎么样，提醒、督促自己养成使用礼貌用语的好习惯。（播放课件：一周自评表）

(五)总结全课，升华情感

[**设计意图**]师生共同总结，根据板书回顾、提炼，强化学生道德认知。

1. 通过学习，你有哪些新的认识？有什么想法？

2. 教师总结：一句简单的礼貌用语，不仅给自己带来快乐，更会使他人感到温暖。多一句礼貌用语，就多一份友情、亲情、真情。让我们都做个有礼貌的小学生吧，它会使我们的学校生活更快乐！

四、教学点评

鲁洁教授曾说过：品德与生活课程作为一门生活实践课程，从生活出发还必须让它再回到生活中去，使它在与生活的其他方面不断发生动态联系和作用中真正融入生活世界，成为其中的一个“活性因子”去改善人们的生活、生活方式，促使人们学会过一种有道德的社会生活。因此，从小培养学生生活实践的能力尤为重要。

在本课教学中，教师努力以儿童生活为出发点，创设生活场景，激发学生的学习兴趣。利用学生已有经验，促使学生体会感受，提升实践能力。教学是以学生为主体，从课内拓展到学生的课外生活，使学生真正体会到了礼貌用语的魅力，并在熟悉的情境中得到情感和能力的提升。

其一，在情境体验中提升认知，学会生活本领。

小学低年级阶段是儿童从幼儿生活向小学生活过渡并逐步适应学校生活的重要时期，也是儿童品德和行为习惯、生活态度、认知能力发展的重要时期。品德与生活课程根据社会与时代发展的需要，使儿童更好地适应学校生活，形成良好的品德和行为习惯，在充满探究与创造乐趣的童年生活中，为学会生活、学会做人打下基础。

因此，在本节课的教学中，教师充分考虑了学生原有的认知基础和行为表现，在此基础上力求通过情境创设，生活体验，提高学生对礼貌用语含义的理解，学会使用礼貌用语。如学习问候语“您好”时，教师充分捕捉、挖掘学生在与人交往中最自然、最真实的状态和表现，播放了课前随机录制的学生见到老师、校工、客人等真实的生活场景，引导学生观察、发现哪种做法好，为什么好。录像中呈现的场景和人物是他们所熟悉的，因此，学生看得高兴，学得愉快。在积极的思考和讨论交流中，学生认识到问好的重要性。这是靠学生自身的体验、感受得来的教育，即学生是处在不知不觉中，在耳濡目染、潜移默化中受到感染，这也必然促进学生良好道德品质的形成，自觉规范自己的言行。

其二，在事例分析中感悟道理，培养实践能力。

品德与生活教育应当引导儿童在体验自身生活和参与社会生活的过程中，学会热爱生活、创新生活；在服务自我、他人和集体的行动中，学会关心他人、学会做人；在与自然以及周围环境的互动中，主动探究，发展创新意识和实践能力。

本课教学中，教师更多的是结合学生生活实际，采用事例分析的方式，让学生感悟使用礼貌用语的意义，提升学生使用礼貌用语的能力。如课前让学生用自己的眼睛观察社会，发现在礼貌用语方面做得比较好的人和事，课上汇报交流，感受人与人交往中讲礼貌的重要性。在导入环节，选择学生亲身经历的事件，引发学生对文明礼貌的思考，引出文明在口中的行为要求，起到画龙点睛和提升认识的作用。在教学过程中，教师将课前调查了解到的学生在文明礼貌方面的实际情况呈现出来，并适时切入保洁员等遇到的问题，引发学生思考交流，感悟道理。同时，教师充分发挥校园文明礼貌提示语的作用，在教学环节中适时适度呈现，引导学生理解领悟内涵，达到强化认知、升华情感、指导行为的目的。而课后一周自评表的运用，更是引导学生按照规范要求去做，努力践行文明礼貌用语，促进良好文明习惯的养成的好举措。

总之，只有将品德与生活课教学植根于学生生活的舞台，让孩子在轻松、自然的环境里率真地坦露一切，把个性生命发展的主动权还给孩子，不断提高他们的生活实践能力，才能使课堂生命涌动！

设计者：于连蕊(北京市史家小学通州分校)
点评者：肖月(北京市通州区教师研修中心)

“美化家园”教学案例及评析

一、教学背景分析

(一)教学内容分析

“美化家园”这一教学内容是人教版《品德与生活》二年级上册第二单元“让家园更美好”中的第二个主题活动。在教科书上这个主题活动共分为两个话题，分别是“给垃圾找家”和“废旧物品再利用”。

本课旨在从学生现实生活出发，使学生懂得合理妥善处理垃圾对保护环境的重要意义，初步知道如何进行垃圾分类，并在生活中身体力行，能有创意地利用废旧物品，减少垃圾的产生，为美化家园、保护环境尽自己的一份力量，从而使学生具有初步的生态意识，能更负责任、更有爱心、积极地融入社会生活中。

（二）学生情况分析

授课前，教师采用访谈、问卷调查的形式进行了前期调研：学生所在家庭在日常生活中有很多处理垃圾的方式，有少数家庭把所有的垃圾直接扔掉，大多数家庭则是把可以卖掉的垃圾积攒起来，其他的垃圾混在一起扔掉。也有些家庭用废旧的物品做其他用处或者做简单的修改后再利用。依据这些生活经验，很多同学知道在生活中要进行垃圾分类，但是对于为什么要进行分类，如何分类才更科学、更环保这些问题缺乏关注和思考。同时，学生们能够感受到大量垃圾的产生对自己的生活环境的影响，但是没有意识到大量垃圾的产生对整个生态环境也会产生较大的影响。在日常生活中，学生有参与生活实践的意识和愿望，但是因为多种因素的限制，比如家长不给学生提供生活实践的机会等原因，造成了学生缺少相应的生活实践能力。

通过对上面情况的调查和分析，本课帮助学生知道减少垃圾、合理妥善处理垃圾对保护环境的重要意义，知道如何进行垃圾分类，尤其是尝试运用所学知识参与实践活动，提高学生生活实践应用能力是这节课所面临一个亟待解决的问题。

因此，设计的教学活动，力图引导学生深刻体会垃圾的危害，懂得合理妥善处理垃圾的意义，在生活中尽量减少垃圾的产生，培养学生参与生活实践解决问题的能力，提高学生的环保意识。

（三）教学方式

在本课教学中采用体验和探究的教学方式。首先，引导学生联系生活，充分挖掘生活经验，在轻松、开放的活动空间中体验到生活中会产生大量的垃圾，这些垃圾对人类生活和环境具有危害，所以要减少垃圾的产生。其次，依据前期学生的调研和身心发展规律设计具有可操作性、针对性的探究活动“减少垃圾有高招”，这个活动通过学生之间、师生之间的交流和讨论，找到解决减少垃圾的方法，明确每种方法的好处。在这个基础上和学生共同探讨出在生活中进行垃圾分类是最有效地减少垃圾产生的方法。围绕着垃圾分类的主题设计游戏活动“送垃圾回家”，既使学生学会如何进行垃圾分类，还让学生在动手操作中对生活、社会、自然等方面的问题进行自主探究，使学生更愿意尝试解决问题，从分析问题、解决问题中获得科学的垃圾分类方法，从而提高学生的环保意识。

（四）教学手段

根据本节课教学目标，选择学生的生活作为教学的主要内容，创设能够激发学生兴趣的探究活动，激发学生的求知欲，让学生主动探究有关减少垃圾的问题，从而将教师的教学目标变为学生的学习目标。在师生双向交流的过程中，教师作为学生学习的参与者、指导者、合作者，和学生共同探究学习，使学生在轻松、愉快的氛围中亲自探究，既学到了有关处理垃圾的知识，也尝试了运用所学参与实践活动，实践应用的能力得到提升。

(五)教学准备

教师准备：

1. 对学生进行问卷调查，调查学生对垃圾处理的认识程度。

2. 根据调查结果，布置学生搜集相关资料的任务。

3. 制作多媒体教学课件。

4. 准备各种垃圾的图片，如苹果皮、废纸、旧电池、菜叶、铁皮罐、饮料瓶、骨头、纸盒、易拉罐、酸奶杯、过期药。

5. 用酸奶杯制作垃圾桶。

学生准备：

利用双休日对家庭里产生的垃圾进行观察，统计垃圾量。

二、教学目标

(一)知识与能力

1. 学生能够认识到垃圾的危害，初步知道如何进行垃圾分类。懂得减少垃圾的产生、合理妥善处理垃圾对保护环境的重要意义。

2. 学生能在老师和家长的指导下，对生活、自然等方面的问题进行探究，提高解决问题、获得结论的能力。

(二)过程与方法

学生能够掌握进行垃圾分类的方法与能力，在实践过程中不断提高对生活中的环境问题进行分析与解决的能力。

(三)情感态度与价值观

学生具有环境保护的意识，乐于参与环保活动，为保护环境做力所能及的事情。

三、教学过程

活动一　生活垃圾知多少

1. 谈话：同学们，课前大家做了调查，记录了自己的家庭在一天中产生多少垃圾，产生的垃圾都有什么，今天我们先来汇报一下调查结果吧！

学生集体交流。

2. 提问：生活中每天都产生垃圾，这是很平常的事情，在一天中就产生了这么多的垃圾，那么一个月、一年呢，得产生多少垃圾啊？

(1)播放课件：生活垃圾柱图片。

(2)谈话：这是一个三口之家一年产生的垃圾，科技馆的工作人员把它们进行压缩后装在这个大柱子里，你们知道这个大柱子有多高、多粗吗？足足有两层楼高、两米粗。这只是一个三口之家一年产生的垃圾，咱们学校一共有1400名学生，那就是1400个家庭呀，这1400个家庭一年得产生多少垃圾啊？如果是整个北京城呢，大家看！

(3)播放课件：一辆垃圾车一次可以运4.5吨垃圾，要用100万辆垃圾车才能把北京市一年产生的垃圾运完。

(4)提问：看了这些、听了这些，你们有什么感受或者想法吗？

3. 小结：在生活中我们每天都要制造大量的垃圾，要是不加以控制，产生的垃圾就会越来越多，我们可要想办法减少垃圾的产生呀！

[设计意图]课的伊始从学生的生活小调查入手，密切结合学生的生活，调查生活中垃圾的现状，帮助学生感受到“生活垃圾多”，为后面的“减少垃圾”打好基础。

活动二　减少垃圾有高招

1. 谈话：怎样减少垃圾的产生呢？同学们在课前进行调查，做了观察记录，你们发现生活中用什么方法能少产生一点垃圾呢，拿出你们的记录表，我们先在小组内交流一下。

课前观察记录表			
在哪儿	什么垃圾	怎样处理	你的看法

小组交流：减少垃圾的方法。

2. 提问：同学们在生活中找到了哪些减少垃圾的好方法呢？同学们快来交流。

预设学生回答：用布口袋代替塑料袋装东西。

(1)追问：为什么用布口袋就能减少垃圾的产生了？

(2)小实验：同学们说道，布口袋能够反复使用，减少使用塑料袋，有效地减少了垃圾的产生，一个月前我们把一个塑料袋和一个苹果核分别埋在了两个花盆里，我们来看看它们有什么变化。

(3)实践观察：挖出所掩埋的垃圾，观察变化。

(4)提问：你们发现了什么？

(5)小结：塑料袋不可降解，会造成白色污染(播放课件：白色污染图片)，所以我们用布口袋代替塑料袋可以减少垃圾的产生，避免白色污染。

(粘贴板书：塑料袋和布袋的图片)

预设学生回答：不用一次性筷子，正反面用纸。

(1)追问：为什么这样做就少产生垃圾了？这样做还有什么好处？

(2)小结：一次性筷子和纸张都是用树木作为材料制造出来的，我们在生活中不用一次性筷子和正反面使用纸张，不仅节约了资源，还能减少垃圾的产生。

(板书：不用一次性筷子，正反面用纸)

预设学生回答：进行垃圾分类。

(1)提问：为什么进行垃圾分类就能减少垃圾的产生呢？同学们说说在学校里、家里看到大家是怎样把垃圾进行分类的呢？

(2)小结：看来同学们已经有了一些垃圾分类的经验了，我们生活的小区和学校也有分类垃圾箱。

(板书：垃圾分类)

[设计意图]学生有自己的生活经历，有自己的生活轨迹，因此可以请学生在生活中先观察自己身边减少垃圾的高招，从这些高招中研究这样做的好处，对环境保护的意义，在交流的基础上，有效达到目标。

活动三 游戏："送垃圾回家"

1. 教师提供一些写着垃圾名称的纸片，同时给每组提供四个分类垃圾箱。

(1)出示游戏要求：组长负责组织大家一起讨论，如果有不同意见，商量解决，也可以在全班交流时提出来共同探讨。可以把其他垃圾的名称写在空白的卡片上用作游戏内容。

(2)学生分组游戏：把苹果皮、废纸、旧电池、菜叶、铁皮罐、饮料瓶、骨头、纸盒、易拉罐、酸奶杯、过期药的图片送到酸奶杯制成的可回收和不可回收的垃圾桶里。

2. 提问：同学们是怎样送垃圾回家的？谁先来说说你是怎样做的，为什么这样做。

提问：同学们为什么把这些纸类送到可回收垃圾箱中？回收后的纸张可以做什么？

(1)出示实物：一张废报纸和几支再生笔。

(2)提问：你们能想到它们之间有什么联系吗？

(3)播放课件：再生笔的制作过程视频、回收一吨纸的作用。

(4)同学们，你们想说点什么？

(5)小结：这些废纸的作用可真大，你们看，回收后节约了这么多的资源！我们可真得给它们找到合适的家呀！

提问：同学们说说，你们为什么把塑料和金属类也放到可回收垃圾箱中？它们有什么用处呢？

(1)播放课件：塑料和金属回收的作用。

(2)提问：如果不把塑料和金属类的废弃物品回收，会造成什么影响呢？

(3)小结：如果不把它们分类回收，只是随意丢弃的话，就会污染我们的环境。

提问：同学们都把电池单独存放，有的放到了有毒有害垃圾箱中，你们为什么这样做呢？

(1)播放课件：电池的危害。

(2)提问：在生活中，你们家里的电池都是怎样处理的？那么在今天的学习之后你有什么新想法吗？

(3)小结：电池既有可回收的部分，也有有害的部分，所以我们要把它单独回收！

3. 提问：你们在白卡片上写的是什么垃圾？怎么分类的？

4. 提问：在生活中我们如果都能够这么做有什么好处呢？

5. 小结：有人说："垃圾是放错地方的资源呀！"如果我们给它找到合适的家，就能够节约资源，更有效地减少垃圾的产生。

(板书：节约资源，减少垃圾)

[设计意图]学习的最终目的是作用于生活，通过"送垃圾回家"的活动，帮助学生通过探究学习，掌握垃圾分类的方法。垃圾分类虽然现在并不普及，但却是今后环保发展的方向，因此为了提高学生的生活与实践能力，就要学习垃圾分类的方法，懂得垃圾分类的意义。

活动四　生活垃圾再利用

1. 提问：在生活中，还有一些没有送到回收站的废旧物品被人们加以利用，你见过有哪些废旧物品也发挥了作用呢？

(1) 展示：在矿泉水瓶的盖上扎上几个小眼，就能当喷壶用了。用空瓶子装米。将塑料瓶子做成小勺子用来盛东西。

(2) 谈话：除了这些物品，老师还准备了一些礼物，你们想看吗？我们一起来数"三、二、一"。(教师掀开盖在讲台桌上的盖布，出现下面的制作品)

(3)提问：你们看看摸摸，能说说它们是用什么做的吗？能猜猜它们有什么用处吗？

(4)提问：看了这么多用废旧物品做出来的东西，你们觉得废旧物品再利用对我们有什么好处？

(5)小结：看来这些废旧物品经过我们巧妙地利用和改变，还真有不小的用处呢。用废旧物品做成的东西实用、方便，还能装饰我们的房间，美化我们的环境，这也是有效减少垃圾产生的方法。

(板书：废旧物品再利用)

2. 提问：通过我们今天的学习和交流，结合你们课前进行的调查，对于给垃圾找到合适的家、美化我们的家园你有哪些新的想法呢？回去后准备做些什么呢？

总结：下一节课我们继续学习“美化家园”，我们一起来动手实践一下。请同学们搜集自己身边的废旧物品，想一想用这些废旧物品可以创作出什么作品，我们一起来进行废品大变身。

[设计意图]在前面学习的基础上，使学生乐于参加减少垃圾的活动，乐于动手动脑，通过自己的制作来减少垃圾、美化家园。本活动既是本节课学习情感的提高与升华，也是下一个学习内容的开始。通过这个活动调动了学生继续深入学习的积极性。

四、教学点评

生活与实践能力是品德与生活学科教学目标之一，我们学习的目的是为了更好地作用于学生的生活，因此生活与实践能力的培养至关重要。

本课学习内容在《义务教育品德与生活课程标准(2011版)》的“内容标准”中有相关的表述：在“负责任有爱心地生活”中，有“节约资源，为保护环境做力所能及的事情”的要求。在“动手动脑有创意地生活”中，有“喜欢利用身边的材料自制小玩具、小礼物或布置环境等来丰富和美化生活”的要求。从中可以看出，这些具体的要求明确地指向了学生的生活与实践能力。本课教师在教学过程中关注学生的生活与实践能力的培养，体现在了以下几个方面。

其一，教师具有课程意识，努力提升教学意义。

教师在教学设计中体现出对品德与生活课程有正确的认识，明确了课程实施的意义和价值。从对学习内容的理解看，“美化家园”是在“让家园更美好”的单元中，本课涉及了“送垃圾回家”和“废旧物品再利用”的内容。设计这样的内容是从学生身边每日接触到的垃圾和废旧物品入手，帮助学生认识到将废旧物品加以利用，可以减少垃圾的产生，从而使我们的生活环境更加美好，达到让家园更美好的目的。教师准确地对单元主题、课题、话题进行定位，努力落实和达成课程目标。

从对课程理念的理解看，教师很好地把握了“让教与学植根于儿童的生活”的课程理念，儿童的生活是通过其在生活中及活动中的直接体验、思考、积累而逐步建立起来的，教学必须与儿童的生活世界相联系才能真正促进儿童的成长。教师整体的教学设计都密切结合学生生活。生活中，垃圾分类能够最大限度地实现垃圾资源利用，减少垃圾产生，改善生存环境质量，是当前全社会共同关注的问题之一。面对这样的现状，学生在生活中已有一些减少垃圾产生的经验，因此教师设计了“减少垃圾我有高招”的活动。教师请同学们在课前进行调查，做了观察记录，发现生活中减少垃圾产生的方法。这样的学习内容是学生在观察生活的基础上生成的，在师生、生生交流过程中，这样的方法必然会让更多的孩子产生情感的认同，进而强化学生的认识，督促孩子在家庭中更多地“有高招、用高招、会高招”，这样的教学才能够真正实现课程价值，提升教学意义。

其二，引导学生尝试运用所学参与实践活动，初步具有实践应用的能力。

在生活中学会参与，在实践中进行演练，是我们教学中所倡导的。能否真正作用于学生的生活、参与社会生活是检验教学有效性很重要的一项标准。教师在教学设计中利用学生所学习的内容，引导学生去观察发现，探究“废旧物品”是利用了哪些物品，发挥了怎样的作用，减少了哪些垃圾的产生，它们有什么用处。这些废旧物品有些是学生所熟悉的，有些是学生所不熟悉的，但是废旧物品再利用的实践活动始终与生活紧密结合。教学中教师用了“揭开桌布看作品”的方式，在激发学生好奇心的基础上，引导学生去发现、探究，继而产生自己要制作、去选择废旧物品的种类、去寻找合作伙伴的愿望，这是学生走向生活、走向实践的必经之路，对学生的生活有很强烈的引导作用。

其三，关注学生的学习方式，引导学生成为学习的体验者和探究者。

重视体验和探究，才能让学生在学习的过程中积累经验，发展能力。对学生来说，经过了体验、探究的活动才是有深刻体会的，教师在教学中的游戏活动很好地调动了学生的体验，激发了学生探究的兴趣和热情。

“送垃圾回家”活动中，教师在小组合作的基础上，请学生将卡片上的垃圾分类送到相应的“家”中，学生通过这样自主性、合作性的活动，以“发现者”和“研究者”的身份，在合作完成任务的过程中，对垃圾分类有了更加深刻的认识。这样的学习活动势必对学生的生活产生影响，使学生浸润在对社会生活的体验之中。这种体验是内在的，是学生的自主探究活动，学生成为体验的主人，而不是旁观者、模仿者，成为生活的体验者实践者和，能力在这样的过程中得到提高。

设计者：朱莉（北京市西城区三里河第三小学）

点评者：安子琴（北京市西城区教育研修学院）

“我家门前新事多”教学案例及评析

一、教学背景分析

“我家门前新事多”是人教版《品德与生活》二年级下册第一单元“我生活的地方”中的第三个主题。教材中展示了很多图片，既有人们生活环境的变化，更有人们物质文明、精神面貌的变化，通过图片介绍，引导学生从多种角度留意观察周围生活环境的变化，并充分利用这些事例激发学生热爱家乡、为家乡做贡献的思想感情。学生在学习前两个主题时，了解了家乡的风景名胜和物产等，已经初步产生热爱家乡的情感。本课着眼点是让学生通过对家乡发展变化的观察和感受，进一步升华热爱家乡的情感。通过课前调查，发现本校学生对自己居住的小区周边发生的新鲜事，已有了一定的生活体验和知识积累，但认识不够全面。因此，在进行本课教学时，教师要充分利用这些经验，创设教学情境，巧用多媒体技术，引导学生用眼看、用嘴问、用笔画，调动学生用多种感官去体验、感受家乡的巨变，进一步激发学生热爱家乡、愿意为家乡做贡献的思想感情。

本课以探究活动为主要学习方式，力求在师生互动的教学过程中，引导学生用眼看、用嘴问、用笔画，调动学生用多种感官去体验、感受家乡的巨变，引导学生用自己的感官去认识、用自己喜欢的方式去体验、用自己的思维去碰撞、用自己的心灵去感悟，促发学生的主动参与和自主学习，达到认知过程和情感体验过程的有机结合，激情与明理的相互促进。学生在亲身的实践活动中，学习课文内容，激发道德情感，强化思想品德课教学中的体验内化环节，在获得充分感性积累的基础上提高认识，升华情感，指导行为。把学生道德认识的提高、道德情感的激发有机地联系起来，进一步激发学生热爱家乡、愿意为家乡未来建设出力的这样一种情感。

二、教学目标

(一)知识与技能

1. 培养学生对周边事物的探究兴趣，能留意自己周围生活环境和人们生活的变化。

2. 通过调查家乡的变化，培养学生初步调查、访问和交流的能力。

(二)过程与方法

通过观察、比较、调查等方法，在了解生活周边与家乡新事带来变化的过程中，进行简单的生活和社会探究活动。

(三)情感态度与价值观

激发学生热爱家乡，为家乡的发展变化感到高兴与自豪，憧憬家乡未来，愿家乡明天更美好的情感。

三、教学过程

(一)引实例，发现家乡变化

1. 谈话：这学期，在我们的生活中发生了一件新鲜事，从今年9月开始，北京市为小学到高中的学生搭建了一个空中课堂，你们知道它的名字吗？

(1)播放课件："北京数字学校"图片。

(2)提问：北京数字学校的开设会给你们带来哪些影响？你们有什么感受？

(3)小结：这种新的学习方式，可以帮助同学们学习巩固所学知识，老师们可以通过它互相学习，家长们也可以通过它了解孩子所学的内容，真是一举多得。

2. 提问：网络发展还给我们带来哪些影响？

3. 小结：信息技术飞速发展使我们在信息交流方面有了很大的进步，人们可以在网上学习更多的知识。人们可以坐在家里通过网络办公，工作更有效率。人们还可以在网上购物，很多商品直接送到家，省去了路途的奔波。网络发展使人们学习更便捷，工作更有效率，生活更多彩！在我们的生活中，每天都发生着新鲜事，今天，我们就来谈谈我家门前的新鲜事！

(板书：我家门前新鲜事)

[设计意图]教师从生活实事引出课题，不仅激发了学生的学习兴趣和热情，更有利于学生直观地感受到自己生活的地方发生的变化，调动学生已有的生活经验，引导学生联系生活实际。

(二)细探究，感受家乡变化

1. 谈话：课前，老师请同学们收集生活中的新鲜事。下面，请同学们选择喜欢的方式来介绍你们发现的新鲜事！

2. 提问：

(1)请你举例说一说你发现的新鲜事。

(2)谈一谈你从中发现了什么。

(3)这种变化带给你怎样的感受？

3. 学生展示交流自己的调查结果，教师适时播放课件加以引导。

4. 预设一：住房变化。

(1)提问：你们家发生了什么新鲜事？你从中发现了什么？这种变化带给你怎样的

感受？

(2)展示：请学生拿着自己课前调查的结果(作文、图画、照片)到前面利用实物投影仪展示介绍，教师适时点拨并加以引导。

(3)同学们谈住房发生的变化，搬新家。

(4)小结：许多同学家的住房都变得宽敞、美观了，我们的居住条件发生了翻天覆地的变化，以前是土坯房、简易砖瓦房，大街小巷都是土路，如今，楼房、别墅拔地而起，使我们居住得更舒适。

5. 预设二：环境变化。

(1)学生展示居住小区的照片。

播放课件：学生在居住小区里拍摄的照片。

(2)学生介绍照片中自己所在的社区的名字。

(3)提问：你们从中发现了什么？感受到了什么？

(4)小结：我们的社区绿树成荫，鲜花盛开，有的小区新安置了健身器材、儿童娱乐设施，有的小区还有假山、小桥、小河，我们居住的环境像公园一样美，这说明我们生活的条件改善了，人们居住的环境更优美了。

6. 预设三：公用设施——商场。

(1)提问：同学们还有哪些新的发现？

(2)全班进行交流，学生展示自己制作的购物中心的模型，教师适时点拨并播放购物中心图片加以补充引导。

(3)提问：新建的购物中心给我们带来了哪些影响？你们从中感受到了什么？

(4)小结：购物中心的商品琳琅满目，除了购物，还设有美食区、美发厅、养生会所，内容丰富，功能齐全，使我们的生活更方便。

7. 预设四：校园变化。

(1)提问：你们发现校园有哪些新鲜事？

(2)交流：学生展示新建网球场的豆子画，教师适时点拨并播放关于校园新变化的课件加以引导。

(3)小结：我们的校园新翻修了网球场，重新建造了很多专业教室，使我们的学习更有乐趣。

8. 预设五：人们活动。

(1)提问：其他同学还有哪些新的发现？

(2)播放课件：学生采访奶奶的视频。

(3)提问：你们从人们的活动中发现了什么？这说明了什么？

(4)小结：我们发现人们的观念发生了变化，越来越关注养生、锻炼、健康。从人们参加活动时展现的笑脸我们感受到了人们内心的喜悦。

9. 预设六：交通变化。

(1)交流：学生分别展示资料，并将其贴在黑板上。(学生用乐高玩具制作新开通的地铁模型)

(2)学生汇报交流、感受变化，教师根据学生的回答进行总结与情感的提升。

(3)提问：我们门口的地铁站属于几号线？你还知道哪里有新开通的地铁线路？

(4)活动：数一数。我们一起来数一数新开通的地铁线路，北京现在一共有多少条地铁线路？

(5)小结：据我所知，下半年还要开通几条地铁线路，你们看这张地铁线路图像什么？它像一张巨大的网遍布市区，所以，在上下班高峰时，人们大多选择地铁出行。

10. 提问：同学们还有哪些新的发现？这说明了什么？

小结：我们周边发生的新鲜事可真多！

(板书：多)

11. 总结：通过交流，我们发现在我们周围的新生事物越来越多，随着家乡日新月异的变化，人们居住得更舒适，环境更优美，交通更便捷，沟通更通畅，活动更丰富，生活更精彩。家乡在不断变化，家乡人们的观念和生活方式也在发生变化，家乡的变化给我们的生活带来了更多的快乐和幸福。

[设计意图]在课前观察、访问的基础上，学生通过豆子画、乐高玩具、手工模型展示探究结果，不仅知道了自己身边的新鲜事，也了解了其他同学身边的新鲜事，初步感知、了解了这些新鲜事给生活带来的变化，让学生清晰地看到家乡的变化，从而感悟到家乡的发展。

(三)赞家乡，感悟家乡发展

1. 提问：最近还发生了一件新鲜事，一个名叫“非常新鲜”的乐队创作了一首歌曲风靡全国，让我们一起来听一听，想一想：你从中发现了什么？你感受到了什么？

2. 提问：你们听过别人夸赞你的家乡吗？听后你有什么感受？

3. 小结：虽然同学们的家乡不同，但我们都非常热爱自己的家乡，为家乡感到自豪与骄傲！

板书：

[设计意图] 通过了解外国人对北京的热爱之情，为家乡发展变化感到高兴与自豪，激发学生热爱家乡的真情实感。

(四)展规划，创造家乡未来

1. 提问：我们的家乡每天都发生很多新鲜事，家乡的建设者们为我们创造了今天的幸福生活，作为家乡小主人的你们，又想为家乡的未来创造哪些新鲜事呢？让我们一起畅想“未来北京”。我请同学们做一次“城市小小规划师”，请同学们边看边思考，你想为家乡的未来创造哪些新鲜事？

2. 播放课件：“未来北京”。

3. 学生畅想家乡未来。

4. 学生展示自己的家乡规划。

(1)为芭比娃娃制作的可以自动调节温度的多功能衣服。

(2)用乐高玩具制作的海底村庄模型。

(3)用彩色软泥制作的和熊猫一起嬉戏的和谐社区。

5. 小结：通过这节课的学习，我们了解到家乡在变，家乡人也在变，家乡的变化真大呀!

6. 提问：你们又发现了哪些收集资料的新方法？你们又发现了哪些整理展示资料的新方法？你们又有了哪些新收获？

7. 小结：同学们今天又发现了数字对比、现场采访等收集资料的新方法，还采用了芭比娃娃、乐高玩具和彩色软泥等展示资料的新方法，让我们为发现新方法的同学颁发“金钥匙”奖章，希望同学们在今后的学习中发现更多的好方法，收获更多的学习乐趣。

[设计意图] 引导学生综合运用所学知识与方法，总结归纳搜集资料和整理资料的方法，培养学生自主探究的意识和能力。

（五）全课总结

通过这节课的学习，我们知道家乡的变化真大呀，家乡在变，家乡人也在变。作为未来家乡的建设者，我们从小就应多关心家乡的发展，有兴趣的同学还可以利用假日走进前门附近的北京市城市规划展览馆，了解更多的北京发展的信息，让我们共同感知家乡的变化，感悟家乡的发展，热爱家乡，建设家乡，共同创造家乡美好的未来！

［设计意图］引导学生憧憬家乡的未来，进一步激发学生热爱家乡的情感和为家乡做贡献的责任感。

（板书）

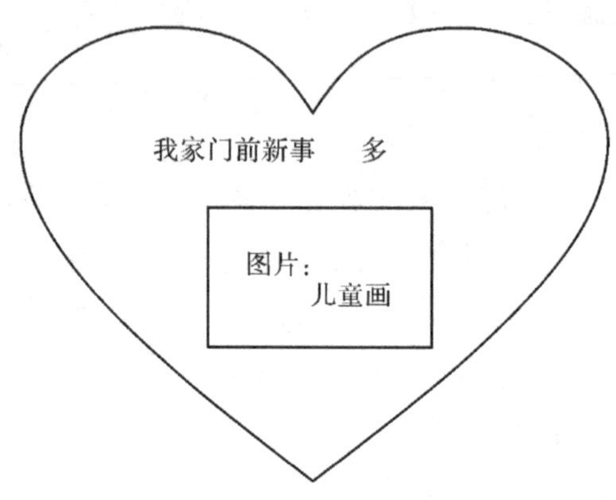

四、教学点评

本课在培养学生生活与实践能力方面做出了大胆尝试，主要体现在以下几个方面。

其一，注重调动学生已有的生活体验，从生活中捕捉资源。

教学过程中，教师创设与生活情境相符的教学情境，巧用多媒体技术，引导学生用眼看、用嘴问、用笔画，调动学生用多种感官去体验、感受家乡的巨变，综合运用所学知识与学习方法，对生活、社会等方面的问题进行探究，尝试解决生活问题，在获得充分感性积累的基础上去提高认识，升华情感，指导行为。把学生道德认识的提高、道德情感的激发有机地联系起来，进一步激发学生热爱家乡、愿意为家乡未来建设出力的这样一种情感。

其二，注重帮助学生掌握学习方法。

人们常说“授人以渔，终身受用”，教师在教学中注意引导学生开展观察、比较、调查等简单的社会探究活动。在开展探究学习之前，根据任务、教学内容、学生的特点以及学校提供的条件等因素对探究活动进行精心设计和准备，对学生探究过程中可能出现的问题、现象有所预测，对探究活动及时调控、改进，并帮助学生总结归纳常用的探究方法，学生先后总结出如报纸剪贴、书刊摘抄、上网下载、生活体验、数字对比等18种收集材料的方法。本节课上，学生们展示了他们开展的今昔对比、走访参观等探究活动的成果。在教师细致的指导过程中，学生掌握了探究的学习方法。

教师还注意引导学生运用他们喜闻乐见的方法归纳整理，总结展示探究成果，学生先后总结出如讲一讲、唱一唱、演一演、贴一贴、填一填、画一画、写一写、做一做8种展示材料的方法，而每一项里又蕴含多种表现方式，这些方式都来自学生的聪明才智和创新设想。在这节课上，学生制作纸工模型展现超市的商品，制作芭比娃娃模型展示未来多功能衣服，制作乐高模型展现新修的地铁，制作电子玩具模型展示未来的交通工具，向我们展现了学生丰富多彩的创意生活。

这节课以探究活动为主要学习方式，力求在师生互动的教学过程中达到认知过程和情感体验过程的有机结合，激情与明理的相互促进。学生在亲身的实践活动中，学习课文内容，激发道德情感，强化思想品德课教学中的体验内化环节，在体验中深化道德认识，从而使这节课在学生主动、积极的体验中生动、活泼地完成了教学任务，实现了教学目标。

设计者：张崧(首都师范大学附属育新学校)

点评者：胡玲(北京教育科学研究院基教研中心)

品德与社会学科教学案例

“夸夸我自己”教学案例及评析

一、教学背景分析

（一）教学内容分析

教材内容：

“夸夸我自己”是首都大版《品德与社会》三年级上册第一单元“相信我能行”的第一个主题内容，包括“说说我的优点”、“同学帮我找优点”、“我与众不同的地方”三部分，体现了课程标准中“我的健康成长”下的“了解自己的特点，发扬自己的优势，有自信心”中的内容标准。

根据实际调整的教学内容：

为了让每位同学都有“我能行”、“我不比别人差”这样的心态，特把“夸夸我自己”主题中的前两个部分归结在了第一课时，力求在“为自己找优点”、“为别人找优点”等环节的活动中，有效激发学生的自信心，从而愉悦地进入到第二课时“我与众不同的地方”的学习。

（二）学生情况分析

从教师对学生的观察和了解来看，对于“夸自己”和“夸别人”，学生更倾向于后者，因此课堂中要激发学生乐于夸自己、大胆展示自己的欲望，更好地增强学生的自信心。

从心理学的角度来看，小学生正确了解自己、对待自己是很重要的，它能直接影响学生的心理健康水平。根据三年级学生思维水平的特点，教师需要引导学生积极思维，能全面感知、了解自己外貌的特点，并能通过自己在家人、在老师以及在其他人心目中的印象，理解领悟到良好正确的行为表现和品质更是自己值得骄傲的特点，进而正确认识自己的内在品质，接纳自己，不断发展。

（三）教学方式

教学中，教师根据学生的年龄特点，通过多种活动引导学生体验、探究，获得感悟。通过“照镜子”的活动引导学生了解自己的外貌，从中感悟到“不论美丑，世界上只有一个我”。通过“找优点”的活动及师生、生生交流的过程认识自己的内在品质，从中感悟到“我有许多优点”。

(四)教学准备

教师准备：PPT 课件，将学生在生活中的各种表现的照片作为课件资源。

学生准备：小镜子。

二、教学目标

1. 在“照镜子”及“找优点”的活动中感知到自己的外貌特征和自己的优点，初步学会多角度地了解自己、看待别人。

2. 在回顾自己生活的过程中，理解感悟到自己存在的重要性，有效激发自信心与自豪感。

3. 在正确认识自己的基础上，为自己的存在感到骄傲与自豪，从而对自己充满自信，积极乐观地学习、生活。

三、教学过程

(一)借助“照镜子”活动引入新课，认识到“世界上只有一个我”

[设计意图]结合《品德与社会学科能力标准与教学指南》中对感知能力的说明，教学中以教师、学生自身为课程资源，通过“照镜子”的活动感知、了解自己的外貌特征，在感知的基础上能初步描述自己，进而懂得不论美丑，世界上只有一个我。

1. 谈话并播放课件：课前老师请每位同学准备了一面小镜子，现在我们就一起做一个照镜子的活动。请每位同学用你手中的镜子仔细地观察一下自己，看看自己长什么样，眼睛是大还是小，鼻梁是高还是低，皮肤是白还是黑……观察完后，把小镜子放回原处，再和同学交流一下你的观察结果。

2. 学生活动(以学生自己为课堂资源)。

3. 师生交流(播放课件)。

教师追问：你们对自己的长相是基本满意还是非常满意呢？请用相应的手势告诉大家！

预设与调控：

<table>
<tr><td colspan="2">问题：你们对自己的长相是基本满意还是非常满意？</td></tr>
<tr><td>预设 1：基本满意</td><td>预设 2：非常满意</td></tr>
<tr><td>调控策略：
追问：哪儿不太让你满意？
(教师从正面客观的角度引导学生)</td><td>调控策略：
追问：哪儿最让你满意？
(继续鼓励学生，使其增加自信)</td></tr>
</table>

4. 教师小结(以教师自己为课堂资源)：刚才我也借助小镜子仔细地观察了一下自己，我发现我是单眼皮，鼻梁也不是很高……但是你们知道吗，我从来都没有为这些感到过伤心，因为我知道，不论美丑，世界上只有一个我。

(板书：世界上只有一个我)

过渡：不论我长得什么样，我都是我女儿心目中最漂亮的妈妈，怎么样，你们呢？谁像我这样介绍一下你自己呢？(提示：不管你长相如何，你都是你妈妈的什么人？爸爸的？爷爷的？根据学生回答注意引导。)

5. 学生介绍。

小结：正像你们所说的，不论你们长相如何，你们都是家里的唯一，都是家长心中的宝，所以我们一定要保护自己、珍惜自己。

过渡：通过小镜子能看出我们的外貌是什么样子，但是一些内在的品质，比如你很爱劳动、你的字写得很漂亮、你还会做一道拿手好菜……是用镜子看不到的，怎么办呢？现在请你为自己来找一找这些用小镜子看不到的好品质，下面所列的几项中哪些是你的优点，在五角星里画一个对钩，还可以继续补充。找到以后和你的小伙伴说一说(播放课件)。

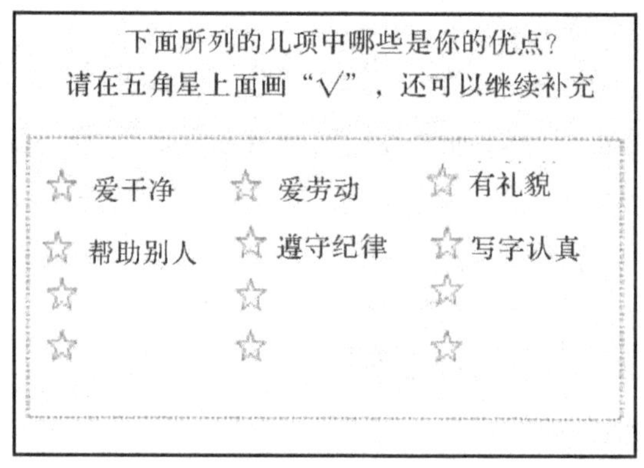

(二)找优点夸自己，感悟到“我有很多优点”

[设计意图]依据《品德与社会学科能力标准与教学指南》的要求，以教材及课堂中的生成为教学资源，在找优点的活动中激发学生展示自己的欲望，在交流、夸自己的过程中理解感悟到自己有很多优点，增加学生的自信。本环节通过参与活动、师生交流互动，促进学生理解与领悟能力的提高。

1. 学生活动(以教材第 4 页的内容为课堂活动资源)。

2. 活动反馈。通过刚才仔细地观察，我发现有的同学为自己补充了优点，我还发现一部分同学把五角星都打上了对钩，使小星星更加明亮，也使你自己更加耀眼了。

我现在想知道的是，谁到现在还没有为自己找到优点呢？

预设与调控：

围绕“找优点活动”所预设的情况。		
预设 1：一个优点也没有找到	预设 2：找到一个优点	预设 3：找到多个优点
调控：让其他同学帮他找 ↓ 结合课堂生成资源，引导学生谈感受	调控：继续让其他同学帮他找 ↓ 结合课堂生成资源，引导学生谈感受	调控：谈活动感受

3. 教师结合活动感受板书。

（板书：我有很多优点）

过渡：在二年级的学习中我们为别人找过优点，根据别人的优点去赞美过他，有的同学竖起大拇指表示对他的赞美，有的同学给他制作了一张赞美卡表示对他的赞美。这节课，我们要根据自己的优点来赞美一下自己，来夸夸自己。

（板书：夸夸我自己）

4. 夸自己。

教师：谁愿意根据你刚才找到的优点站起来夸夸自己呢？

(1)追问：你当着这么多人的面，夸过自己吗？现在是什么感受？

(2)教师示范，课件出示情境：教师夸自己虚心好学，不怕困难，坚持到底……

小结：通过和你们的接触、了解，我觉得你们在学习和生活中是坚强的、勇敢的、乐观的、不服输的，让我们一起回味一下你们学习、生活中的勇敢、坚强和乐观的表现吧！

5. 播放课件：学生在学校、社会生活中的表现组图。

(三)引向社会，激励学生

[设计意图]本环节以社会生活中多样化的需求为课堂教学资源，在相关的情境中鼓励学生、激励学生，帮助学生理解领悟到“在日常生活中要有良好的行为表现、养成好习惯、具有好品质”，为“学生能够用所学内容指导行为实践，并表现出持续的行为能力”奠定基础，实现学生应用与实践能力的提高。

1. 教师谈话：你们的生活真是太丰富了，在日常的生活中，你们会去很多地方，会碰到很多事情，也会遇到很多人，在和他们相处的过程中，你们的一言一行、一举一动，周围的人都看在眼里、记在心上，有的时候看你们做得好还要向别人夸你们呢，今天我把大人们夸你们的话介绍给你们，看看哪件事是在夸你呢？如果和你有关，你觉得是在夸你呢，请你不出声地冲我微笑一下，好吗？

2. 课件展示(以文字形式呈现学生在社会生活中典型的好行为、好品质，起到激励学生的作用)。

情境一：家里养了小动物，你变得更有责任心了。瞧，你把它们照顾得多好啊！

情境二：孩子，还记得那次妈妈生病吗？你又是给妈妈倒水，又是帮妈妈擦脸，我觉得你一下子长大了很多！

情境三：你的语文作业比以前干净多了，正确率也高了，要保持住哦！

情境四：你总是默默地关心班里的卫生，我们能在一个干净的教室里学习还真要感谢你呢！

情境五：我是一名你不认识的叔叔，但是因为一件小事让我记住了你的模样。那天在餐厅，你主动把垃圾放在了垃圾箱里，给周围的人树立了榜样，你真棒！

情境六：我是一名汽车售票员，那天看到你把座位让给了别人，回家后我就把你的事情讲给我的孩子听了，他说要向你学习呢！

……

(学生交流、师生互动)

3. 结束语：你们刚才的每一个微笑都触动着我，也感动着我。别看你们年纪小，其实有的时候你们的言行胜过周围的大人们，所以你们是值得夸自己的，让我们带着心里的这份甜蜜一起说一下这三个字吧！

播放课件：“我最棒”图片。

四、教学点评

品德与社会课程是在小学中高年级开设的一门以儿童社会生活为基础，促进学生良好品德形成和社会性发展的综合课程。在教学中，教师要依据学生特点和社会需求，提高学生的感知能力、理解与领悟能力及应用与实践能力。“夸夸我自己”的教学设计基于丰富、典型的学习资源，很好地体现了“学生的生活及其社会化需求是课程的基础”的基本理念和学科能力的培养。

其一，培养学生学科能力体现在教学活动的始终。

教师在准确把握课程特点和教材的基础上，深入理解教育意图，明确课程定位，教学目标的制定依据学生实际和学习需求，教师能够认识到学科能力的三个方面“感知能力、理解与领悟能力、应用与实践能力”在教学中是相互关联、互相促进的，并在教学的三个环节中得到很好的体现。

环节一“照镜子引入新课”，通过“照镜子”的活动感知、了解自己的外貌特征，进而懂得“不论美丑，世界上只有一个我”，游戏活动重在帮助学生获得新的感悟和新的认识。环节二“找优点夸自己”，在找优点的活动中激发学生展示自己的欲望，学生的交流和夸自己的过程重在理解感悟到自己有很多优点，增加学生的自信。环节三“引向社会，激励学生”，在相关的情境中鼓励学生、激励学生。三个活动环节既有三方面能力的不同侧重，又有三方面能力的相互联系，学生在学习的全过程中逐步提升学科能力，为有效达成教学目标服务。

其二，以适宜学生的多种活动整合资源服务学生学习。

有效教学重在以学论教，要从学生的学习角度去考虑教学方法的选用，从学生的有效学习方面去考察教学效果。在本课例中，我们可以看到教师在整合资源时能依据学生的特点，创设适宜学生的学习活动，并在活动过程中发挥教师有效引导的作用，引导学生由表及里地观察思考、与同伴交流，丰富感知。

我们看到，教师将学生及自身作为有效的课程资源开展教学活动。在借助小镜子引导学生了解自己外貌的过程中，以学生自身为资源，客观、具体、形象、真实，有效地为学生全面认识自己打下了坚实的基础。教师在参与活动的过程中，也把自己完全暴露在学生眼前，给予了自己一个客观的评价，在全面认识自己的过程中为学生树立了榜样。引领学生学会全面、客观地感知自己的外貌，悦纳自己。

我们还看到，教师将学生生活资源进行横向整合，由点到面形成一个系列，逐步服务于学生学科能力的培养。有了资源并不代表它就有效，还需要教师对资源进行加工并合理利用，使其发挥最大的作用。教学过程中，在回味学生勇敢、乐观、坚强的生活时，教师把大量的资源进行有效整合并适当加工(配上文字进行说明)，最大限度地发挥了其应有的价值，学生在生活中找到了自己的优势，增加了自信。像这样对资源进行有效整合，在教学案例中还有不同程度的体现。

培养学生学科能力，需要教师正确认识学科能力三个方面之间的关系，并在教学过程中通过师生有效的互动逐步实现。教师需要用心思、想办法提供帮助学生感知、理解、感悟的条件支持和思维引领，因此教师要不断地提高自身的专业素养，为学生的有效学习服务。

设计者：谭庆燕(北京市门头沟区大峪第二小学)
点评者：艾艳敏(北京市门头沟区教师进修学校)

“校园安全是大事”教学案例及评析

一、教学背景分析

(一)教学内容分析

“校园安全是大事”是首师大版《品德与社会》三年级下册第二单元“安全生活每一天”的第一个活动主题。这一活动主题是从关注校园安全的角度展开的，旨在引导学生知道校园生活中遵守安全规定的重要性，增强校园生活中的安全意识、安全常识，消除一定的安全隐患。

(二)学生情况分析

通过与学生的交流得知：本教学班学生在安全教育课和平时的生活中已经了解了学校的安全设施、安全标志的作用；知道学校的安全规定；在学校看到同学发生意外事故时，能够指出问题所在。但是在日常生活中，并不能完全用认知指导自己的行为。究其原因在于，学生并没有真正理解校园生活中注意安全的意义。

(三)教学方式

本节课采用探究的学习方式，充分发挥学生的主体作用：通过探究学校的安全措施，懂得校园安全是学校的头等大事；通过探究学校的安全事故，懂得校园生活中注意安全的重要意义。使学生愿意遵守校园的安全规定，从而感受到校园安全生活的快乐。

(四)教学准备

教师准备：

1. 拍摄学校安全设施和安全标志的照片。
2. 调查医务室一周学生受伤情况。
3. 准备各种形状、颜色的空白卡片。
4. 制作 PPT 课件。

学生准备：

课前观察校园，找一找学校为了保障我们的安全都做了些什么。

二、教学目标

1. 结合生活中的发现，知道校园中的安全设施、安全标志以及安全规定的重要性，懂得校园生活中注意安全的重要意义。

2. 通过分析校园安全事故，能够尝试发现校园中的安全隐患。

3. 愿意自觉遵守校园的安全规定，感受校园安全生活的快乐。

三、教学过程

环节一　通过交流校园安全措施，懂得校园安全是学校的头等大事

1. 提问：同学们，我们在学校里过着快乐幸福的生活，那你发现我们的学校为了保障我们的安全都做了些什么呢？

2. 学生交流。

预设1：学生从“安全设施”的角度回答

出示相应的安全设施图片并追问：你在哪里看到过？你知道这个安全设施有什么作用吗？

学生交流。

小结：像这样能保障我们安全的事物就是安全设施。

预设2：学生从“安全标志”的角度回答

出示相应的安全标志图片并追问：这个安全标志往往会出现在咱们学校的什么位置？你知道这个安全标志有什么作用吗？

学生交流。

小结：像这样能提示我们注意安全的记号就是安全标志。

预设 3：学生从“安全教育”的角度回答

出示相应的图片并追问：能具体说说都有什么样的安全规定吗？

学生交流。

小结：疏散图、安全教育专栏、红领巾广播在提醒我们注意安全。

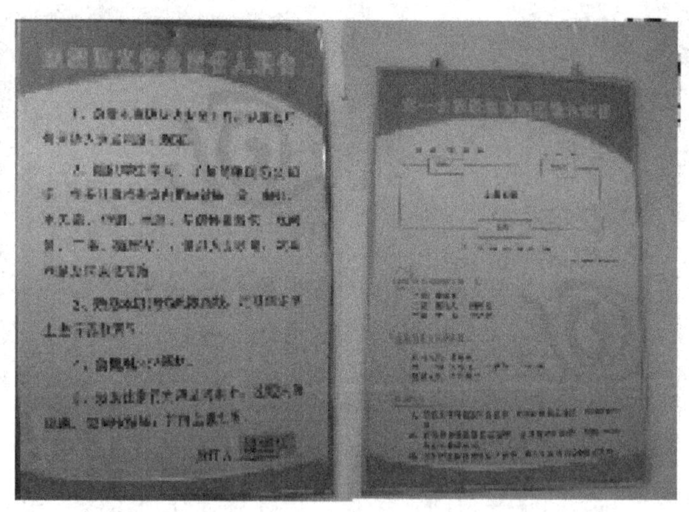

3. 提问：你们可真是有心的孩子啊！发现了在学校每个危险角落都布置了安全设施或者安全标志，每位老师也都在对同学们进行着安全教育，那你们知道我们学校为什么要花这么大力气来做这一切吗？

4. 学生交流。

5. 过渡：大家可是和咱们的校长想到一起了，咱们的王校长总是把同学们的安全挂在心上。我们来看看王校长是怎么说的吧！（播放校长讲话的视频）

6. 问：听了王校长的话，你们有什么想法？

7. 学生交流。

8. 小结：是呀，在学校里，每时每刻，我们的每一位老师都在为我们的安全而不懈努力。（板书：校园安全是大事）

[设计意图]依据《品德与社会学科能力标准与教学指南》的要求，本环节内容的学习旨在引导学生感知相关的安全常识和安全措施。《义务教育品德与社会课程标准（2011年版）》指出：学生的品德与社会性发展源于他们对生活的认识、体验与感悟，学生的生活对本课程的构建具有重要价值。课程必须贴近他们的生活，反映他们的需要，让他们从自己的世界出发，用自己的眼睛观察社会，用自己的心灵感受社会。因此，在本环节教师引导学生充分调动自己的生活经验，列举、描述了校园生活中保障安全的事物，并且对于其作用进行深入的探究，进而使学生认识到安全措施背后的关爱与期望，从而懂得校园安全是学校的头等大事的道理。

环节二　分析校园安全事故，懂得校园生活中注意安全的重要意义

1. 提问：大家看，学校这么重视我们的安全，设置了那么多的安全设施，制定了那么多的安全规定，还张贴、安装了很多的安全标志，是不是有了这些就一定能保证我们每一位同学的每一天都能安全地生活呢？

2. 引导：你在校园中见到过安全事故吗？能把你见到或者听到的事情讲给大家听吗？

追问1：当时你有什么样的想法呀？

追问2：那你觉得他事先想到会有这样的结果吗？

小结：哎呀，孩子们，看来这可是藏着的祸患呀，我们通常把它称为“安全隐患”。

3. 问：那这安全隐患都藏在哪儿呢？带着这样的问题，马老师到咱们学校的医务室找到了一张“一周处理课间意外事故统计表”！（出示演示文稿“一周处理课间意外事故统计表”）

一周处理课间意外事故统计表		
意外事故原因	人数	需要到医院处理的情况
扭伤	20	一人比较严重，到医院处理，至今仍在家休息
擦伤	54	一人到医院缝合3针

4. 提问：我们来猜测一下，这些意外事故有可能发生在哪儿，是怎么发生的？

追问：你为什么会猜到可能是在那里发生的？

过渡：这些猜测都是有根据的，都来源于我们的生活。这些安全隐患被我们大家发现了，你们说，不同的地方有着不同的安全隐患，那么，安全隐患到底藏在哪里呢？

小结：最大的安全隐患藏在我们的心里。只要我们时时处处都注意安全，就一定能够及时发现安全隐患，减少伤害！

5. 过渡：不知道大家是否注意到表格中擦伤缝针这例事故？（再次出示演示文稿“一周处理课间意外事故统计表”）

讲述：老师经过调查得知这是因为两位同学追着玩儿，结果其中的一位同学撞到了树上，额头被缝了3针，你觉得这位同学受伤后会遇到什么麻烦？

6. 学生交流、讨论。

7. 引导学生思考：在这件事情中，你们觉得谁受到的伤害最大？谁最伤心？（出示问题，学生分小组讨论）

8. 小结：同学们真是长大了，真正感受到了校园生活注意安全是多么的重要啊！

[设计意图]依据《品德与社会学科能力标准与教学指南》的要求，本环节学习的内容旨在提升学生的“理解与领悟能力”，即引导学生通过对意外事故的探究，懂得应该爱护自己的身体和健康。为此，教师引导学生对于“一周处理课间意外事故统计表”进行深入的探究，在探究的过程中，学生结合自身的生活经验分析、推测了安全事故的原因，逐步理解了“安全隐患”，领悟到“校园生活中增强安全意识”的意义所在。

环节三　通过制作、张贴“校园安全隐患提示卡”，减少校园生活中的安全隐患

1. 过渡：通过大家的讨论，老师发现了虽然学校为我们设置了这么多安全设施，提示了这么多安全标志，又制定了这么多安全规定，可如果我们自己不注意还是会产生危险。那大家走在校园里最不想看到的是什么？

2. 学生交流。

3. 引导：幸好这些我们不愿意看到的事情只是我们的猜想，还没有发生。那你们现在最想做的是什么？（提醒大家注意安全）

4. 引导：那你们想怎样做呢？（选择自己喜欢的方式：提示卡，画画……）

5. 教师：现在我们就着手制作自己的作品吧！

6. 学生制作。

7. 引导：同学们都是有爱心的孩子，想了这么多的办法提醒同学们注意安全，那你们现在想去做什么？孩子们，让我们走出教室把这些温馨提示贴到相应的位置上吧！

[设计意图]依据《品德与社会学科能力标准与教学指南》的要求，本环节学习的内容是要提升学生的“应用与实践能力”。为此，教师为学生创设了一个“友善提示他人”的情境，引导学生运用所学内容查找校园中的安全隐患，一方面在一定程度上减少了校园生活中的安全隐患；另一方面也切实促进了学生自我保护能力的提升。

四、教学点评

“校园安全是大事”是首师大版《品德与社会》三年级下册第二单元“安全生活每一天”的第一个活动主题。本课教学旨在引导学生知道校园生活中遵守安全规定的重要性，从而增强校园生活中的安全意识、增长一些安全常识，增强一定的自我保护的能力，在一定程度上消除安全隐患。

在教学中，教师从学生生活实际出发，精心设计教学活动，引导学生在参与活动的过程中逐步提升学科能力，主要特色表现为以下两点。

其一，充分调动、利用学生原有的生活经验，促进学生对校园生活中注意安全重要性的深入理解。

《义务教育品德与社会课程标准(2011 年版)》明确指出：“学生的品德与社会性发展源于他们对生活的认识、体验和感悟，学生的生活对本课程的构建具有重要价值。课程必须贴近他们的生活，反映他们的需要，让他们从自己的世界出发，用自己的眼睛观察社会，用自己的心灵感受社会，用自己的方式探究社会。”因此，在本节课中，教师巧妙地运用一张来自于本校医务室的“一周处理课间意外事故统计表”，引导学生去猜测“在哪儿发生的”、“怎么发生的”。应该说，在这个活动中，教师巧妙地为学生搭设了一个联系、运用已有生活经验的平台。事实上，每一种情况、每一个数据都能唤起学生记忆中的某个画面。因此，每一种猜测都有原型，每一种猜测也都有可能，甚至学生自己也有可能就是其中的一个数据。这一“猜测”的过程，实际上就是学生对日常生活中散点的事物、现象或者事实进行归纳、总结的过程。在这个过程中，学生逐步理解与领悟了只有时时处处具有安全意识，才能及时发现安全隐患，进而才能在校园中健康快乐地生活、学习。紧接着，教师继续利用这张调查表引导学生探究：“在这件事情中，你们觉得谁受到的伤害最大？谁最伤心？”这实际上也是为学生搭设的一个联系原有生活经验的平台，学生会借助自己以往生病、受伤的经历、感受推己及人，并在此基础上逐步理解与领悟校园生活中注意安全的重要意义。

其二，精心设计学生活动，促进学生行为实践。

《义务教育品德与社会课程标准(2011 年版)》明确指出：“采用学生乐于和适于接受的生动活泼的方式，帮助他们认识和解决现实生活中的问题，使教学成为学生体验生活、道德成长的有效过程。”在本节课中，教师设计并实施了制作、张贴“校园安全隐患提示卡”的活动，这个活动看似是在提醒其他同学，实际上也是对学生实践能力的一种培养，是引导学生运用所学内容，尝试解决生活中实际问题的过程。应该说，能够发现隐患，主动、善意的、用适宜的方法去提示他人和自己，这既是良好的道德品质的体现，同时也是实践能力的体现。因此，学生参与活动的过程也是其“应用与实践能力”提升的过程。

设计者：马伟丽(北京市石景山区六一小学)

点评者：赵文琪(北京教育学院石景山分院)

“大家庭中你我他”教学案例及评析

一、教学背景分析

(一)教学内容分析

本课是首师大版《品德与社会》三年级下册第三单元“温暖的社会大家庭”第一主题“大家庭中你我他”中的第一课时。在本课中，学生通过对周围各种职业和劳动者的观察、采访等，了解身边的劳动者，懂得他们的劳动与自己生活的关系，从而激发学生尊重他们及其劳动成果的情感。

(二)学生情况分析

学生通过三年级上学期的学习，对在社区中为我们服务的人有了一定的认识。而且三年级学生已经具备了一定的观察、采访能力，能够对问题进行简单的分析。

针对本课教学，教师对所执教班级进行了学前调查，发现：三年级的学生虽然能意识到自己每天都享受着来自不同行业劳动者的服务，但是，绝大部分学生很少留心观察这些人是怎样为我们付出劳动的，也很少认真思考或体会这些劳动给人们生活带来的方便。

(三)教学方式

本课采用体验式教学法，通过图片展示、游戏体验、了解身边劳动者工作的小故事等方式感受人们的生活离不开各行各业的劳动者，体会他们工作的辛苦与敬业，激发学生尊重劳动者及其劳动成果的情感。

(四)教学准备

教师准备：

1. 课前对全班学生进行小调查。

2. 拍摄特派小记者对校园里的保安叔叔进行的采访。

3. 搜集相关音视频资料，制作 PPT。

学生准备：

1. 观察有哪些从事不同职业的人们为我们服务。

2. 采访从事社会工作的家人，并完成采访记录单。

二、教学目标

1. 知道社会大家庭是由社会中的每一个人组成的，人们的生活离不开各行各业的劳动者；初步理解社会生活中人与人之间互相依赖的关系。

2. 学会运用观察、采访等方法进行社会调查，并能有所记录、表达、交流。

3. 感受劳动者的劳动给人们生活带来的方便；体会各行各业人们劳动的辛苦与敬业，激发学生尊重他们及其劳动成果的情感。

三、教学过程

环节一　游戏导入，激发兴趣

1. 同学们，让我们来做个“猜职业”的小游戏。请大家听清游戏规则：请两位同学来合作，一位同学可以用语言描述，也可以用动作表演，但是不能说出这个职业的名称，另一位同学来猜。谁愿意来试试？

2. 小结：这些通过自己的劳动，来为社会做贡献，并获得一定收入的人，我们就称他们为劳动者。

[设计意图]依据《品德与社会学科能力标准与教学指南》的要求，在本环节，学生通过观察、游戏、交流等活动，对劳动者的含义获得初步的感性认识。学生每天都享受着来自不同行业劳动者的服务，教师根据学生已有的生活经验设计教学，通过游戏的方式，激发学生的学习兴趣，使之初步认识劳动者。

环节二　知道大家庭中都有谁

1. 提问：在社会中，你们还知道有哪些不同职业的劳动者？

2. 交流：老师也了解一些，我们来看看。如果你认识，请你说出他们的职业。

3. 拓展：刚才我们看到的、说到的，只是社会上劳动者从事的职业中很小的一部分。据统计，现在我们的社会里，有近2000种职业呢，你们从中能发现什么？

4. 小结：社会中有这么多种职业，每种职业中都有劳动者为我们的生活提供着服务。我们的社会正是由他们和我们共同组成的大家庭。在这个大家庭中，有你有我有他。今天我们就一起学习大家庭中的你我他。

[设计意图]依据《品德与社会学科能力标准与教学指南》的要求，本部分内容的学习要提升学生的“感知能力”。学生根据自己的生活经验与认识，与大家交流自己所知道的不同职业的劳动者，教师再通过拓展，播放不同职业劳动者的图片，使学生对生活中的劳动者进行再认或再现。

环节三　初步理解人与人之间的关系

活动一　我们和劳动者之间的关系

1. 提问：老师把这些劳动者这样分类，你从中能发现什么？

2. 思考：这些劳动者和我们的生活有什么关系呢？请学生读书找答案。

3. 过渡：无论是直接生产产品的，还是在生活中直接为我们提供服务的劳动者，他们都是社会中的劳动者，他们都在为社会做贡献。

4. 提问：在生活中，你观察到哪些劳动者为你提供了服务或提供了产品？他们的劳动给我们的生活带来了什么？

5. 小结：无论是为我们提供服务的，还是在生活中生产产品的劳动者，他们都用劳动给我们的生活带来了便利，我们的生活离不开他们。

活动二　劳动者之间是互相依赖的

1. 过渡：各行各业的劳动者之间又是什么关系呢？让我们再通过“假如我是他”这个小游戏来找找答案吧。

请大家听清游戏规则：每个小组有一个资料袋，里面写有 4 种不同的职业，每人抽取一个，如果你就是这个职业的劳动者，你是否需要其他 3 位劳动者的服务？如果需要，什么时候需要？

2. 学生汇报交流。

3. 提问：通过这个小游戏，你们知道了什么？

4. 追问：社会中的这 4 种职业就形成了一张小小的网络，在我们社会这个大家庭，有近 2000 种职业呢，你们从中又能发现什么？

5. 小结：不仅我们的生活离不开各行各业的劳动者，每一位劳动者之间也是互相依赖、密不可分的。

[设计意图]依据《品德与社会学科能力标准与教学指南》的要求，本部分内容的学习要提升学生的“理解与领悟能力”。学生通过交流自己在生活中享受过的劳动者的劳动，初步感受我们的生活离不开各行各业的劳动者；再通过“假如我是他”这个小游戏，形象地感受到劳动者之间是需要互相帮助、互相服务的。之后，教师再通过引导学生思考并出示网状图，使学生生动形象地感受到生活中谁也离不开谁，从而突破本课的教学难点。

环节四　感受劳动者工作的辛苦与敬业，尊重他们及其劳动成果

活动一　了解家长从事的社会工作

1. 交流：我们的生活离不开这些为我们服务的人们，在生活中他们又是怎样工作的呢？课前，同学们对自己的爸爸或妈妈进行了采访。

2. 学生汇报交流。

3. 小结：同学们的爸爸妈妈用自己的劳动在为社会大家庭做贡献。社会中正是因为有许许多多像你们爸爸妈妈这样的劳动者在工作中辛勤付出，爱岗敬业，所以才换来我们今天的美好生活。

[设计意图]依据《品德与社会学科能力标准与教学指南》的要求，本部分内容的学习要提升学生的“理解与领悟能力”。学生家长是学生最熟悉的人，学生通过采访家人，并填写采访记录单，从家人从事社会工作的角度，感受他们工作的辛苦和敬业。

活动二　了解校园内保安叔叔的工作

1. 过渡：同学们的爸爸妈妈作为社会中的劳动者，是你们比较了解的，而有些劳动者是我们大家都比较熟悉、共同了解的，这就是学校里为我们提供服务的人们。在学校里，你们知道有哪些劳动者为我们提供服务吗？

2. 提问：在学校里，就有这么多人为我们服务。在这些人中，时时刻刻保护我们安全的人你首先会想到谁？

3. 追问：你们知道保安叔叔是怎样工作的吗？

4. 延伸：保安叔叔又是怎样说的？让我们通过特派小记者的采访来了解。

5. 提问：同学们，听了特派小记者的采访，你们有什么感受？

6. 小结：保安叔叔辛勤的工作为我们安全的校园生活提供了保障。

活动三　了解学校食堂的叔叔阿姨的工作

1. 提问：在学校里，你们知道又是谁为我们提供了可口的饭菜？

2. 拓展：为了让大家吃上可口的饭菜，食堂的叔叔阿姨要为我们付出多少劳动呢？让我们通过一个短片来了解吧。

3. 交流：此时此刻，你最想说的是什么？

4. 追问：他们为我们付出了辛苦的劳动，那我们应该如何做呢？

5. 小结：在学校里有为我们服务的人们，在你们的家中也有从事社会工作的劳动者，正是因为他们的辛勤劳动，所以才换来了我们幸福快乐的生活。

[设计意图]依据《品德与社会学科能力标准与教学指南》的要求，本部分内容的学习要提升学生的“理解与领悟能力”。在本课中，学生通过班内特派小记者的采访及同学们的观察，感受保安叔叔工作的辛苦，通过短片了解食堂的叔叔阿姨一天的工作，感受其工作的辛苦，激发学生尊重身边劳动者的情感，从而突出本课的教学重点。

活动四　尊重劳动者

1. 交流：在咱们学校，有些班级已经开始行动起来了。你们看，六年级1班开展了“不剩一粒米”的活动，他们每天都坚持把饭吃得干干净净，并且把餐盘、勺子摆放得整整齐齐。他们还做了一件感动食堂所有叔叔阿姨的小事，有的叔叔还流下了感动的眼泪。他们是怎样做的？原来他们利用课余时间为食堂的叔叔阿姨创作小诗，并且亲自念给他们听。

2. 提问：同学们，听了他们的做法，你们有什么想说的？

3. 梳理：听了同学们的发言，老师感受到了大家都想用自己的实际行动来尊重身边的劳动者。同学们是这样想的，也是这样做的。

4. 过渡：我们的学校又是怎样做的呢？这是在春节期间，咱们的校长、书记在学校给学校的工人师傅拜年。在春节期间，你们在做什么呢？咱们的校长和书记为什么要放弃和家人团聚来到学校给他们拜年呢？

5. 小结：春节期间，当我们和家人团聚时，学校的工人师傅还坚守在自己的工作岗位上，所以咱们的校长和书记来到学校给他们拜年，表达对他们的尊重。

6. 拓展：我们的学校是这样做的，我们的社会又是怎样做的呢？我们一起来看看。从中，你们知道了什么？

7. 提问：各行各业的劳动者都得到了人们的尊重，各行各业的劳动者都是光荣的。各行各业的劳动者有一个共同的节日，你们知道是什么节日吗？

8. 小结：在五一劳动节，人们纷纷用自己的方式表达对劳动者的尊重。

[**设计意图**]依据《品德与社会学科能力标准与教学指南》的要求，本部分内容的学习要提升学生的“应用与实践能力”。学生通过了解校园里六年级1班开展的“不剩一粒米”活动、学校领导尊重劳动者的事例及社会对劳动者尊重的事例，了解到各行各业的劳动者都得到了人们的尊重，各行各业的劳动者都是光荣的，激发学生用自己的实际行动尊重身边的每一位劳动者。

环节五　总结

同学们，老师希望你们能把自己对身边劳动者的尊重变成行动，并且坚持下去，让我们这个社会大家庭更温暖，生活更美好！

四、教学点评

“大家庭中你我他”一课，突出了学科能力的培养。教师在课前和课中，根据“开发利用教学资源，提高德育课程实效性”专题，适当开发教学资源，拓展课程内容，提高课堂教学实效性。在教学过程中，教师注重对学生感知能力、理解与领悟能力和应用与实践能力的培养。

其一，利用学生的生活经验与原有认知，培养学生的感知能力。

上课伊始，教师通过“猜职业”的游戏，激发学生的学习兴趣；通过观察、交流等活动，初步帮助学生回忆和了解社会上各种不同的职业，对劳动者的含义获得初步的感性认识。在学生课前调查表中，教师设计了这样的问题："在生活中，你是否留心观察过身边不同职业的人们是怎样工作的?"在学生说出社会上不同职业的同时，实际上也是通过让学生思考、观察，利用学生的生活经验与原有认知，培养学生的感知能力。

其二，通过分析交流，培养学生的理解与领悟能力。

在学生原有的生活经验基础上，教师又引导学生通过交流自己在生活中享受过的劳动者的劳动，初步感受我们的生活离不开各行各业的劳动者；再通过"假如我是他"这个小游戏，使学生形象地感受到人们之间是需要互相帮助、互相服务的。之后，教师再引导学生思考并出示网状图，让学生能生动形象地感受到生活中谁也离不开谁，感受到不同劳动者工作的辛苦，激发学生尊重身边劳动者的情感，从而突破本课的教学难点，同时培养学生的理解与领悟能力。

其三，开发家长资源和校内课程资源，培养学生的应用与实践能力。

教师在课上利用学生家长资源，让学生感受到家长本身也是劳动者，也在为社会做贡献，同时他们的工作是辛苦和值得大家尊敬的。

教师课前布置学生做小调查，课上教师播放本班特派小记者对学校保安叔叔的采访和对学校食堂工作人员工作介绍的短片，让学生感受到学校的保安叔叔和食堂工作人员在用自己的劳动为我们服务，而学校领导和教师也用实际行动表达了对他们的尊重。教师还让学生了解本校六年级1班开展的"不剩一粒米"活动，激发学生用自己的实际行动尊重身边的每一位劳动者。这些环节都渗透着对学生的应用与实践能力的培养。

在教学过程中，培养学生的感知能力、理解与领悟能力和应用与实践能力，这几方面并不是分开的，而是紧密联系的。本课突出了课前调研的重要性，教师深入了解学生，根据本班学生的实际情况制订教学目标，设计和实施教学活动过程，从而达到教学目标。

设计者：刘静（北京市东城区史家胡同小学）

点评者：黄薇（北京市东城区教师研修中心）

“公共生活有秩序”教学案例及评析

一、教学背景分析

(一)教学内容分析

“公共生活有秩序”是首师大版《品德与社会》三年级下册第四单元“公共生活讲道德”中第一主题的活动内容。目的是使学生通过对典型事例的分析、感悟、辨析、体验，进一步了解公共场所中公共秩序的情况和人们的言谈举止、行为表现，进一步感知公共生活处处有秩序、扰乱秩序危害大，初步理解个人和群体利益的关系，愿意在生活中养成自觉遵守公共秩序的好习惯。

(二)学生情况分析

在二年级《品德与生活》教材中已涉及了规则，如家庭生活中的规则、学校生活中的规则、简单的社会生活中最常见和最基本的规则，等等，所以学生对这部分内容已有一定的认识基础。但学生对于各种规则的作用，以及为什么必须遵守还理解得不够深入。

(三)教学方法

为引导学生认识秩序的重要性，本课教学选取了具有典型性的实例和图片来启发学生分析、感悟、体验，贴近学生的生活，使他们真实地感受生活中秩序的重要性。

(四)教学准备

教师准备：

1. 搜集现实生活中遵守和扰乱公共秩序的典型实例和图片。

2. 整理资料，制作课件。

学生准备：

1. 找一找自己生活中离不开的公共场所。

2. 观察公共生活情况，调查、观察自己身边不遵守公共秩序的现象。

二、教学目标

1. 观察和了解公共场所中公共秩序的情况和人们的言谈举止、行为表现，进一步感知公共生活处处有秩序、扰乱秩序危害大及维护秩序的一些基本规则。

2. 能够初步描述所观察到的一些社会现象，能够在讨论和辨析活动中对一些社会现象、是非进行简单的辨析，能够结合自己已有或可能有的公共生活经验或意识进行初步的换位思考，能够针对社会生活中的某种现象或行为提出自己的见解，能够初步理解个人和群体利益的关系。

3. 体验和感受遵守公共秩序与否与己、与他人的不同结果，能初步运用所学内容指导自己行为并表现出持续的行为愿望，愿意在生活中养成自觉遵守公共秩序的好习惯。

三、教学过程

整个教学过程有四大环节：秩序伴随着我(感知)、扰乱秩序危害大(理解)、自觉有序最重要(体验、运用)、有序生活更美好(提升、拓展)。教学活动环环相扣，力图循序渐进地使学生得到认识的提高和情感的体验。

环节一　秩序伴随着我们

(一)温故而知新

1. 儿歌导入，回忆规则处处有。

(1)出示三首儿歌，引导学生看清提示，变换方式朗读。

(齐读)：一根绳，俩人摇，小伙伴们挨个跳。
跳一个，往下跑，游戏规则不能少。

(女生)：铃声是信号，快快准备好。
时刻提醒我，在校守规则。

(男生)：红绿灯，像哨兵，它有规则我服从。
绿灯亮，向前行，红灯亮，我就停。

(2)引导思考：这些儿歌都在告诉我们什么？

预设：规则无处不在，做什么事都要守规则。

小结：做许多事情都要有规则。

(3)提问：有了这些规则对我们有什么好处啊？

预设：不混乱、有条理、整齐、安全等。

2. 揭题：像这样有条理、不混乱就是有秩序。(出示概念)这节课我们就一起学习《公共生活有秩序》。

[设计意图]依据《品德与社会学科能力标准与教学指南》的要求，结合学生已有或可能有的行为习惯，即通过学生朗读有关规则的儿歌，促使学生回忆起游戏、上课、过马路等熟悉的规则，知道规则无处不在，重温有规则的生活。从遵守的各种规则自然过渡到"秩序"的概念，渗透规则与秩序的联系，让学生感觉"秩序"离他们并不遥远，有熟知感或是亲切感。

(二)感受公共生活有秩序

1. 师生交流——了解公共生活场所。

(1)知道“公共生活”的概念。

①学生借助已有认知说说。

②出示规范的概念：公共生活是指我们在公共场所里相互联系、相互影响的共同生活。

(2)调动学生已有生活经验说说身边的公共场所。

预设：图书馆、公厕、公园、公共汽车、火车等。

(3)教师归纳、指导与拓宽。

①根据公共场所的分类进行归纳并出示相应的图片——商业场所、交通场所、体育娱乐的场所、文化娱乐场所、文化交流场所、公共福利场所、生活服务场所等，使学生感受到公共场所有很多。

②指导学生知道一些特殊的公共场所——学校。

③拓展公共场所——网络空间。

2. 活动一：读图找信息——秩序处处有。

(1)“秩序大搜索”：从教材第85页的四幅图中找一找，这是什么场所？人们是怎么做的？

渗透提取信息的方法：图文结合。

拓展问题1：还有什么场所需要排队？

拓展问题2：还有什么场所需要上下有序？

预设：乘地铁、火车、飞机、乘电梯、楼梯等。

(2)了解其他公共场所。

在银行里找秩序——认识“一米线”。

小结：自觉站在“一米线”外，能让这里变得有秩序。

在影剧院里——为什么不能大声喧哗？就连窃窃私语也要尽量避免。

小结：通过秩序大搜索活动，我们找到了很多秩序。看来，公共生活处处有秩序，它时刻伴随着我们每一个人。

(板书：秩序处处有)

(3)如果我们每天都在这样有秩序的场所里生活，会有什么感受？

预设：使我们的生活有条理、不混乱；感觉很安全；心情好、生活得快乐等。

导语：那你们期待每时每刻都拥有这样有秩序(快乐、安全)的生活吗？老师也特别期待，然而，在生活中常常会有这样的事情发生。

[设计意图]对学生已有的认识(身边公共场所)进行归纳、提升和拓展，为学生在公共场所中“找秩序”的活动环节做好准备。依据《品德与社会学科能力标准与教学指南》的要求，学生要能够在日常生活中观察公共场所中公共秩序的情况和人们的言谈举止、行为。所以，此处设计从“图片中找秩序”的教学活动就是在指导学生学会观察、学会收集提取信息，进而感受到公共场所里的一些基本秩序。与前边学生汇报身边的公共场所秩序相联系，拓展学生在各种公共场所中继续找秩序，让学生真切地感受到生活处处有秩序。

环节二　扰乱秩序危害

(一)对比案例讲道理

1. 案例一：小小玩笑危害大。

(1)学生自读书中第 87 页的案例，说说想法。

不该发生的惨案
2002 年 10 月的一个晚上，某学校的学生下晚自习，各班的同学陆续走出教室。楼道里人越来越多，下楼的地方比较拥挤。这时几个同学故意发出怪声，造成后面的同学想尽快走，发生推搡前面同学的现象，结果相互拥挤踩踏，酿成 45 人踩伤、5 人死亡的重大事故。

(2)引导学生从文字中提取信息：说说造成惨剧的原因，后果怎样？

(3)简单分析：他们为什么发出怪声？这样的后果是他们想要的吗？

小结、导语：其实这样的悲剧是完全可以避免的。只要我们大家都能够做到有秩序，即使遇到天灾人祸，一样可以活命。在汶川地震中，桑枣中学“零伤亡”的奇迹就很好地证明了这一点。

2. 案例二：有序撤离保证生命安全。

(1)播放视频资料：桑枣中学“零伤亡”的奇迹。

(2)引导提取有用信息：短短的 1 分 36 秒，2300 多人居然没有伤亡，源于什么呢？

预设：有序、听从指挥。

提升：对比案例，事实有力地证明有秩序是生命安全的保证。

(3)引导学生关注重要信息：在采访中，有一位学生说：“演练惯了”，从这句话中你知道了什么？

小结：一句“演练惯了”告诉我们，有序排队这种小事也需要我们无数次地训练，要让它成为一种习惯。

[设计意图]本环节的目的是通过两个真实案例的对比分析，使学生进一步感受有秩序、无秩序给人们带来的不同后果，进一步了解扰乱秩序危害大，有秩序是生命安全的保证。在《品德与社会学科能力标准与教学指南》中有明确要求，学生要通过观察人们的言谈举止、行为表现，做出自己的评价。在此环节，引导学生对书中提供的文字叙述的案例进行最简单的提取浅显的信息能力的训练，引导学生从视频音频信息中有选择地提取有用的信息，并鼓励学生发表自己的看法。

3. 活动二：计时排队。

(1)选择好空地，就近排成两队。

(2)看同学们排队情况进行评价。

小结、导语：像这样有序排队的好习惯，也是一种文明行为，会让我们受益一生的。相反，不良的习惯、不文明的行为也会扰乱公共生活的秩序。请大家读这份资料。

[设计意图]《品德与社会学科能力标准与教学指南》中对于本课的教学建议之一是："通过各种模拟体验、观察活动，充分体验和感受遵守规则和秩序与否与己、与他人的不同结果"，所以在这里安排了第一次"排队"的体验活动，教师进行了较为细致的指导：就近，不分男女、高矮，只要以最快的速度排好两队就可以。其目的就是让学生知道排队不拥挤是一种守秩序的文明行为与习惯。教师通过细心观察，对学生在排队过程的突发情况进行评价，注重抓住生成，进行"谦让、包容、以大局为重"等思想教育。

(二)辨析交流明是非

案例三：两人吵架，班机返航。

(1)出示资料：两人吵架，班机返航。

(2)提取浅显信息：为什么返航？

(3)小组讨论"该不该返航"等问题，鼓励学生发表不同看法。

去年9月2日，在从瑞士飞往北京的航班上，两名中国男性乘客因调整座椅问题争吵、打架，还打了劝架的乘务长，结果造成飞机返航。

列出不同观点，引导学生进行讨论：

①对于这次返航，许多人都有自己的观点。这两个当事人觉得："这是我们两个人之间的小事，和别人没有关系。"

②还有的人认为：返航给瑞士国际航空公司带来了巨大的经济损失，这实在是太不值了。

(4)学生发表自己的看法。

(5)顺学而导，进行提升。

①创设情境：机上有 200 多名乘客：有一位医生，就因为这次返航，耽误了一个重要的手术；有一位年轻人，错过了去北京看望父母的机会；有人错过了旅途；有人错过了一笔生意……总之，同机的 200 多名乘客都因为这两个人之间的所谓“小事”不能如期到达北京。

②讨论：这还是与别人无关的小事吗？你想对这两个当事人说什么？

③提升讨论：因为这两个人的小事，航空公司损失巨大，返航值得吗？为什么？

预设：

值得——与人的生命相比，金钱损失又算得了什么？

不值得——出示航空公司的看法。

瑞士国际航空公司却认为：乘客在航班上扰乱了飞机的正常飞行秩序，威胁到其他乘客的生命安全。因此，即使航空公司损失巨大，也必须返航。

小结：因为一个小小的玩笑，足以让人失去宝贵的生命；因为一件小事，差点危及上百人的安全。所以，扰乱秩序无“小事”！

（板书：无序不能要）

[设计意图]阅读事实资料，借助学生已有的认知和价值观，使其能够表达自己的观点和看法，进而认识到遵守秩序是文明的体现，是“活得有尊严”的体现。正如《品德与社会学科能力标准与教学指南》中指出，“结合学生已有或可能有的行为习惯，通过讨论和辨析，强化公共意识的教育，让学生明白个人和群体利益的关系”。不仅如此，通过给学生充分的时间交流，教师走到学生中间，倾听学生对案例的分析，鼓励学生在小组内自由发表自己的看法，使学生有了充分表达自己的观点和情绪的机会。在教师层层深入的问题的引导下，学生对案例也一步步进行了有深度的分析，使学生更加深刻地感受到“扰乱秩序危害大”。

（三）心理剖析找根源

1. 学生交流观察或调查的社会现象：你还看到过或听说过哪些扰乱秩序的行为？

2. 活动三：就扰乱秩序的行为，分析原因，发表看法。

认真阅读书中第 86 页的三幅图，做到图文结合读信息。

图 1

图 2

图 3

预设：

(1)图 1：自私的人只想到自己。

(2)图 2：侥幸心理作祟。

(3)补充：中国式过马路(视频)。

讨论：面对红灯，这些人不能止步，他们是怎样想的？

追问："红灯停、绿灯行"，一个原本大家都应该知道和遵守的交通规则，为什么要依靠法律强制执行呢？在我们身边有这么多强制执行的标志，有些人还是做不到，这又是为什么呢？

引导学生联系第三幅图进行分析。

(4)图 3：缺少自觉性，放纵自己就等于害自己。

(5)补充：好奇心理扰乱秩序——拨打 110 报假案，扰乱公安秩序。

思考：这会造成怎样的后果？

预设：浪费警力，付出辛苦；耽误了时间，有危险、有困难的人得不到救助等。

小结：如果这个孩子像你们一样，心系他人，就不会因为这样的好奇心扰乱公共秩序了。所以，有秩序的生活需要我们不自私、不侥幸、不从众、不放纵，做到心中有他人。

[设计意图]依据《品德与社会学科能力标准与教学指南》的要求，本部分内容的学习要提升学生的"感知能力"和"理解与领悟能力"。在课前，教师布置了一项观察实践作业，鼓励学生通过多种渠道搜集信息，用自己的眼睛观察社会。课上，教师借助学生已有的观察，通过图文结合分析和交流扰乱社会秩序现象的原因，引导学生简单剖析人们扰乱秩序的心理。在交流与辨析的过程中，使学生不仅了解扰乱秩序危害大，同时也促使学生进一步理解与认识到不守秩序的行为屡禁不止，往往是因为人们存在扰乱秩序的"灰色心理"。

环节三　自觉有序最重要

活动四：还书领奖品。

预设 1：有序——及时表扬，随机采访。

——鼓掌。采访：知道为什么为你们鼓掌吗？

小结：你们的行动再一次告诉我们，只要每时每刻把像排队这样的小事做好，让它成为一种习惯，公共生活就会变得井然有序。说得好，更要做得到。自觉遵守公共秩序最重要。

预设 2：无序——立刻叫停。

采访：为什么叫停？

小结：今天是老师为你们叫停，希望在公共生活中，遇到类似情况，你们能为自己叫停。

（板书：自觉来遵守）

[设计意图]依据《品德与社会学科能力标准与教学指南》的要求，本部分内容的学习要提升学生的“应用与实践能力”，教师创设情境体验活动，通过观察学生还书的行为，抓住生成，当堂检测学生能否做到自觉遵守秩序。虽然学生思想品质的养成是由非意志行动向意志行动转化的过程，但是通过体验活动，有益于学生提升对自觉遵守秩序重要性的认识，促使学生进一步树立自觉遵守秩序的意识，养成守秩序的好习惯，真正实现知、情、意、行的统一。

环节四 有序生活更美好

1. 板书总结：同学们，公共生活处处有秩序，扰乱秩序不能要，小到过马路，大到世界公共秩序，都需要大家的自觉遵守和维护！

2. 提升：就像习近平主席说的那样：“不能为一己之私，把一个地区乃至世界搞乱。”同学们，为了我们的美丽中国，为了实现我们的中国梦，你们要做到不为一己之私，从小事做起，自觉遵守公共秩序。

3. 结束语：那就让我们一起努力，令我们的生活更加美好。

（板书：生活更美好）

[设计意图]依据《品德与社会学科能力标准与教学指南》的要求，本部分内容的学习要提升学生的“理解与领悟能力”。在这个环节，教师通过拓展来提升学生的认识，使学生领悟到有秩序不仅关乎个人安全快乐的生活、文明素质，还关乎一个地区的安全，乃至世界的和平。向学生初步渗透，要树立遵守国际秩序的大世界观。

四、教学点评

《品德与社会学科能力标准与教学指南》为教师有效确定教学目标、设计教学提供了依据。纵观本节课，教师在设计时确实充分发挥了它的作用，自始至终以此为依据，对学生的品德与社会学科能力水平有思考、有设计、有实践，具体表现在以下几点。

其一，透过现象看本质，提升学生多角度思考和认识问题的能力。

在“辨析交流明是非”教学环节中，教师利用“两人吵架班机返航”的真实案例，不断地创设情境，引发讨论和分析——同机的200多名乘客都因为这两个人之间的所谓“小事”不能如期到达北京，这还是与别人无关的小事吗？与此同时，教师实施了有层次的追问，不断引导学生换角度思考问题——因为这两个人的小事，航空公司损失巨大，返航值得吗？从而有目的、有意识地引导学生从多角度对问题进行思考，在充分让学生发表自己看法的同时，不断提升认识问题的能力，与此同时，教师由浅入深引导学生一步步进行深度分析，提升其深度思考的能力，使学生在辨析与交流中更深刻地感悟到扰乱秩序所带来的巨大危害，从而初步地意识到这微不足道的“小事”，不仅仅关乎着个人文明素养，也关乎着国家的尊严。

如果说“辨析交流明是非”的设计，是教师有意识地引导学生多角度看问题，全面认识问题，那么“心理剖析找根源”的设计，更凸显了教师对学生学科能力水平提升的关注。这个环节的设计，教师运用图片资源引导学生由表及里，透过现象看本质，真正实现了学生深度思维的训练，提升了学生对社会问题的深刻认识。让学生用自己的眼睛看世界，图片上呈现的都是学生在现实生活中常见的现象，甚至他们自己也曾经这样做过。他们知道这样做不对，却不知道为什么不对，也没有进行过这样的深度思考。非常难能可贵的是，教师没有仅仅让学生判断对错，而是引导学生深度思考：同学们，“红灯停、绿灯行”，一个原本大家都应该知道和遵守的交通规则，为什么要依靠法律强制执行？在我们身边有这么多强制执行的标志，有些人还是做不到，这又是为什么？在教师的追问引导下，学生发现自私、侥幸、放纵、从众是真正的原因，从而真正体验到有秩序的生活需要我们不自私、不侥幸、不从众、不放纵，要做到心中有他人。

其二，利用生成来导行，促进学生在实践中运用对道德认知的正确理解。

“以知导行，知行统一”才是品德与社会课程最终要实现的目标。教师在教学中设计了两次情境活动：计时排队和还书活动，巧妙地为学生创设了知行统一的实践场。计时排队活动主要向学生渗透，只要能够做到不拥挤，排成自然两队就可以。实践过程中，教师特别注意观察学生的行为表现：有些学生为了速度快，急急忙忙插到了另一个同学的前面，后面的同学能够退后一步；还有的学生没有站的地方了，就跑到最后站着；当然推一下、挤一下的情况也有发生。此时，教师及时抓住并有效地利用这些课堂生成，引导学生感受谦让、包容，明白集体利益高于个人利益等是有秩序的保证。还书活动则是在课堂教学快要结束时，教师对学生说：“请同学们把书还给老师并领取一份奖品。”这是教师有意为学生们设计的实践活动，目的是想验证一下在奖品的“诱惑”下，学生能否在自然状态下做到自觉有秩序地排队。活动中，教师再次观察学生的行为表现，并利用课堂生成帮助学生变“内化行为”为“自觉行动”，从而有效地促进了学生在实践中对道德认知的正确理解运用。

设计者：李莉（北京市燕山星城小学）

点评者：高惠荣（北京市燕山教研中心）

“当火灾发生的时候”教学案例及评析

一、教学背景分析

(一)教学内容分析

“当火灾发生的时候”是人教版《品德与社会》四年级上册第二单元“安全地生活”第三个主题“当危险发生的时候”的第一个小话题。

本课重在强化安全意识，掌握自救方法，提高避险能力。“当火灾发生的时候”旨在引导学生认识到当火灾猝不及防到来时，应该冷静正确应对，凭借所学知识尽快自救逃生，将危害降低到最低限度。

(二)学生情况分析

课前对学生进行问卷调查后得知：90%的学生知道火灾有危害，但是没有亲眼看见或亲身经历过火灾，对火灾的危害感受不深。虽然80%的学生在家庭教育中讨论过火灾，但绝大多数学生对火灾发生后正确的处理方法认识不全面。学生在学习本节课前已有一定的火灾逃生的知识，但经验相对较零散。因此，本课将重点突出火灾发生后自救逃生方法的学习，课堂上将通过多种教学手段帮助学生掌握自救逃生的技能，提高学生的自我保护能力。

(三)教学方式

以学生喜闻乐见的动画视频为切入口，创设出一个贯穿全课程的大情境，生发出三个火灾现场的典型问题，引发学生们产生思考，通过问题解决学习方式、体验学习方式、小组学习方式等多种学习方式，让学生在活动中了解火灾的危害，掌握一些火场的逃生技巧，进而形成防患于未然的防火意识。

(四)教学准备

教师准备：

1. 课前预备活动。(1)课前组织学生观看“全国特大火灾案例”安全教育片；(2)借消防队开放日，带领学生走进消防队参观、学习、实践体验等。

2. 课前准备资料。(1)图片：消防知识图片、学生参观消防队的照片等；(2)视频：拨打119录像、捂鼻逃生片段等；(3)音频：警报声、倒计时秒表等。

学生准备：

1. 搜集火场逃生小常识等相关信息。

2. 填写调查问卷。

调查采访表

调查人：　　　　　　　调查时间：

被采访人姓名	发生火灾了，你会怎么办？	你的这项本领是向谁学的？

二、教学目标

1. 初步了解火灾的危害，增强消防意识。

2. 对比不同情况的火情，初步理解针对不同的燃烧物质，选择用不同的物质扑灭小火苗。

3. 尝试在合作、竞猜、体验及表达的过程中，逐步发现火场中应该注意的问题，运用所学知识解决问题，学会利用身边的东西保护自己，安全逃生。

三、教学过程

整个教学过程分为两大部分：课外实践活动和课堂教学。课外实践活动环节是本节课得以顺利实施的基础，也是提高学生应用与实践能力的一个有效途径，教师试图用一种最直观、可操作的教学方法，利用身边触手可及的学习资源——消防基地和消防设施等进行直观、体验性的教学。

环节一　列举数字，引出话题，初步感知火灾的危害

导入：同学们，今天我们讲的是对我们每个人的人身安全都会产生影响的事——火灾，让我们看看 PPT“触目惊心的文字”：

1. 2008—2010 年，全国共发生火灾 39.8 万起(不含森林、草原、军队、矿井地下部分火灾)，死伤共计 5800 多人，直接财产损失约 52 亿元人民币。

2. 死伤的 5800 多人中，有许多人是因为缺乏火灾自救常识而失去宝贵生命的。

[设计意图]依据《品德与社会学科能力标准与教学指南》的要求，本部分内容要让学生对火灾危险有初步感知。因此，本部分教师补充了相关数据，使学生获取了一定的信息，通过观察初步感知到火灾的危险性，为后面积累更多经验打下基础。

环节二　创设情境，尝试解决问题，逐步提高火场中的应对能力

提问：面对大火，谁的对策正确呢？

活动一　观看视频，初步判断

情境创设：通过视频呈现发生火灾的情境，判断哪种做法是正确的。

（板书：立即扑救　收拾细软　仓皇逃命）

[设计意图]依据《品德与社会学科能力标准与教学指南》的要求，本部分内容的学习要提升学生的“理解与领悟能力”。教师在这里创设了当火灾发生时该怎么办的情境，让学生在头脑中进行一定的分析、判断，进而激发出其主体的内部矛盾。

活动二　认识火险，学会判断

1. 出示概念：任何大火，最初都是很小的一个火点，我们称作火险。(课件：火险)如果在火险刚发生时就采取正确的措施进行处理，往往会避免火灾的发生。

2. 播放课件：假如这些物质突然窜出火苗，在手边没有灭火器材的情况下，我们和家人该怎么办？

(1)分组讨论——合作完成手中的表格。

争分夺秒扑灭火点

燃烧物种类	选取身边物品扑救
纸张	
油锅	
电视机	

(2)抢答——“争分夺秒扑灭火点”。

①纸张(纸张、木头或布)——水、脚踩。

②炒菜时油锅(油火)——锅盖、食盐、切好的菜、湿抹布、沙土、米。

(3)学生对观点、事实等产生的反应：这些物品，还可以扑灭哪些可燃物引起的火险呢？

争分夺秒扑灭火点

燃烧物种类	选取身边物品扑救
固体可燃物(纸　　　　　)	
液体可燃物(油　　　　　)	
电器类可燃物(电扇　　　　)	

(4)学生结合生活体验和所学知识，对现象进行归纳、解释、总结，内化理论观点：根据燃烧物质的不同，选择用不同物品扑灭小火苗。

3. 回想动画情境，选择“立即扑救”对吗？

4. 学生自由表达，教师相机点拨。

（板书：擦掉“立即”，写上“看火情”）

5. 小结：扑救要看火情。火初起时，莫迟疑，争分夺秒制服它；火势蔓延，保安全，迅速拨打火警电话 119，请专业的消防队员来解决才是上策。

[设计意图]依据《品德与社会学科能力标准与教学指南》的要求，本部分内容的学习要提升学生的“理解与领悟能力”。在此环节，学生随着教师不断引导，逐渐认识到身边不同的物质着火需要选择正确的扑救方法，在这个过程中，学生的理解与感悟能力随着观察与思考的进一步深入而逐步增强。

活动三　拨打火警，解决问题

1. 播放视频：消防员讲如何报火警。

2. 学生对照教材第 36 页的表格，找出表格中的信息与消防员叔叔说的有哪些不同之处。

3. 播放课件：书上第 36 页的表。

(1)电话自动生成，不用再耽误时间说明了。请大家用笔划去这一项。

(2)增加了什么？（请同学们补上这一条：有无人员被困）

4. 同桌练习拨打 119，发现问题：小组演练时语速慢、吐字不清的问题。

（板书：擦掉“收拾细软”，写上“生命至上”）

5. 纠偏再练：请两人一组，对调整后的表格，一人当报警人，一人当 119 报警指挥中心人员，注意语速。（动画呈现：一分钟秒表）

6. 师生共创情境，练习拨打火警电话：消防车到我家。

[设计意图]依据《品德与社会学科能力标准与教学指南》的要求，本部分内容的学习要提升学生的“应用与实践能力”。在录制模拟报警的片段时，教师特意保留了学生的缺憾：语速慢，延误救火时间。其目的就是让学生能够用所学内容指导生活实践，尝试解决生活中的实际问题，并表现出持续的行为能力。

活动四　冷静应对，机智逃生

1. 创设情境：报了火警，心里可踏实了，是否可以坐等消防车的到来？这段时间该做些什么？

2. 学生分析、判断，自由表达自己的想法。

问题一：消防队员叔叔来了以后，怎样才能让他们尽快知道我在哪儿呢？

学生通过课前搜集，内化认识：鲜艳、醒目的东西、亮光；易于被人发现的地方；大声呼救、发出响声。

问题二：怎样防止烟呛呢？

(1)学生结合对消防队的学习，解决实际问题：匍匐、湿巾捂鼻。

(2)重现再认：消防队员叔叔把毛巾叠成八层。

(3)演习：请一名学生带领大家一起做，速度要快；再呛也不能拿开毛巾。

问题三：火场上应该怎样开门?

师生共同演习如何在火场上开门。

问题四：关于课前调研。

(1)出示课前调研题目：大楼起火时，能从冒烟的楼道逃生吗?追问：电梯可以吗?

(2)让我们再来回顾这个选项(“仓皇逃生 ”)进行判断。(学生自由答)

点拨：当火灾发生的时候，我们选择快速逃生是正确的，但是，逃生应该“讲方法”，千万不要慌张，应该保持冷静。

(板书：镇静)

(板书：擦掉“仓皇”，写上“讲方法”)

(3)回忆老师带领观察疏散标志的经历。

点拨：结合刚刚学到的自救常识，想一想疏散标志为什么要设在低处。

学生根据对现象的回忆进行分析、归纳和总结：地铁、学校等公共场所都是人员高度密集的地方，火灾时出现混乱局面是在所难免的，因此我们走进公共场所时，一定要养成观察环境，牢记消防设施、安全出口位置，熟悉安全疏散线路的习惯，这样遇到危险才能临危不乱。

[设计意图]依据《品德与社会学科能力标准与教学指南》的要求，本部分内容的学习要提升学生的“应用与实践能力”。让学生通过对处理险情时的不同行为进行比较，分析处理火灾险情的问题并能表达自己的观点和想法，尝试解决生活中的实际问题。教师利用自己来到陌生地点先关注消防标志的照片，教育学生要有消防意识，学生根据现实生活，调整了已有的思维取向，进一步强化了安全意识，尤其是增强了对危险的干预意识，提高了应用与实践能力。

活动五　牢记步骤，熟练操作

1. 点拨：我们回到家中应该怎么办?

2. 学生交流家中应该备好这样4件“宝物”：一根(保险)绳、一只手电筒、一个简易防烟面具和一个家用灭火器，以备应急之需。

学生用所学内容指导生活实践，尝试解决生活中的实际问题，并表现出持续的行为能力：记住步骤，回家将方法告诉家人，等你长大成人后，方可为消防尽一份力。

[设计意图]依据《品德与社会学科能力标准与教学指南》的要求，本部分内容的学习要提升学生的“应用与实践能力”。能够用所学内容指导生活实践，尝试解决生活中

的实际问题，并表现出持续的行为能力，将课堂延续到学生家中，用在学校学习到的科学方法同家庭紧密结合，为家庭安全贡献自己的力量。

环节三　关注消防，生命至上，用所学内容指导生活实践

1. 教师总结本课要点。

2. 学生结合自己的认识，表达自己对本课学习的观点和想法。

[设计意图]依据《品德与社会学科能力标准与教学指南》的要求，本部分内容的学习要提升学生的"理解与领悟能力"和"应用与实践能力"。能够结合生活体验和所学知识，对火灾的危险、预防及应对火灾发生等进行归纳总结，并用所学内容指导生活实践。

四、教学点评

"当危险发生的时候"是人教版《品德与社会》四年级上第二单元"安全地生活"中的第三个主题，主要是对学生进行安全教育，"当火灾发生的时候"是第一个小话题。该教学设计有以下特色。

其一，拓展教育空间，提升学生对火灾危情的感知能力。

孩子们在日常生活中对于火灾有一些认识，这是孩子们学习的前提，但孩子们对于火的感知是零散的、模糊的。课前，教师带孩子们走入消防中队，与消防队员和消防设施零距离接触，使孩子们的感知能力水平提升了一个层面，这为孩子们在课堂上的学习打下了坚实的认知基础。感知认同基础上的内化，让孩子很容易产生认同点。我们的任务就是通过进一步的强化，使认同点成为进一步认知的基础。从而使学生接纳我们发出的教育影响，形成我们所期望形成的观念。

不难看出，由于孩子们先期在消防中队看到、听到、触摸到许多相关信息，加之自己从各种渠道搜集了有关资料，因此，当课堂上重现类似现象时，学生会感到这不是一个机械地恢复过去学过的事物的过程，而是对记得的那些部分与细节进行改造和加工的思维过程。因为原有知识储备的丰富，使得学生们再创造的空间和动力也随之更加宽泛和强大，这得益于拓展教育空间基础上的学生感知理解能力的提升，课堂上很多有趣的环节都源于此。如，删改教材上对拨打 119 滞后的内容；又如，如果突发火灾，我们没有湿毛巾，但可以用自己的围巾、手帕或者随身携带的纸巾临时代替等捂鼻逃生。

其二，运用观察对比的方法，提升学生对处理火灾险情的理解与领悟能力。

在教学中，教师设计抢答"争分夺秒扑灭火点"活动，使学生了解到有很多物质和方法都可以用来扑灭可燃物。但是不同的火情要用不同的物质和方法来扑灭，用锅盖、食盐、切好的菜、湿抹布灭着火的油锅，用沙土灭可燃汽油引发的火，用水、脚踩来灭一些小火……启发学生对观点、事实等产生反应：这些物品还可以扑灭哪些可燃物引起的火险呢？扑救要看火情。火初起时，莫迟疑，争分夺秒制服它；火势蔓延，保安全，迅速拨打火警电话119，请专业的消防队员来解决才是上策。从学生的生活入手，学生积极思考，使他们对处理火灾的理解与感悟能力随着观察与思考的进一步深入逐渐增强。

其三，运用所学知识，尝试解决实际生活问题，提升应用与实践能力。

“应用与实践能力”的最高水平，就是能够用所学内容指导生活实践，尝试解决生活中的实际问题，并表现出持续的行为能力。这个案例设计的巧妙之处在于，一开始就用一个学生感兴趣的视频，创设出贯穿整堂课的大情境，并生发出三个人们在火场中遇到的典型问题，教师最初并不急于让学生做出判断，而是通过观察、数据展示、生活场景再现、演习等一系列活动，抽丝剥茧般地引领学生产生新的思考、做出分析判断，最终，由学生自己对课程伊始的三个问题，做出正确的价值判断。

学生用所学指导自己的社会生活，是我们的教学追求。课后，教师继续指导学生运用所学回归生活。希望教师能坚持自己的教育理念，让更多学生掌握一定的基本技能和方法，在此基础上提升认识问题、分析问题、解决问题的能力。

设计者：杨静（北京市海淀区图强第二小学）

点评者：张玉兰（北京市海淀区教师进修学校）

“鸦片敲开国门”教学案例及评析

一、教学背景分析

（一）教学内容分析

“鸦片敲开国门”一课是首师大版《品德与社会》五年级下册第四单元“不能忘记的历史”的开篇。鸦片战争对我国的影响是巨大的，它是近代中国百年屈辱的开始，也是中国近代史的开端，而鸦片战争又是由鸦片引起的，所以“鸦片敲开国门”一课对于本单元来说具有开篇点题的地位和作用。本课内容是让学生了解民族历史，增强国家意识，弘扬革命传统，对学生进行民族精神教育的一个典型的教学素材。

（二）学生情况分析

我们的学生生活在和平安宁的环境中，对于祖国屈辱的历史了解甚少，“忘记了过去就意味着背叛”，给我们的学生补上这一课非常必要，可以使学生在学习这一课后更加热爱祖国，并能关注社会的现状与发展，树立民族的自信心。

(三)教学方式

采用情景创设、启发式谈话法、讨论法等方式，穿插课件、录像等多媒体教学手段，尽可能给全体学生提供动脑、动手、动口的机会，由浅入深，步步推进。

(四)教学准备

教师准备：

1. 图片资料。罂粟花；吸食鸦片者吸食了鸦片后的情景；鸦片及鸦片走私、鸦片数量增长的示意图；林则徐照片及资料、人民英雄纪念碑的虎门销烟浮雕等图片。

2. 影片资料。中英早期贸易、鸦片给清政府带来的危害、《虎门销烟》影片片段。

3. 文字资料。林则徐虎门销烟的过程。

学生准备：

1. 搜集整理有关鸦片危害的资料，以备课堂交流讨论。

2. 搜集有关林则徐的故事。

二、教学目标

1. 初步了解林则徐虎门销烟的情况及意义。

2. 能够从相关图片、数据图表、视频等资料中归纳、提取有效信息，了解鸦片的危害及林则徐虎门销烟的意义。

3. 感受林则徐等民族英雄的爱国精神和民族正气，敬仰民族英雄和革命先辈，树立奋发图强的爱国志向。

三、教学过程

教学阶段	教师活动	学生活动	设计意图	技术应用	时间安排
图片引入，揭示课题	1. 出示课件：罂粟花图片。 引导学生说一说对罂粟花的认识。 2. 教师结合学生回答出示罂粟果和鸦片的图片。 3. 教师揭示课题：鸦片黑黑的，毫不起眼，可就是这样一种黑色的东西，曾使我们中华民族的历史发生了突变，使我们民族蒙受了屈辱，这到底是怎么回事呢？今天我们就一起来学习第四单元：不能忘记的历史。（板书单元课题）	学生观看图片，并根据自己的生活经验谈一谈对罂粟花的了解。	本环节通过对“罂粟花”图片的观察，引发学生原有知识的再现，进而引发学生的猜想，层层递进引入课题。	多媒体课件	3分钟

续表

教学阶段	教师活动	学生活动	设计意图	技术应用	时间安排
层层深入，探索新知	(一)直面鸦片，认识危害 1. 引导学生继续谈一谈对鸦片的认识：说一说鸦片是一种什么样的东西，吸食它会有什么后果? 2. 教师总结：鸦片俗称大烟，是一种麻醉性毒品，人一旦吸食鸦片就很容易上瘾，难以戒掉，长期吸食就会枯瘦如柴，丧失劳动能力，直至死亡。 3. 出示课件：吸食鸦片的惨状。 4. 教师小结引入下一环节：鸦片就像恶魔一样危害人类健康。可是100多年以前，鸦片在我国却泛滥成灾，吸食成风，给我们制造这场灾难的就是英国。(板书：英国)	1. 学生浅谈自己对鸦片的认识。 学生回答：鸦片是一种毒品，吸食它会上瘾，身体会因此变得没有力气，很瘦，严重的话就会死亡…… 2. 学生观看吸食者图片，引发强烈的内心感受：鸦片太恐怖了，它就像恶魔一样危害人类。	本环节引导学生通过对吸食毒品者图片的观察，更深刻地认识到鸦片这种毒品对人体造成的严重危害。	多媒体课件	4分钟
	(二)鸦片敲开国门 1. 以课件形式介绍鸦片走私前中英发展背景。 2. 教师说明：英国觉得中国是个倾销商品的好地方，于是他们就从西方几乎绕过半个地球把大量的工业品倾销到中国。(板书：中国) 3. 播放视频：中英贸易逆差。 4. 教师简单介绍形成中英贸易逆差的原因：当时中国比较落后，以自给自足的自然经济为主，对外来工业品非常排斥，人们的购买力很低。 5. 过渡：为了改变不利的地位，英国商人利用鸦片来敲开中国的大门。(板书：鸦片) 6. 课件展示英国商人在鸦片走私中所获得的利益。 (1)图片：当时拥有鸦片专卖权的英国东印度公司，其鸦片每箱成本200多卢比，1817年在市场上的拍卖价为1785卢比，在中国的卖价为2618卢比，可以获得10倍以上的暴利。 (2)鸦片数量增长示意图。	1. 学生通过课件及教师讲解了解鸦片走私前中英发展背景：当时英国在全世界最先完成了工业革命，逐渐发展成为世界强国；而中国由于长期的闭关自守，已经逐渐走向衰败，远远落后于世界。 2. 学生猜想英国工业品在中国的销售情况，猜想英国能否获得预期的高额利润。 3. 学生通过观看视频，了解到当时英国的工业品在我国并不畅销，相反我国的丝绸、茶叶、瓷器等却大受英商欢迎，中英早期贸易中，赚钱的是中国。学生简单分析出现这种状况的原因是什么。 4. 学生观察图片、阅读数字，感受英国商人在鸦片走私中所获得的巨额利润。 5. 学生阅读鸦片数量增长示意图，并且分析从这幅图中能得出什么结论。 学生得出的结论：从1799年至1838年短短40年的时间，英国就从我国掠夺三、四亿银元，而且鸦片走私数量逐年激增，越来越多。	本环节要让学生通过对英国鸦片贸易所获利润数据和英国输入中国的鸦片示意图的观察，了解英国向我国贩运鸦片的险恶用心。正是为了获得巨额利润，使得英国商人的鸦片走私越来越疯狂。而我国受鸦片的危害则越来越严重。	多媒体课件	7分钟

续表

教学阶段	教师活动	学生活动	设计意图	技术应用	时间安排
层层深入，探索新知	(三)鸦片泛滥的危害 1. 出示文字和图片资料：鸦片给中国带来的危害。 2. 结合资料小组讨论：鸦片的泛滥给当时的中国带来了怎样的危害？ 3. 教师结合学生回答总结鸦片泛滥的危害：随着鸦片的泛滥，中国白银大量外流，军队战斗力严重下降，政府腐败，人民深受其害，苦不堪言……可以说，当时整个中国都处于一片混乱之中。 4. 播放视频：鸦片给当时中国带来的危害。	1. 学生阅读资料，初步感知。 2. 学生进行小组讨论分析。 经济上：大量白银外流，国库空虚； 士兵吸食：军队战斗力严重下降； 百姓吸食：无人种田，田地荒芜； 政府官员吸食：不理国事、政府腐败； …… 3. 学生观看视频，进一步感受鸦片泛滥给中国带来的深重灾难。	本环节通过观察鸦片泛滥给中国带来危害的文字、图片和视频资料，深入分析“鸦片的泛滥给当时的中国带来了怎样的危害”，以此提升学生对事物的分析、判断、归纳能力，并做出自己的价值判断。	多媒体课件	10分钟
	(四)严禁鸦片，当务之急 1. 提问：面对日益泛滥的鸦片，面对国破家亡的危险，假如你生活在那个年代，你会想出什么办法来挽救中国？ 2. 出示课件：林则徐画像。 教师承转学生发言，简单介绍林则徐。 3. 出示课件：林则徐上书道光皇帝的内容。 提问：林则徐在奏折中指出，如果鸦片继续泛滥的话，会有什么样的危害？	1. 学生自由发言。 生1：如果我生活在那个年代，我会告诉所有的人，都不要吸食鸦片。 生2：如果我生活在那个年代，我就会痛骂这些英国的鸦片贩子，让他们不要再害我们中国。 生3：我会给当时的皇帝上奏折，告诉他鸦片泛滥的严重性，让他发布号令，禁止鸦片。 …… 2. 学生通过画面和教师介绍，了解中国历史上的禁烟民族英雄——林则徐，感受林则徐的正义和爱国之心。 3. 学生结合林则徐奏折内容分析回答鸦片继续泛滥的严重后果。	本环节学生对林则徐上奏的奏折、禁烟采取的措施和销毁鸦片的办法等资料进行归纳、整理，在教师的引导下进行探究，感受林则徐的爱国精神，了解他禁烟的决心和采取的措施。	多媒体课件	4分钟

续表

教学阶段	教师活动	学生活动	设计意图	技术应用	时间安排
层层深入，探索新知	(五)林则徐虎门销烟 1. 指导学生阅读书面资料：林则徐虎门销烟。 2. 学生汇报交流林则徐虎门销烟采取的一些措施，并提出自己想了解的问题。 教师以形象的描绘帮助学生理解鸦片销毁的方法。 3. 提问：通过分析林则徐禁烟的整个过程，你认为林则徐是一个怎样的人？ 4. 教师总结：林则徐在国家危难关头，挺身而出，勇敢地和外国强敌进行不屈的斗争，从这可以看出林则徐身上的凛然正气和大无畏的爱国主义精神。所以，林则徐不愧为我们中华民族的英雄。 5. 播放视频：虎门销烟情景。 6. 出示课件：人民英雄纪念碑底座上虎门销烟的浮雕。 提问：为什么要把虎门销烟运动雕刻在人民英雄纪念碑上呢，这说明了什么？ 7. 教师总结虎门销烟运动的意义：虎门销烟运动，打击了外国侵略者的气焰，维护了我们祖国的主权和民族的尊严，它向全世界人民展示了我们中国人民反抗外国侵略的坚强意志和决心，所以它永远值得我们铭记。	1. 学生阅读资料并思考：林则徐当时都采取了哪些措施开展禁烟运动。 2. 学生提出问题：林则徐为什么不用火直接烧鸦片，而是要把鸦片放入生石灰和海水中？ 学生可以不断提出新的问题。 3. 学生综合分析林则徐禁烟的整个过程回答。 生 1：在中国鸦片泛滥严重的情况下，林则徐能够领导虎门销烟运动，我觉得他是个非常爱国的人。 生 2：当时英国的商贩拒绝交出鸦片，林则徐就命令包围大使馆、断绝饮食供应，让他们写保证书，终于迫使他们交出了鸦片，我觉得林则徐是个很有办法的人…… 4. 学生观看视频，感受激动人心的时刻。 5. 学生分析虎门销烟运动的意义。 生 1：虎门销烟运动让外国人知道我们中国人不是好欺负的。 生 2：虎门销烟运动激起了中国反抗外国侵略者的斗志和决心。 ……	本环节学生通过观看“虎门销烟”影片，进一步了解虎门销烟的过程和意义，感受林则徐的爱国精神和民族正气，了解虎门销烟大长了中国人民的志气，林则徐不愧是民族英雄。	多媒体课件	9分钟

续表

教学阶段	教师活动	学生活动	设计意图	技术应用	时间安排
联系实际，呼吁拒绝毒品	1. 出示课件：虎门销烟运动在全人类的禁毒史上的重要意义：为纪念林则徐领导的禁烟运动，1928年，国际联盟在国际禁烟会议上确定把虎门销烟开始的6月3日定为“国际禁烟日”；1987年，第42届联合国大会又把虎门销烟完成的当日6月26日定为每年的“国际禁毒日”。 2. 向同学们发出呼吁：我们一定要远离毒品，珍爱生命，这样我们的生命才会更美丽，我们的国家才会更辉煌。		本环节从历史到现实，通过“国际禁烟日”和“国际禁毒日”的由来，让学生感受林则徐虎门销烟在世界禁毒史上的意义，进一步领悟虎门销烟的伟大意义。同时联系现实生活，让学生认清毒品危害，远离毒品，珍爱生命。 学生阅读文字，感受虎门销烟运动在人类禁毒史上的重要意义。	多媒体课件	2分钟

四、教学点评

“鸦片敲开国门”是首师大版《品德与社会》五年级下册第四单元“不能忘记的历史”的第一个主题。本课的教学设计有以下特色。

其一，寻求走进心灵的通道，增强学生理解与领悟。

传统的历史课往往采取宏大叙事手法，淹没了历史中的人和生命，使历史变成了一种只需要记忆的年代、事件和人物。其实，历史本身就是感性的，过去纯知识体系的教学把很多感性的东西抽空了。而本课教学则更多地思考如何使知识的学习融入更多的情感体验，真正走进学生的心灵。

其二，从“面对客体”转换到“面对主体”，实现价值引导。

知识课的学习只停留在认知的层面，而品德与社会教学更关注学生的体验。因此本课教学从“知识认知”转换到“心理体验”，不仅仅让学生占有知识，而且引导学生进行体验，让他们有知、有意、有情、有行，实现价值引导。

如：学习本课，教师采用换位的方式让学生进入。当学生了解鸦片的泛滥给当时的中国带来了严重的危害时，教师提出了这样一个问题：面对日益泛滥的鸦片，面对国破家亡的危险，假如你就生活在那个年代，你会想出什么办法来挽救中国呢？这样，采用换位的方式让学生以主体的身份进入，学生就会在经历和体验的基础上，急国家之所急，想国家之所想，努力寻求挽救国家的办法。如果只是站在现代人的角度认知，恐怕就不能触动学生这样的感情。这种换位方式不但调动了学生的学习积极性，也促进了学生的内化和领悟，激发起学生的爱国热情，形成忧国忧民的意识。

其三，问题牵引，促进学生在探究中体验与感悟。

古希腊学者普罗塔戈说："头脑不是一个要被填充的容器，而是一束需要点燃的火把。"学起于思，思源于疑。本节课教学教师通过设置一连串有价值的问题，有目的地启发诱导，充分发挥学生的主体性。学生通过对问题的主动探究，逐步实现了对知识的层层深入：直面鸦片，认识危害——鸦片敲开国门——鸦片泛滥的危害——严禁鸦片，当务之急——林则徐虎门销烟。就这样，在问题的牵引下，学生实现了对知识的深入认知，同时也在主动探究中提升了分析、判断、归纳、总结的能力。

设计者：王亚玲(北京市密云县大城子中心小学)

点评者：胡忠海(北京市密云县教研中心)

"独特的中国汉字"教学案例及评析

一、教学背景分析

(一)教学内容分析

"独特的中国汉字"是首师大版《品德与社会》五年级上册第三单元"古老的民族"主题四"古老的汉字和中医"的一个学习内容。目的是使学生通过对汉字历史、演变过程及其书法艺术的认识，进一步了解汉字是我国古代劳动人民智慧的结晶。

(二)学生情况分析

通过谈话调查，发现学生对汉字的发展历史知之较少，虽然有的学生知道我国的早期文字是甲骨文，但是对于汉字独特的造字方法，以及其中蕴含的民族智慧缺乏认知。五年级的学生已经初步具有使用社会信息及资料的能力，如较快速度地阅读，摘记学习资料重点，具有初步的提炼、概括能力。

(三)教学方式

教学中，学生通过一系列的体验活动自主学习：在具体问题情境下，使用"年代尺"梳理汉字发展历程，学生在思考中认识到中国汉字的悠久历史；通过猜一猜、写一写等活动，学生感知汉字的一些基本特点。在体验活动中，引导学生了解中国先民在观察自然中、在劳动中创造了文字，感受祖先的聪明才智。

(四)教学准备

1. 教师提取《品德与社会》教材中有关中国汉字发展历史的文本、图片。

2. 教师设计制作年代尺、本课课件。

3. 学生活动材料：年代尺、笔、墨、纸、砚等。

二、教学目标

1. 初步了解汉字发展的历史和特点，简单了解汉字的书法艺术，知道我国书法名家辈出。

2. 初步感受中国汉字的独特魅力，对我国汉字文化产生喜爱之情。

3. 品味中国传统的书法艺术，进而激发学生学好、用好、写好汉字的热情。体验中，认同我国是具有丰富传统文化的文明古国，从而尊重文化，传承文化，激发民族自豪感。

三、教学过程

本课从游戏开始，学生在活动中初步感受到汉字带来的乐趣。课堂上，三次猜一猜的体验活动，使学生逐步感知了中国汉字的独特魅力；最后进行的汉字书写活动，使学生既尝试体验了中国传统的书法艺术，又抒发了自己对中国汉字的情感。

环节一　游戏导入，明确研究主题

1. 游戏：出示一个汉字“日”。同学们，你们相信吗？在它的上面加一笔，就可以写出一个新的汉字，一共有九种方法。请你也拿起笔赶快试一试，看能写出几个。

2. 提问：同学们，你写出了几个？快看一看，是这九个汉字吗？游戏结束了，你有什么感受？

3. 小结：同学们，一个汉字游戏就为我们带来了这么多的乐趣，在世界众多的文字中，我们中国的汉字是多么的奇妙啊！今天，就让我们一起走进“中国汉字”。

4. 过渡：今天我们使用的汉字，经历了漫长的演变过程，在书中就能发现它的点滴痕迹。

[**设计意图**]依据《品德与社会学科能力标准与教学指南》的要求，本部分内容的学习教师设计了游戏活动，在活动中学生会发现：一个汉字只加一笔，就有这么多的变化；没想到这么熟悉的汉字，会赋予多种变化，汉字真是奇妙。学生在特定的活动中初步感受汉字带来的趣味。

环节二　使用教材，了解汉字历史

1. 呈现学习资源：教材中甲骨文图片、青铜器铭文、秦货币、碑拓等图片。

2. 出示学习任务：同学们，你认为上面这些图片中最古老的文字是什么？哪一时期的字体最重要？

3. 明确活动要求：四个同学一组，分别浏览资料；之后交流学习的内容，把你们认为最古老文字的名称写在年代尺相应的位置；再说一说，哪一时期的字体最重要。

4. 学生使用资料，在年代尺上标记重点。(预想：把甲骨文标注在商朝、在秦朝标注小篆)

补充资料：提供甲骨文照片、仿制品——明确甲骨文名称的由来。

补充资料：四大文明古国位置图及相应的文字图片。

5. 小结：大家通过阅读资料，提取了非常重要的信息。就像同学们说的那样，迄今为止发现的较成熟的文字是甲骨文，因其刻在龟甲、兽骨上而闻名于世。我们的汉字历史悠久，而且代代相传，是远古时期各大文字体系中传承至今仍在使用的文字。今天，汉语还成为联合国官方用语之一。因为汉语的简洁、精炼，所以在联合国的文本中，中文汉字版本的文件是最薄的。汉字，不愧是我们中华民族特有的文字，是我们中华文明的象征！

[设计意图]依据《品德与社会学科能力标准与教学指南》的要求，本部分内容的学习为了便于学生观察、分析，教师充分利用教材，把不同学习主题下关于"汉字"的资料用年代尺汇聚在一起，让学生通过对年代尺的观察，在标记、梳理、比较中积极思考，认识到中国汉字的悠久历史。同时教师补充了甲骨文仿制品、四大文明古国位置图(附文字图片)，使学生在比较中了解中国汉字不仅古老而且是世界上唯一流传至今的文字，初步感受中国汉字的独特。

环节三　体验活动，发现汉字特点

活动一　由一组汉字初步感知汉字象形特点

1. 逐一出示一组甲骨文字(日、水、井、车、心、戈、贝、牛、羊、虎)。提问：认识这些文字吗？试着猜一猜。

2. 组织讨论：同学们，看看答案，你猜出几个字呢？你是怎么猜中的？用一个具体的汉字说一说，没准这就是我们祖先创造文字的方法呢！

3. 引导学生观察：太阳、流水、牛、羊，从动物到自然景观，一切就像在眼前一样，好像看到了一幅幅图画，我们的祖先就是在观察大自然、在生活中创造了汉字。同学们，有的字一眼就能看出它是什么，有的字就要好好体会它的意思。再来猜猜这个字，你们还能有更多的发现吗？

补充资料："车"，殷墟博物苑商车马坑照片。

4. 小结：一个汉字，带领我们穿越时空，仿佛使我们看到了商朝时期的车，领略到了千年前人们的社会生活状态。这就是我们的汉字，如此的形象生动。同学们，你们知道吗？象形正是中国汉字的造字方法之一。据东汉许慎的《说文解字》记载，像"车"字这样的象形文字，我们的祖先一共创造了 264 个！每一个汉字，都承载着中国的历史，都在向世界讲述着中国的古老文明。

[设计意图]依据《品德与社会学科能力标准与教学指南》的要求，本部分内容的学习，教师选取了一定数量的甲骨文字让学生进行观察。在准确辨认文字的基础上，感知汉字的基本特点——象形。通过对"井、车"等字的深入分析、研究，学生发现通过甲骨文字能让我们了解当时的社会生活，感受汉字的独特。

活动二　深入感知汉字特点

1. 出示甲骨文字——木。

2. 观察"木"字由图形演变成汉字的过程：甲骨文—小篆—楷书。

3. 小结：这就是我们汉字演变的过程，从栩栩如生的图形，变成方块字，由复杂变为简单。在演变中不断完善，凸显出汉字方方正正、四平八稳的特点。这其中无不凝聚着祖先的聪明才智。

4. 现场体验活动：这是"木"字的篆书，尝试在它的不同位置添加一笔横，就能创造出三个新的文字，再想想可能是什么字？

预想：

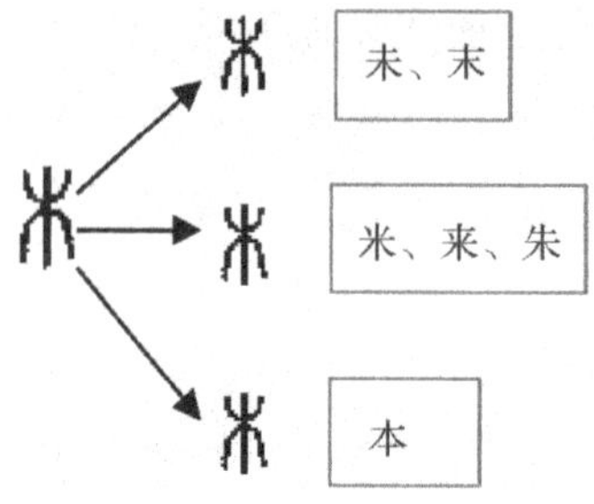

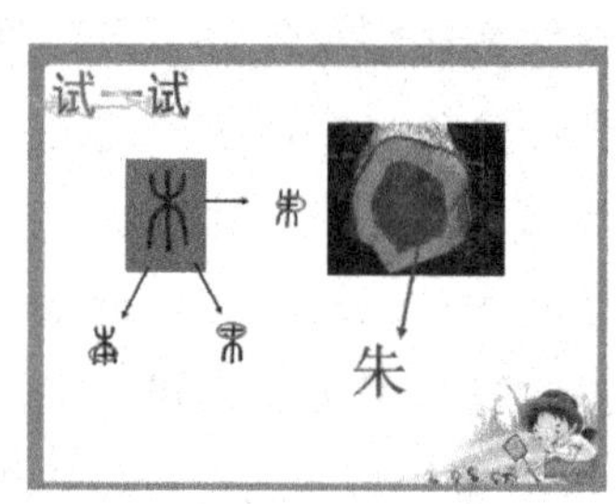

5. 引导："木"字的本意是一棵大树，把横添加在树的不同位置，会是什么含义？如果你们还有困难，就请看这个信息。我们把横加在了中间，就像把树砍断了，看树中心的红颜色——我们的祖先把红色分为：赤红、朱红，树心的颜色是朱红。所以，你猜出"朱"这个汉字了吗？

6. 小结：汉字就是我们的祖先在劳动中发明、在劳动中创造的。他们把智慧和灵感熔铸在一个又一个汉字里，书写出一篇篇古老的文明。

活动三　深入感知汉字独特

1. 出示甲骨文字——家。

2. 提问：你知道这是什么汉字吗？从中你有什么发现？

3. 小结：我们的远古先民在中华大地上辛勤耕耘，还开始了最早的家畜饲养。一个汉字，就让我们看到了当时的社会生活，这恐怕是其他文字无法比拟的，这也正是汉字独具的魅力。

[设计意图]依据《品德与社会学科能力标准与教学指南》的要求，这部分内容的学习，学生通过观察“木”字演变过程，了解汉字从图形到文字，从复杂到简单的演变过程。教师继续围绕“木”字设计了添画一笔横的体验活动，引导学生关注汉字的本意，从而深入了解汉字特点。在体验活动中，学生感受到中国先民在观察自然中、在劳动中创造了文字，感受到祖先的聪明才智。教师再辅以课件，使文字更加生动形象，激发了学生的学习兴趣，也有利于学生观察、思考，训练学生的思维能力，感受汉字的独特之处。

环节四　作品欣赏，尝试书法艺术

1. 过渡：在汉字漫长的发展过程中，古人们还将汉字加以美化，创造出风格各异的书法艺术。每一个汉字都像是一件艺术品，成为一种独特的美。中国几千年书法史上，涌现了许许多多的书法家，他们使用笔、墨、纸、砚这些中国传统的工具，表现汉字特有的意境和情趣。(多媒体演示“家”字的不同书体)

2. 提问：在生活中，你还看到过哪些书法作品？古往今来，我国书法名家辈出，你知道都有哪些书法家吗？

3. 欣赏：楷书四大家作品。

4. 教师介绍王羲之、欧阳询、颜真卿、赵孟頫等书法家的作品特点。

5. 尝试书写、交流自己对汉字独特的感受：在一幅幅或端庄秀丽或潇洒飘逸的书法作品中，我们感受到汉字极强的表现力和深厚的文化底蕴。同学们，让我们也把对中国汉字新的认识或感受记录下来吧。

6. 小结：同学们，这节课我们在一个个汉字的引领下，仿佛穿越了时空的隧道——从旧石器时代的远古文明到新时期的科学进步，从汉字的起源到汉字的艺术。它是一首诗，一幅画，一处风景，一壶茶。中国人的智慧和创造力在汉字中得到了充分体现，让我们充分地感受到作为一名中国人的骄傲和自豪！

[设计意图]依据《品德与社会学科能力标准与教学指南》的要求，本部分内容的学习要提升学生的“应用与实践能力”。此环节的设计注重了对学生价值观的引领——热爱祖国的传统文化，珍爱祖国的文化遗产。在前几个环节学习的基础上，学生会对中国的汉字产生独特的感受。在此基础上，教师设计了用书法书写自己感想的环节。每个学生都可以用简洁的词汇表达自己的情感，教师可以根据学生的真实感受引领他们

关注、热爱、传承祖国的传统文化。这样的教育建立在学生亲身体验、感悟的基础之上，不是生硬的、突兀的、贴标签式的，能较好地实现品德教育。

四、教学点评

“独特的中国汉字”一课注重教学资源的选择，并在师生活动中巧妙使用，创设多重情境，学生在分析问题、解决问题的过程中掌握一定的学习方法，与此同时还获得对“中国汉字”独特而又多元的感受，突出了学科能力的培养。

其一，巧用教材资源，引导学生初步感知中国汉字的独特。

教材是重要的课程资源，本次设计使教材成为学生主动学习的重要学习资源之一。教学中采用目标教学法，借助“年代尺”梳理汉字发展历程。在“最古老的汉字是什么?”“哪一时期的字体最重要?”这两个具体问题情境下，引导学生充分运用《品德与社会》教材内不同单元主题下的各种图文信息资源，在年代尺上进行标记、梳理、比较。学生在原有认识的基础上，通过分析思考认识到中国汉字悠久的历史。课堂上，孩子们为汉字是世界上唯一流传至今的文字而自豪，自然激发民族自豪感，达成了教学目标。

其二，细化教学资源，促进学生理解感悟。

课程资源的开发是为学生的学习发展服务的，本次设计注重以学生为根本，抓住学生已有的生活经验与教学内容的结合点，细化教学资源，将既熟悉又陌生的教学内容生活化，促进学生理解和感悟。教学中呈现的一组甲骨文字，学生基本能够准确辨认。教师在这一组文字中，特别关注了“井、车、戈”字，并准备了相应的图片资料。课堂上，当孩子们关注到“车”字时，一辆商朝的马车出现在眼前，并随着动画演示，“车”字跃然纸上，学生既惊叹车辆出现之早，又为中华民族的智慧而赞叹。学生针对呈现的甲骨文字，进行分析、判断，教师适时细化教学资源，不断呈现的图片、动画演示等直观手段帮助学生在体验的基础上对甲骨文的创作过程产生了浓厚的探究兴趣，在不断的探究中学生结合自己的生活经验，进行猜测、解释、总结，在不断修正自己观点和认同他人观点的同时，理解和感悟到甲骨文是我们的祖先在劳动中不断创造出来的。

其三，抓住生成资源，引导学生参与实践。

课堂教学具有较强的现场性，随时会发生变化，教师要关注教学过程中动态生成的课程资源，及时地捕捉、激活和利用。本课最后一个环节，教师引导学生伴随着悠扬的古筝音乐，端坐在桌前，轻轻地拿起毛笔，缓缓地蘸饱墨，静静地写下对“中国汉字”的感受：独特、唯一、与众不同、古老、悠久、华丽、神奇、智慧……可以说学生个体的感受是不同的，与此同时教师充分利用课堂上生成的资源引导他们交流和升华对中国汉字的认识。透过这些词语和师生、生生之间的交流，我们感受到学生内心深处对天天都在书写的汉字仿佛产生了一种敬意，通过一个个汉字领悟到中国悠久的历史，领悟到了古人的智慧。正是适时抓住课堂生成资源，促使学生认识到要不断研究汉字、用心写好汉字，在不断的参与实践中，才能在人生的不同阶段对代表着中国古老文化的汉字有更多的认识和理解。

设计者：陈晓英（北京市宣武师范学校附属第一小学）

点评者：胡秀荣（北京第一实验小学）

“四大发明的贡献”教学案例及评析

一、教学背景分析

（一）教学内容分析

“四大发明的贡献”是首师大版《品德与社会》五年级下册第三单元“古老的民族”中主题三“祖先的科学技术成就”中的活动内容之一。目的是使学生了解四大发明对世界文明的巨大贡献，感受古代劳动人民的聪明才智。

（二）学生情况分析

学生在其他学科的学习中对我国的四大发明已经有了初步的了解，但关于四大发明对世界文明的贡献学生还不够了解。我国古代的四大发明历史悠久，学生缺乏这方面的感知与体验，这对学生认识四大发明的重要作用有一定的影响。

（三）教学方式

教学中，学生通过对我国纸张发明前书写材料的体验、对比，体会蔡伦改进造纸术给人们生活及社会带来的巨大变化；通过小组探究活动，了解印刷术、火药和指南针的贡献；通过对四大发明向世界的传播图的观察，认识到四大发明对世界文明的伟大贡献，以此激发学生的民族自豪感。

（四）教学准备

教师准备：

1. 视频：造纸的方法。

2. 实物：书籍、纸杯、卫生纸、鞭炮、指南针、甲骨文、竹简、帛、羊皮、铅活字、20 千克的重物等。

3. 编写学生小组学习用的有关资料及能够引导学生思考问题的学习导报。

学生准备：

搜集与四大发明有关的资料。

二、教学目标

1. 知道中国古代四大发明的名称。

2. 探讨和分析四大发明对社会发展的影响和作用。

3. 感受我国古代人民的聪明才智，激发民族自豪感。

三、教学过程

整个教学过程分为三大部分：创设情境，激发兴趣；体验探究，感受贡献；拓展提高，激发情感。其中，体验探究环节是本节课的最大亮点。主要是通过学生亲身的体验和自主探究，使学生感受到我国古代四大发明的巨大贡献。

环节一　创设情境，激发兴趣

导入：教师出示指南针、书本、纸、纸杯、鞭炮、礼花等物品。提问：同学们，这几样东西你用过吗？

提问：这些物品都与我国古代劳动人民的几项发明创造有关，你们知道它们分别和什么发明有关系吗？

学生：造纸术、印刷术、火药、指南针。

教师提问：这些发明被称为我国古代的四大发明，你知道这些发明是在什么时间出现的？又是谁发明的呢？

教师：这些发明距离今天都很久远了，今天我们就一起来了解我国古代的四大发明。

[设计意图]利用书本、鞭炮、指南针导入新课，能够联系学生的生活实际，使学生知道四大发明在今天依然发挥着重要的作用，我们每个人的生活都离不开这些发明。

环节二　体验探究，感受贡献

活动一　探究四大发明对中国社会的影响

1. 造纸术的改进

(1)体验纸张发明之前书写材料的特点

提问：纸张出现之前，人们把文字写在哪儿呢？

出示课件：甲骨文、竹简、帛、羊皮、纸草等古代人们所用的书写材料。

小结：在我国，三千多年前人们把文字刻在龟甲和兽骨上，称为甲骨文。到了春秋时期用竹简替代龟甲和兽骨，竹简根据书写的内容有不同的规格。后来又出现了帛，帛是一种丝织品。直到汉朝人们都使用竹简和帛进行书写。羊皮是欧洲人用于书写的材料。这些书写材料使用起来怎么样呢？现在我们试着将自己的名字写在竹简、帛或羊皮上。

动手体验：学生分别在竹简、帛或羊皮上写上自己的名字。

说一说：学生交流体验后的感受(感受书写的不便)。

提问：如果将《品德与社会》教材中的文字都写在竹简上，你们估计会有多重呢？

大屏幕显示文字：本册《品德与社会》教材约有文字 30715 个，将书中的文字写在竹简上，如果每片竹简写 12 个字，需多少片竹简？所需竹简约多少千克？(每片竹简的重量是 4.4 克，1 千克＝1000 克)

30715 ÷12≈2560(片)

4.4×2560＝11264(克)≈11(千克)

教师介绍：老师粗略地计算了一下是 11 千克，11 千克仅仅是《品德与社会》教材中的文字，如果加上图片之后估计会是 20 千克。

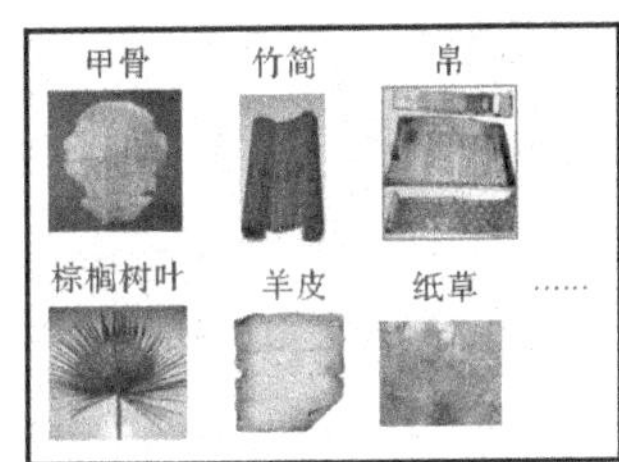

学生体验：找三四个同学搬箱子(箱子的重量约为 20 千克)。

学生谈感受。

提问：如果将所有学科的文字都写在竹简上呢？上学来还能用书包吗？那得用什么来运呀？你觉得古代的竹简做书写材料效果如何呢？(重)

引导：古代的书籍是不是像我们估计的这样呢？我们来看一个小故事。请你快速地读一下。

出示课件：汉武帝读一篇文章所用时间的故事。

提问：从哪儿看出了重？除了重，还发现了什么？(阅读不方便)

提问：除了竹简之外，其他的书写材料与纸张相比有什么缺点呢？

课件展示表格(依据学生的发言而填内容)：

材料	特点
甲骨	笨重
竹简	
帛	昂贵
羊皮	
白皮树、棕榈树叶	不易保存
纸草	

提问：这么多不足，那古代使用这些材料的人会怎么样呢？

小结：使用的人少，写的东西就会少，流传下来的历史记载也就会少。不仅我们发现了这些不足，古代的人也发现了这些问题，所以他们在不断地寻找更好的书写材料。

[设计意图]通过亲自体验在竹简、帛、羊皮上写字，知道在纸张出现以前的书写材料有的笨重，有的昂贵，有的不易保存，都不利于文化的传播，以突出纸张是社会发展和人们生活需要的产物，体会纸张发明的贡献。

(2)纸张的普及

设问：其实西汉时期就已经有纸了，但为什么人们提到纸就会说到东汉的蔡伦呢？

播放视频：造纸的过程。

提问：你注意观察了吗？视频中是用什么做原料的呢？人们将蔡伦改进的纸称为“蔡侯纸”，这又是为什么呢？

总结：东汉的造纸原料更加丰富，价格便宜，纸的质量也大为提高，得到普及，而蔡伦因为在改进造纸术上起到了重要的作用，因此人们将这种纸称为“蔡侯纸”。

提问：公元3—4世纪，纸已经基本取代了帛、竹简而成为我国唯一的书写材料。你们想一想，纸的普及使用起到了哪些作用呢？

小结：纸普及后，促进了文化教育的普及，还可以把古代的故事写下来留给我们，使很多名著得以流传至今，从而推动了文化的传播与交流。纸不仅改变了古人的生活，我们今天也离不开纸。

[设计意图]通过对比，使学生知晓蔡伦改进了造纸术，使得纸张得以广泛流传，从而促进了文化的传播与交流，感受纸对世界文明的贡献。

2. 探究印刷术、指南针、火药的贡献

过渡：除了造纸术，其他三项发明对我们生活及社会发展又有什么贡献呢？现在我们进行小组探究学习。

出示：

探究问题：我国古代发明的印刷术、指南针、火药有什么贡献？ 学习要求： 1. 每组根据学习提示中的一项发明进行学习。 2. 请各组充分利用学习导报和教材进行探究学习。

小组学习。(各组利用学习导报、印刷的材料、铅活字等资源进行学习)

各组汇报探究结果。

(1)探究印刷术组的同学汇报

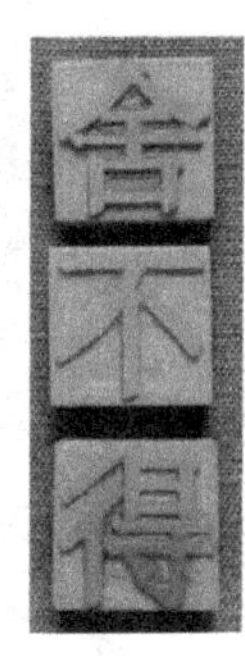

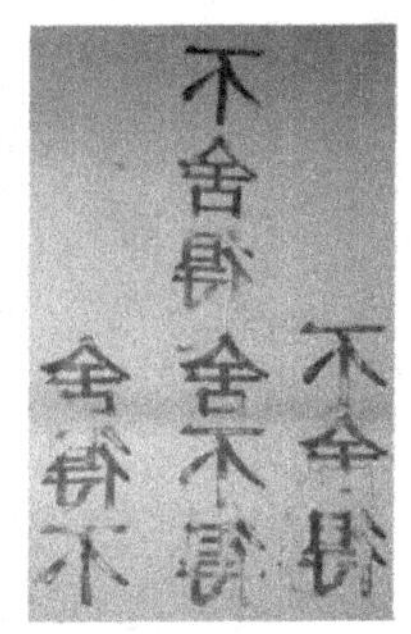

学生展示体验结果：学生将模拟活字印刷与雕版印刷印出来的文字贴到黑板上并进行相关介绍。

追问：第一个是什么印刷？(雕版印刷)第二个是什么印刷？(活字印刷)雕版印刷为什么只有一个词？活字印刷为什么会有这么多词呢？

出示活字印刷与雕版印刷的图提问：现在请你看看这两幅图，哪个是雕版？哪个是活字？

学生观察手中的铅字，提问：你们手中的是雕版还是活字？(活字)是什么材料的？毕昇发明的活字是什么材料的？

补充：后来又出现了木活字、铜活字。直到20世纪90年代人们还在利用铅活字进行印刷。

提问：大家看看手里的活字，都是什么字？你能用这些活字拼出什么词？

追问：如果数量足够多的话，还可以组成句子，排版出文章来。雕版与活字有什么区别呢？

学生说出雕版是固定的，活字可以任意组合。

小结：由于活字印刷更加方便、灵活，印刷的作品就多了，流传下来的自然也就多了，所以促进了文化的交流与传播，也促进了社会的发展。

拓展：我们这本《品德与社会》教材是不是用活字印刷的呢？随着科学技术的发展，它是用我国科学家发明的汉字激光照排技术印刷的，进一步提高了印刷的质量和速度。

(2)探究指南针组的同学根据老师的提示汇报

出示课件：古代的指南针的发明对当时人们的生活和社会起到了怎样的作用？

思考：人们说指南针使海船有了“眼睛”，为什么这样说呢？请用资料加以说明。

出示课件：鉴真东渡与郑和下西洋的故事。

提问：课前我们了解了郑和七次下西洋和鉴真东渡的故事，为什么郑和七次访问30多个国家和地区，每次都取得成功，而鉴真到日本用了6次才成功呢？

小结：因为到了宋朝指南针才应用于航海，所以鉴真的船才会迷失方向而飘向海南岛。明朝时指南针已经用于航海，所以船才像长了眼睛一样，才会出现郑和七次下西洋，并开通了海上丝绸之路。

提问：除了海上航行，指南针还有什么作用呢？

小结：指南针发明后，无论在什么地方，在什么环境下，都能准确地辨别方向，扩大了人们活动的空间，促进了地区间的交流和社会的发展。

(3)探究火药组的同学根据老师的提示进行汇报

出示课件：探究问题——古代的火药的发明对当时人们的生活和社会起到了怎样的作用?

思考：有人说古代人发明了火药，给世界带来了灾难，使得战争频发，你觉得他们的说法对吗？利用资料说明自己的观点。

出示课件：古代武器(火药箭、突火枪、明代的神火飞鸽等)的图片。

提问：这是古代人发明的使用火药的武器。但是战争不是因为有了火药才出现的。除了军事之外，火药还有什么作用呢?

小结：火药在促进了军事发展的同时，也广泛用于生产和生活中，使得开山修路变得快捷和方便。

小结：造纸术和印刷术促进了文化的发展和传播；有了指南针，人们才可以远行；有了火药，开山修路才变得快捷。所以说四大发明改变了人们的生活，促进了社会的发展。

[设计意图]通过探究学习，使学生认识到印刷术、指南针和火药对社会的贡献。这样不仅可以帮助学生了解知识，而且培养了学生分析解决问题的能力。

活动二　探究四大发明对世界的影响

过渡：四大发明不仅对我国产生了影响，也相继传到了世界的其他地方。

出示课件：造纸术向世界各地的传播。

提问：观察四大发明向世界传播的示意图，你有什么发现?

提问：传播的范围广，传播的时间持久，说明什么呢?

小结：我国古代科学技术成就领先于世界先进水平。

追问：传播到这些地方后，对这些国家会产生怎样的影响呢?

出示课件：美国著名学者罗伯特说："如果没有从中国引进造纸术和印刷术，欧洲可能要长期停留在手抄本的状况……"由于指南针的外传，才有了哥伦布远航到美洲，迎来了开辟新航路的时代。美国学者德克·海德说："中国发明的火药的使用，一方面有利于欧洲资产阶级战胜封建贵族；另一方面促进了欧洲采矿业和金属制造业的发展。"

[设计意图]通过对传播图的观察分析，使学生感受到四大发明对世界文明发展的贡献，认识到科技成就与社会发展的关系。

环节三　拓展提高，激发情感

过渡：看来四大发明不仅改变了中国人的生活，对中国社会的发展起到了促进作用，同样也推动了世界的进步与发展。

提问：作为一名中国人你有什么感想呢？

小结：中国是四大发明的故乡，是中国古代劳动人民充分发挥他们的聪明才智，创造了这些科学技术成就，造福于世界各国人民，这是我们作为中国人的骄傲与自豪。

[设计意图]通过说出作为中国人看到四大发明所产生的影响的感受，激发学生的民族自豪感。

四、教学点评

“四大发明的贡献”是首师大版《品德与社会》五年级下册第三单元“古老的民族”主题三“祖先的科学技术成就”中的教学内容。教师注重联系学生生活，创设真实的情境，注重让学生在体验、探究中理解与感悟，具体特色如下。

其一，依据学生生活经验设计教学，使学生对四大发明的贡献有了初步的感知。

学生的品德与社会性发展源于他们对生活的认识、体验和感悟，学生的生活对本课程的构建具有重要价值。我国古代的四大发明历史悠久，离学生较远。教师在教学中充分联系学生生活实际，调动学生的生活经验与认识，拉近历史与学生生活的距离，引导学生用多种感官去感知，促进了学生的理解与感悟，起到了事半功倍的效果。

在课堂伊始，教师展示了教材、纸、鞭炮、礼花、指南针、纸杯、纸巾这些学生生活中常用的物品，并请学生说一说是否用过，什么时候用的。对于这样的问题学生很容易回答。在此之后教师进一步告诉他们这些东西其实都与古代的科学成就有关，使学生认识到自己的生活离不开四大发明，初步感受四大发明的贡献。

在学习造纸术的过程中，教师问学生如果将五年级下册《品德与社会》教材中的文字都写在竹简上，估计有多重。在师生共同计算出大约 11 千克的基础上，她指出 11 千克仅仅是这本书中的文字重量，如果加上图片，估计有 20 千克重。然后让几个学生到前边来搬一下模拟竹简做的一本书的箱子(学生感到很重)。教师又问，如果将所有学科的文字都写在竹简上，上学来还能用书包吗？得用什么来运呀？学生很是惊叹：纸张的发明真是太好了，没有纸真是太不方便了！

其二，设计学生喜欢的体验活动，促使学生深化理解和感悟四大发明的贡献。

品德与社会课程的学习是知与行相统一的过程，教师在教学过程中要注重学生在体验、探究和问题解决的过程中，形成良好道德品质，实现社会性发展。学生只有有了亲身的体验，才会获得真实的感受，而这种内心体验是形成认识、转化行为能力的原动力。教师在本节课中安排了四次体验活动。一是全体学生体验在竹简、帛、羊皮上书写自己的名字；二是部分学生体验搬动(假设是竹简制成的一本书)相当于古代一本书重量的箱子；三是部分学生体验运用雕版印刷术和活字印刷术印刷作品；四是全体学生体验运用手中的铅活字组词。显然，学生有了亲身的体验就能表达一定的感受、态度，又通过对其他视频、图片、文字等资源的感知，学生能够对四大发明的影响进行分析、判断、归纳，能够很好地理解、感悟四大发明对古今人们的经济社会的发展所起到的巨大作用。

设计者：宋金红(北京市昌平区二毛学校)

点评者：李亚民(北京市昌平区教师进修学校)

“青铜铸造一枝独秀”教学案例及评析

一、教学背景分析

(一)教学内容分析

本课选自首师大版《品德与社会》五年级上册第三单元“古老的民族”。《义务教育品德与社会课程标准(2011 年版)》指出：“知道我国是有几千年历史的文明古国，掌握应有的历史常识，了解中华民族对世界文明的巨大贡献。珍爱我国的文化遗产。”本单元就是根据这一内容要求而设置的。“古老的民族”这一单元主要是从物质文化和精神文化两个方面来了解我国是有几千年历史的文明古国，感受中华民族对世界文明的重大贡献。而本课则侧重从物质文化方面，以青铜器为载体来了解我国是一个有着几千年悠久历史的文明古国。

教材先对青铜和青铜时代做了简单的介绍，并呈献了三件不同种类的青铜器，第一件伯矩鬲，是一件食器，它是首都博物馆的镇馆之宝，造型古朴华丽，器内有铭文。通过认识伯矩鬲有助于学生体会青铜器的造型美、蕴含的历史信息，它还体现了北京的地域特色，便于学生参观实践。第二件曾侯乙编钟，是一件青铜乐器，也是青铜乐器当中的珍品，虽然在地下埋藏了两千多年却依然能够演奏乐曲，体现出青铜铸造技术的高超。第三件人面铜钺，是一件武器，也是权力的象征。教材还呈献了一则学生的参观日记，体现了课程实践性的特点。

结合课程的核心价值，围绕青铜铸造一枝独秀，从两个角度重新对教材进行解读，一个是青铜器的基本情况，包括什么是青铜、青铜时代和青铜器的种类和用途。另一个是从青铜器的三种价值进行分析。通过欣赏青铜器精美的造型，感受其艺术价值；通过了解世界领先的青铜铸造技术，感受青铜器中所蕴含的科学价值；通过了解青铜器铭文中所蕴含的信息，知道青铜器上的铭文具有证史和补史的作用，感受青铜器的历史价值。本课就是以青铜器的三种价值来说明我国是一个古老智慧的民族。只要能从中挖掘出这个点，至于用哪件青铜器来体现这一点并不重要，因此，教师把教材中的人面铜钺换成了知名度极高的越王勾践剑，因为教材和网络上关于人面铜钺的介绍很少。而越王勾践剑在铸造过程中运用的复合金属工艺比国外早了两千多年，更加有利于学生感受我国古代劳动人民的聪明与智慧，有利于突显课程的核心。

(二)学生情况分析

为了掌握学生的情况，课前对学生进行了问卷调查和访谈，通过对调查和访谈的结果进行统计分析得出了如下结论：

1. 学生对这些内容很陌生、知之甚少，但是比较感兴趣，尤其是对古代青铜器的种类用途、铸造工艺等怀有好奇心。

2. 对于青铜器是我国古代劳动人民智慧的结晶缺少深刻的感悟和体验，于是生活中很少关注，不会欣赏。

(三)教学方式

教学中，教师充分发挥学生的主体作用，通过猜一猜、分一分、比一比等环节引导学生观察、思考，使学生在认识到青铜器造型美、工艺精、技术先、藏信息的同时，感受到我国古代劳动人民的聪明才智，并注意对学生进行对比、分类等学习方法的指导，让学生学会学习。

(四)教学准备

教师准备：

1. 准备几件青铜器工艺品。

2. 搜集有关青铜器的资料制作学具和课件。

学生准备：

1. 观察生活中在哪些地方可以看到青铜器。

2. 上网搜集有关青铜器的图片和文字资料，了解青铜器的种类和用途。

二、教学目标

1. 知道青铜和青铜时代，初步了解青铜器的种类和用途。

2. 初步学习运用分类、对比、典型分析的方法认识青铜器的种类和工艺等特点。

3. 萌发对祖国历史文化的兴趣，为我国古代劳动人民在青铜铸造方面取得的成就感到骄傲和自豪。

三、教学过程

环节一　走近青铜器

1. 看一看：教师播放北京奥运会开幕式上展示中国古代四大发明以及传统文化的画面，并定格在击缶的节目上，向学生提出问题："同学们知道画面敲击的是什么乐器吗？"

2. 学生回答。

3. 讲解：缶是我国古代的青铜乐器，青铜器也像四大发明一样是我国古老文明的象征，今天我们就一起走进两千多年前的青铜时代，去感受一下青铜铸造的魅力。

（板书：青铜铸造）

4. 提问：关于青铜和青铜时代你们想了解哪些内容？

5. 学生提出自己想了解的问题。

预设：学生可能提出的问题不是很明确，教师要注意对学生的提问进行归纳和总结。如学生可能会提，青铜器都是干什么用的？都有什么样的青铜器？教师归纳：就是要了解青铜器的种类和用途。

6. 小结：教师根据学生的回答进行归纳，并从什么是青铜和青铜时代引出本节课的学习。

[设计意图]依据《品德与社会学科能力标准与教学指南》的要求，本课要求学生感知青铜器的相关知识。通过回顾奥运会开幕式中用青铜器展示中国古老文明的情境，以此提出问题引发学生的思考，从而切入本节课的学习。

环节二　探秘青铜器

一探：基本情况

（一）读一读，找一找

1. 教师提出问题，什么是青铜和青铜时代？阅读教材第 64 页和第 65 页，查找什么是青铜和青铜时代。

2. 组织学生汇报。

预设：对于青铜熔点低、硬度高的特点，学生意识不到是和铜比较，也就不容易体会青铜的广泛使用对社会的促进作用，教师要注意适时地进行提问。

3. 提问：青铜熔点低、硬度高是和什么金属相比？

4. 学生回答：铁。

5. 教师根据学生的回答进行讲解。首先说明不是和铁比，因为当时还没有发现和使用铁，青铜没有被发现和使用之前，人们是使用铜和石头来制造工具，因此青铜的熔点低、硬度高是和铜相比较。其次让学生思考利用青铜制造工具与用石头和铜制造工具的区别，使学生体会青铜的广泛使用对社会的促进作用。

[设计意图]教师提出什么是青铜和青铜时代的问题，引导学生有针对性地阅读教材，再通过师生互动，了解青铜和青铜时代。

(二)猜一猜、分一分

1. 猜一猜：教师依次出示饕餮纹铜鼓、曾侯乙铜冰鉴、三联甗的图片，让学生根据它的形状猜一猜其用途，每次猜完后再让学生猜一猜这件青铜器功能与现代生活中的哪些物品的功能相似，并出示与这些青铜器功能相似的图片。

预设：教师注意对学生合理的推测进行表扬，同时注意通过这些青铜器引导学生感受我国古代劳动人民的聪明才智。

2. 分一分：教师让学生借助青铜器扑克在小组内进行猜一猜的活动，再根据扑克学具上面的提示进行分类。(扑克学具：每组5～7张不同类型的青铜器图片)

3. 学生介绍分类结果。

4. 提问：教师出示学生的分类结果，让学生思考，通过刚才的活动你得出了什么结论？是怎样得出的？

5. 学生介绍是通过分类的方法得出的种类多、用途广的结论。

(板书：种类多、用途广、分类)

[设计意图]活动是学生比较喜欢的学习方式，猜一猜和分一分这两个活动既激发了学生的兴趣，又使学生感知了我国青铜器种类多、用途广的特点，并对学生进行了学习方法的指导，使学生掌握了分类这种学习方法。

二探：铸造工艺和技术

(一)认识越王勾践剑

1. 出示图片提出问题：教师出示越王勾践剑的图片，告诉学生它的主人是成语故事“卧薪尝胆”中的一个，猜一猜它的主人是谁？

2. 学生猜测。

3. 提问：教师结合年代尺，让学生了解越王勾践剑距今已经两千多年了，同时提出问题：这把宝剑在地下埋藏了两千多年，同学们猜想一下它出土时是什么样子的？

预设：学生可能会猜“锈迹斑斑”，也可能会猜“非常锋利”。再让学生观看越王勾践剑出土时的视频，验证一下是不是猜想的那样。

4. 学生观看越王勾践剑出土的视频资料。

5. 想一想：教师引导学生思考，原想在地下埋藏了两千多年应是锈迹斑斑，可没想到锋利无比，不禁使人产生了疑问：它为何如此锋利？

6. 播放越王勾践剑锋利原因的视频资料。

7. 观看视频回答问题。

8. 小结：教师结合视频资料介绍复合金属工艺的运用使得越王勾践剑锋利无比，而我国的这项技术比国外早了两千多年，说明我们的青铜铸造技术世界领先。

（板书：技术领先）

（二）认识曾侯乙编钟

1. 听一听：教师播放编钟演奏的乐曲“茉莉花”，让学生闭上眼睛聆听。

2. 提问：这首曲子是北京奥运会颁奖曲，在编排这首曲子时用到了一件两千多年前的青铜乐器，你们知道是什么乐器吗？

3. 学生回答。

4. 说一说：教师出示编钟的图片，并让学生结合教材或自己搜集到的有关资料介绍编钟。

5. 提问：结合学生的介绍问：编钟的出土为什么轰动了世界？

6. 想一想：教师介绍编钟轰动世界的主要原因是它的演奏效果。提问：你认为现代乐器中什么乐器演奏效果比较好？

7. 学生回答：钢琴。（如果学生不能回答，教师可以介绍，专家认为现代乐器中演奏效果最好的是钢琴，因此我们就编钟的演奏效果和钢琴进行一下比较。）

8. 读一读：教师出示年代尺及钢琴和编钟演奏效果的资料，让学生阅读后说一说自己的感受。

9. 学生阅读资料，谈自己的感受，两者的效果相似，年代却相差很远，我们的祖先太了不起了。

10. 小结并提问：两千多年前能够达到这种演奏效果的乐器，在全世界来看也是不多见的。为了更好地保护文物，不能对编钟进行敲击了，编钟这美妙的声音我们将无法欣赏到了，你们有什么好办法吗？

11. 学生介绍自己的办法：复制、录音。（教师注意对学生合理的办法给予肯定和表扬。）

12. 提问：为了更好地研究编钟，国家决定对编钟进行复制，你觉得利用现代科学技术复制全套编钟需要多长时间？

13. 教师播放复制编钟的视频资料，并让学生说一说自己的感受。

14. 学生观看，然后谈感受。

15. 小结：两千多年前的编钟，我们想复制，原想一两个月，或者一两年，没想到却用了七年的时间，足以看出我国古代青铜铸造工艺的高超。

（板书：工艺高）

16. 教师引导学生回忆，青铜器的技术先进和工艺高超这两个结论我们是怎样得出来的，梳理出对比的学习方法的应用。

（板书：对比）

[设计意图]通过把越王勾践剑运用复合金属工艺的时间与国外运用的时间进行对比、把我国古代编钟的演奏效果和现代钢琴的演奏效果进行对比，以及猜想复制全套编钟所用时间等环节，使学生理解和感悟到我国青铜铸造技术世界领先、铸造工艺高超，同时引导学生总结梳理对比的学习方法。

三探：青铜造型和铭文

1. 想一想：刚才我们认识了哪两件青铜器？

2. 学生回答：越王勾践剑和曾侯乙编钟。

3. 提问：我国出土的宝剑有很多，出土的编钟也不只这一件，为什么说这件是越王勾践剑，这件就是曾侯乙编钟呢？

4. 学生思考原因。

预设：如果学生说不出来，教师可出示两件青铜器上面的铭文进行引导。

5. 讲解：教师介绍青铜器上铭文的作用。（青铜器上面的文字叫铭文，正是有了这些铭文以及对铭文的正确解读，才使得我们确定了这些青铜器的身份。古人认为青铜很坚固，铭文可以流传千古，因此每逢有重大事件，都会铸造一些青铜器，并在上面用铭文进行记录。过了几千年，这些铭文就成了我们研究古代历史的一个重要依据，也就是说，在青铜器的铭文中还隐藏着历史信息。）

（板书：藏信息）

6. 找一找：教师出示伯矩鬲的图片，让学生阅读教材第 64 页，问在伯矩鬲的铭文中蕴藏着哪些信息。

7. 学生介绍。

8. 教师结合年代尺讲解伯矩鬲铭文的作用：正是这十五字的铭文，解决了一个学术界关于北京建城史的争论，因此它也成为首都博物馆的镇馆之宝。

9. 看一看：出示三件青铜器工艺品，让学生近距离观看它们的造型和纹饰，感受青铜器造型的精美。

10. 小结：我国古代的青铜器不但种类多、用途广、铸造技术领先、工艺高超，而且造型美。

（板书：造型美）

[设计意图]通过分析三件青铜器上的铭文，感受青铜器的铭文当中藏有历史信息，

再通过认识伯矩鬲上精美的浮雕牛头体会青铜器的造型美。

环节三　感悟青铜器

1. 想一想：出示我国把青铜器复制品当作礼物送给外国领导人的事例，让学生想一想为什么把青铜器当礼物送出。

2. 思考：学生结合本课学习的知识介绍我国把青铜器当礼物送出的原因。

3. 小结：通过这些青铜器可以看出我们中华民族的古老和智慧。

（板书：古老、智慧）

在青铜时代，我们的祖先铸造了数以万计的青铜器，无论是种类和用途，还是工艺和造型，在全世界都是首屈一指的，可以说是一枝独秀。

（板书：一枝独秀）

由于时间的关系，我们无法一一认识了，有兴趣的同学可以走进首都博物馆去看一看，感受一下青铜铸造的魅力，最后让我们再次走近这一件件精美绝伦的青铜器去感受青铜时代的辉煌。

4. 看一看：播放首博青铜器的图文介绍的视频。

[设计意图]通过分析现实生活中有关青铜器的具体事例，认识青铜器所蕴含的古代劳动人民的聪明才智，欣赏青铜器的视频，激发学生的情感和课后探究的愿望。

四、教学点评

《品德与社会》教材为我们的教学提供了范围和顺序，是一种范例式的教材，因此在教学中需要教师根据教学和学生的实际情况重组和开发课程资源。本节课教师在课程资源的挖掘和利用上凸显了两大特色。

其一，丰富并补充教材内容。

教材由于受到编写篇幅和纸媒的局限，因此无论是资源数量还是资源种类都无法满足教学的要求。首师大版本教材中呈现了伯矩鬲、曾侯乙编钟、人面铜钺三件青铜器的图片和非常简单的文字介绍。呈现的青铜器数量只有三件，资源种类只有文字和图片信息。为了让学生感受到我国青铜文化的魅力，教师围绕教材中呈现的青铜器，补充了大量的青铜器图片和两段视频：一段视频展现了越王勾践剑这件青铜器在出土后还能划断十多层纸，寒光闪闪锋利无比；另一段视频展现了复制曾侯乙编钟需要多个学科的专家耗时七年的时间。通过这两段视频使学生对距今两千多年前的青铜器有了感性的认识。为了使学生了解到我国青铜铸造工艺的先进，教师不仅呈现了科学家对越王勾践剑进行检测的视频，还将曾侯乙编钟和钢琴进行对比研究，通过补充相关资料，学生们对我国古代的青铜铸造艺术由衷地发出了感叹。我国的青铜铸造技术世界领先，出土的青铜器也非常多，教师精选了越王勾践剑、曾侯乙编钟和伯矩鬲三件青铜器进行研究，学生从中感知我国青铜文化的魅力，可以看出教师在课程资源开发和利用上对内容和形式进行了补充，使课程内容更加丰富，从而增强了教学的实效性。

其二，巧妙地引导教与学方式的转变。

新课程要求改变教与学的方式，倡导探究、合作、体验、问题解决等多样化的学习方式，围绕资源的开发和利用，我们看到学生的学习方式发生了转变。教材中呈现了不同类别青铜器的图片，在教学中我们看到教师不是简单呈现青铜器的分类图片进行介绍，而是将青铜器的图片和文字介绍制作成了青铜器扑克牌，在了解青铜器种类的时候，让学生利用这些扑克牌进行分类游戏，由于游戏活动本身吸引学生，从而激发了学生学习兴趣。在这个教学环节中，教学资源本身可能没有太多的特殊性，但是教师巧妙利用资源，激发了学生学习兴趣，改变了教与学的方式，从教师的讲授变成了学生的合作探究学习，使学生成为学习的主人。

设计者：薛宝卫(北京市朝阳区定福庄第二小学)

点评者：王颖(北京市朝阳区教育研究中心)

“白雪飘飘的北国”教学案例及评析

一、教学背景分析

(一)教学内容分析

“白雪飘飘的北国”是首师大版《品德与社会》五年级上册教材第二单元“锦绣中华大地”中的第二个教学主题，主要介绍了我国北方的三块自然区域——东北平原、华北平原和黄土高原独特的地理和人文特点。本主题学习任务多而重，而且是学生第一次接触自然区域地理的学习，教师在引导学生学习知识的同时重在引导学生掌握学习方法。因此选择东北平原、华北平原两个自然区域的内容进行了重点的教学设计，旨在通过对两大平原的对比，让学生找到两地气候、地形、资源等自然环境的不同之处，并发现这种不同对人们生产生活的影响。

(二)学生情况分析

五年级学生已有初步的阅读理解能力，教师可以让学生预习教材，查找两大平原的不同。其次在本册教材第一单元的学习中，学生已经认识了中国地形图、政区图，了解了我国的主要地形、山脉等地理常识，也就是说，学生在本课学习中所需的基本读图能力已经具备，在本课教学中可进一步培养学生的读图能力。另外，大部分学生深入分析教材及利用资料和解决问题的能力还较弱，教师要给予恰当的引导和帮助，使学生逐渐掌握学习方法，不断提高思考与解决问题的能力。

二、教学目标

(一)情感态度与价值观

感受祖国北方壮丽的自然景观，体会不同环境对人们生产生活的重要影响，认识到自然与人类和谐发展的重要性。

(二)能力

通过课前调查、阅读地图、填写对比表、观察记录气温、小组合作探究等多种活动，提高学生调查、搜集资料的能力，识图的能力以及分析自然事物和社会事物的能力。

(三)知识

知道东北平原、华北平原的自然环境特点及主要物产，了解当地人们生产生活情况，理解环境对人们生产生活的影响。

(四)教学重点

了解东北平原、华北平原自然环境的特点。

(五)教学难点

体会不同环境对人们生产生活的重要影响，认识到自然环境与人类和谐发展的重要性。

三、教学准备

1. 发给学生每人一份对比表(表1)和温度记录单(表2)，指导学生根据表中提示完成表格内容。

2. 学生根据自己的填表情况进行自评，教师检查，了解学生学习情况并给出评价。

表1　两大平原对比表

			东北平原	华北平原
必做 30分	通过观察中国地形图了解	周围的地形 (所处的地理环境)		
必做 25分	通过阅读课文了解	面积、排位		
		土地颜色、肥力		
		主要物产		

续表

			东北平原	华北平原
必做 25分	1. 通过阅读课文了解 2. 填写气温记录单(附表格)	气候特点		
选做 15分	通过阅读课文或调查、搜集资料了解	其他		

表2　哈尔滨、北京12月气温记录表

城市	12月气温	9日	10日	11日	12日	13日	14日	15日
哈尔滨	最低气温							
	最高气温							
北京	最低气温							
	最高气温							

思考：通过研读记录，你发现了什么？________________________。

3. 课前调查家中的大米产地，或者去超市、农贸市场对大米产地进行一次调查。

[**设计意图**]依据《品德与社会学科能力标准与教学指南》的要求，本部分内容要通过比较引导学生感知我国不同区域的气候、地形、资源等差异，以及这些差异对生产和人们的衣食住行等方面的影响。因此，课前让学生预习填写两大平原对比表，初步感知两大平原环境的差异。并通过记录哈尔滨、北京两大城市的气温这一活动，引导学生在真实的生活中观察、对比，感悟两大平原的气候差异。这些课前的学习、调查活动能够提高学生的学习能力，使学生有准备地进入课堂，带着问题进入课堂。

四、教学过程

(一)认识北国特点，导入学习主题

1. 引导：画面中展示的是祖国北方怎样的独特风景？(雪景)

师生朗读毛泽东诗句“北国风光，千里冰封，万里雪飘”。欣赏壮美的冰雪画面，让学生感受北国壮美的雪景风光，初步感知祖国北方与南方的差异。

2. 引导学生观察地形图，明确北方的主要区域和本课的主要学习内容。

教师：长江以北的华北平原、东北平原、黄土高原和内蒙古高原，属于祖国的北方，冬季都会出现白雪飘飘的景象，但由于各地的自然环境不同，人们的生产生活也

有着许多不同。今天我们先来了解东北平原与华北平原的自然环境与人们的生产生活有哪些不同。

[设计意图]因为本课是五年级学生学习区域地理的初始课，他们对北方的范围以及整体特点不是很清晰，因此通过地图、图片和诗词，使学生整体感知北方范围以及环境特点，起到统领全课的作用，为学生进一步学习、了解北方各区域做了很好的铺垫。

(二)以两大平原对比表为主线，交流已知、学习新知

活动方式：以两大平原对比表为主线，在学生课前预习填表的基础上进行交流，并在交流的过程中学习新知识、发现新问题。其中，主要从以下几个方面引导学生观察对比，了解两大平原的特点。

1. 利用地理环境简图引导学生观察对比，认识两大平原的地理环境特点。

(1)教师板画两大平原地理位置简图，学生结合地形图观察并猜测各是哪个平原的环境图。

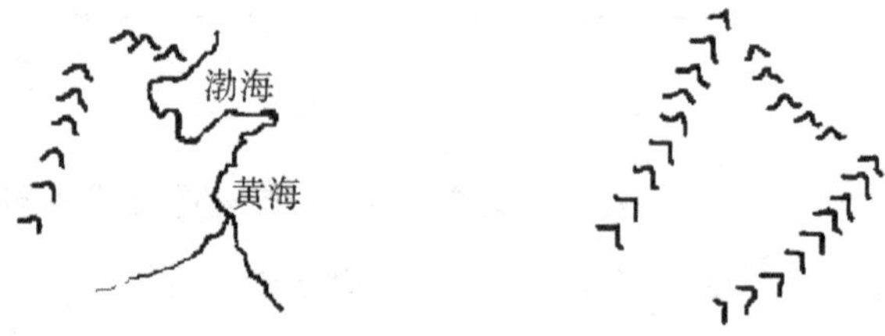

(2)结合两大平原区域地图，说出这些山脉的名字，并概括出地形特点。

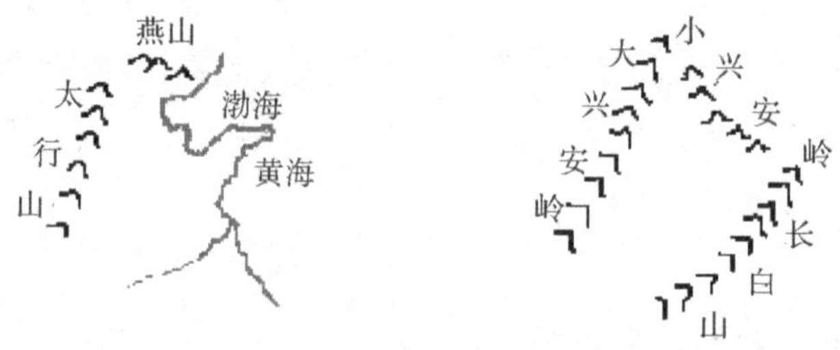

引导：画简图是学习地理的一个非常好的方法。

[设计意图]依据《品德与社会学科能力标准与教学指南》的要求，本部分内容的学习要提升学生的“理解与领悟能力”，即引导学生在观察、对比中发现不同自然环境的差异及其对生产生活的影响。因此本环节旨在引导学生对比两大平原地图，发现两大平原环境的差异。在活动设计中，教师关注学生已有水平及兴趣点，没有直接引导对

比两大平原地图，而是通过画两大平原环境简图，让学生猜猜看，学生在对简图和地图的观察、对比中豁然开朗，既明白了读图方法，又对两大平原环境有了清晰、直观的认识，读图、识图能力得到了很好的训练。

2. 利用两大平原农耕图引导学生观察、对比，了解两大平原的土地颜色；利用各种数据资料说明黑土地的肥力。

(1)出示两幅农耕图，学生观看图片，猜猜各是哪一个平原并说明理由。

(2)引导：哪里的土地更肥沃？

①说说对教材中用“一把能攥出油来”来形容黑土的理解。

②用数据说明黑土地的肥沃：黑土肥力是黄土的10倍左右。

③读读东北流传的民谚“黑土一捏冒油花，插上筷子能长叶，埋下柴禾也发芽”，“随意插柳树成荫，手抓一把攥出油”，从中体会黑土地的肥沃和东北人民对黑土地的热爱。

④用老教授沈昌蒲的话说明黑土的珍贵(我国仅一块，世界仅三块，形成的苛刻性、不可再生性、珍贵性不亚于我国的大熊猫)，体会应珍惜黑土地。

[设计意图]依据《品德与社会学科能力标准与教学指南》的要求，本部分内容的学习要提升学生的“理解与领悟能力”，即引导学生在观察、对比中发现不同自然环境的差异及其对生产生活的影响。因此本环节主要通过对比两大平原的农耕图，发现两大平原土壤的差异。在对比中，教师利用生动的民谚、具有说服力的数据以及老教授的话引导学生理解、领悟黑土地的肥沃与珍贵。

3. 通过观察对比两大平原物产图，了解两大平原的主要物产。

(1)观察两大平原主要物产图，说一说有什么异同。

引导：这些农作物在两大平原都有耕种，只不过由于环境的差异造成种植量不同与种植季节不同。

(2)通过图片、数据进一步认识两大平原的主要物产。

华北平原：

小麦产量约占世界的12%，自古有“粮仓”的美称；棉花产量约占全国的40%，自古有“棉乡”的美称；水果品种丰富，自古有“水果乡”的美称。

小结：自古以来，华北平原的人们就在这片土地上男耕女织，有衣穿，有饭吃，还可以享受美味丰富的水果，这真是大自然赋予的一块富庶的土地呀！

东北平原：

①引导：要说对我们影响最大的东北平原的物产应该就是水稻了，课前同学们都调查了家里常吃的大米产地，还有的同学去超市和农贸市场做了调查，说说你们的调

查结果吧。

出示市场调查时所拍摄的照片：多种多样的东北大米。

介绍：东北虽不是我国水稻的主产区，却是北方水稻的主产区，主要供北方人们食用。东北大米在北方市场上的占有率在90%以上。

②出示大豆田图片：东北大豆产量约占全国的37%。

小结：以前东北这片土地特别荒凉，有“北大荒”之称，新中国成立后它已成为我国重要的商品粮基地了，人们又改称这里为“北大仓”。与自古以来富庶的华北平原相比，东北平原是我国一块新兴的农业基地。

4. 利用温度记录单和气候图引导学生观察、对比，发现两大平原的气候差异。

活动一：以小组为单位，观察气温记录单和气候图表，发现两大平原的气候特点。

(1)学生结合自己记录的哈尔滨、北京的气温记录单，说明所了解到的情况。

(2)观察哈尔滨、北京年平均气温对比图，说一说有什么样的差异。

引导：在交流中让学生感受到东北的气候特点——冬季严寒而且十分漫长。

活动二：结合生活实际引导学生发现气候对人们生活的影响。

(1)问题探究：在东北冬季寒冷的气候环境下，人们的衣、食、住是怎样的呢？

教师提供真实的、生活化的资料，让学生通过分析资料解决问题。

①一位爱好旅游的网友写下的游记“东北印象”。

②一份东北菜谱。

③一些东北民居照片。

各组领取一份资料进行观察分析，然后交流东北人民衣、食、住的特点。

(2)引导：东北寒冷的气候不仅影响了人们的衣、食、住，还影响到人们生活的方方面面。

出示狗拉雪橇图：认识东北传统的雪地交通工具，说明它与气候的关系。

出示滑雪图：认识特定环境下人们的娱乐项目。

欣赏视频《冰雪之旅》：感受到东北冰雪节的快乐，并通过交流认识到东北人们利用这里的自然环境特点开发冰雪旅游来促进东北文化、经济的交流和发展。

[设计意图]依据《品德与社会学科能力标准与教学指南》的要求，本部分内容的学习要提升学生的“理解与领悟能力”，即引导学生在观察、对比中发现不同自然环境的差异及其对生产生活的影响。本环节首先通过观察对比两个城市的温度记录单以及年平均气温图表，引导学生自己去发现两大平原气候的差异，在观察、对比的过程中训练学生分析图表的能力。其次，在引导学生探究气候对人们生活的影响时，教师从贴近学生生活出发，为学生提供了东北的菜谱、东北民居照片等丰富的生活化的探究资

料，在学生观察思考、自主探究的过程中提升其问题解决能力。

（三）探究河流带给两大平原的影响（自然与人类的关系）

1. 再次观察地图，分析两大平原河流流向的不同特点，进一步培养学生的读图能力。

（1）出示两大平原河流图，引导：两大平原上都流淌着许许多多的河流，但两大平原的河流流向却各不相同，你能根据两大平原周围的地形特点分析出河流流向特点吗？

（2）交流：东北平原被山脉包围，四周高中间低，因此河流向中间流；华北平原西高东低，因此河流自西向东流。

2. 分析河流对两大平原产生的影响。

探究问题：

（1）河流赠给华北平原什么礼物？

（2）北大荒的变迁与水有着怎样的关系？

各组抽签选择一个探究主题，教师提供思考提示，引导、帮助学生深入思考问题。

“河流赠给华北平原什么礼物？”思考提示：

（1）华北平原的形成与河流有着怎样的关系？

（2）结合“哺育我们的母亲河”一课，想一想是谁孕育了华北平原的古代文化？

“北大荒的变迁与水有着怎样的关系？”思考提示：

（1）新中国成立前，这里为什么是人迹罕至的茫茫荒原？沼泽是怎样形成的？

（2）新中国成立后，这里是怎样成为商品粮基地的？沼泽中的水哪儿去了？

组织交流：

（1）通过交流使学生认识到，华北平原是河流长期冲积形成的，河流是华北平原的母亲，母亲河黄河养育了这里的先民、孕育了这里的古代文化。引导学生结合古都图了解中国有名的八大古都中的五个位于华北平原，通过理解河流的赠礼进而使学生感激大自然对人类的养育。

（2）通过交流使学生认识到，由于排不出去水使东北成为千古荒原。新中国成立后，人们挖沟渠排水，改造自然，又充分利用黑土地的优势，开荒种地，使东北迅速成为粮食生产基地，改名为“北大仓”，这是人们改造自然、利用自然的杰作。

交流后教师接着补充一些东北黑土流失的现状，引发学生新的思考，最后使学生认识到，要合理地改造自然、利用自然，人类与自然要和谐相处，使学生建立可持续发展观。

［设计意图］依据《品德与社会学科能力标准与教学指南》的要求，本部分内容的学习要提升学生的“理解与领悟能力”，本环节将进一步引导学生观察发现两大平原河流的不同，并分析探究河流对两大平原产生的重要影响。相对于前面的学习，本环节学

习活动对学生能力的培养上又进了一步。

首先，两大平原河流流向的特点从地形图中无法直接看出来，只能综合图中的多种因素分析出来，这对学生的读图能力是个新的挑战。小学高年级段，正是从直观形象思维向抽象思维过渡的时期，教师应该利用学生已有经验、学习特点和关键学习阶段，有步骤地引导学生深入探究，促使学生不断形成新的“最近发展区”，从而不断地将学生的智力从一个水平引导到另一个更高的水平。

其次，在引导学生探究河流带给两大平原的影响时，教师提出的两个探究问题是开放性的，没有唯一或固定的答案，它能够拓展学生的思维空间，也能照顾到学生不同的能力水平和个性差异。为了减小问题的难度，引导学生尽快地投入探究学习中去，教师给出了具体的思考提示，搭建梯子来帮助和支持学生学习，进而成功地引导学生完成了问题的探究，提升了学生的学习能力。

(四)总结

引导：通过本课的学习你有了哪些收获?

交流总结出环境对人们生产生活的影响，以及人们在适应自然的同时还要合理地开发、利用和保护自然。

五、教学点评

“白雪飘飘的北国”是首师大版《品德与社会》五年级上册教材第二单元“锦绣中华大地”中的第二个教学主题，主要介绍了我国北方的三块自然区域：东北平原、华北平原和黄土高原，它们都有着独特的地理和人文特点。本节课教师在充分理解教材和深入了解学生的基础上，巧妙地选择了东北平原、华北平原这两个自然区域的内容，进行了有效的教学设计。整节课关注学生能力的培养，效果突出，具体体现在以下三个方面。

其一，通过课前调查学习、课上观察对比，培养学生的感知能力。

课前，教师在了解和掌握学生已有经验的基础上，设计了填写“北京、哈尔滨两大城市冬季气温对比表”和“东北、华北两大平原不同特点对比表”的活动。此活动一方面可以引导学生参与课前的自主学习，促使学生有准备地进入课堂；另一方面，运用表格形式可以有效地引导学生在观察和对比中初步感知两大平原的不同和冬季气温的差异。另外，也有利于教师了解学生课前对学习内容的理解和掌握情况。

课上，教师不单单从自己教的角度出发关注教什么、怎么教，而是更多地从学生学的角度出发关注学生学什么、怎样学。因此，教师围绕两大平原，巧妙地运用了地图、简图等工具性资料进行地理概况的对比；利用图片、图表、数据等事实性资料进行地理环境特征的对比等，有效促进了学生对两大区域地理环境特征的感知和了解。学生在学习过程中，不仅了解了两大平原的概况、特点，更为重要的是学会了观察、对比、分析事物等学习方法。同时，促进了学生思维的有效参与，充分体现了学生是学习主体，是教学活动的主动参与者。

其二，巧妙地利用资源引导探究，提升学生的理解与感悟能力。

教学中，教师善于选择和利用各种教学资源引导学生深入思考和探究。如利用两大平原环境简图，让学生猜猜看，学生在对简图和地图的观察、对比中豁然开朗，既领悟了读图方法，又对两大平原环境有了清晰的、直观的认识和理解。再如利用北京、哈尔滨两个城市的年平均气温图表，让学生在对比中发现两个城市的冬季温差比较大，进而理解东北冬季漫长严寒的气候特点。而在引导学生探究气候对人们生活的影响时，又巧妙地选取了东北菜谱、东北民居照片等生活化的资料，有效地促进了学生对问题的理解与领悟。

其三，通过开放性问题的设计，提升学生的理解与领悟能力。

在引导学生探究河流带给两大平原的影响时，教师提出了两个开放性的问题引发学生探究的热情，这两个问题没有唯一或固定的答案，但它们能够有效地拓展学生的思维空间，也能照顾到学生不同的能力水平和个性差异。为了减小问题的难度，引导学生尽快地投入探究学习中去，教师给出了具体的思考提示，搭建梯子帮助和支持学生学习，进而成功地引导学生完成了问题的探究，提升了学生的理解与领悟能力。

设计者：聂满欣（北京市通州区第一实验小学）

点评者：曹增坤（北京市通州区教师研修中心）

“农业工具的演变”教学案例及评析

一、教学背景分析

（一）教学内容分析

“农业工具的演变”是首师大版《品德与社会》五年级下册第一单元“我们的衣食之源”中主题二“农业博物馆中的发现”中的活动内容之一，目的是使学生通过对原始农具、传统农具和现代化的农业机械的认识，进一步了解农具的演变过程，感受劳动人民的聪明才智，激发对农民的尊敬之情。

（二）学生情况分析

我校地处农村，大部分家长仍在从事农业耕作，但五年级学生跟随家长下地劳作的已经很少了。因此，他们只认识一些最基础的传统农具，如铁锹、镐等，对这些传统农具的使用方法和在农业生产中的作用却知之甚少。

(三)教学方式

教学中，教师充分发挥学生的主体作用。通过猜一猜、想一想等环节，引导学生观察、思考，使学生在自主探究中认识原始农具和现代农具，初步了解农具在农耕中的作用；通过观察与比较，使学生发现农业工具发展、演变的规律，体会到农具的发展促进了农业的发展，感受人类的聪明才智和社会科技的进步。

(四)教学准备

教师准备：

1. 准备一些现已不常用的农具，如铁犁等。

2. 请来富有种植经验的农民现场讲解、演示。

学生准备：

1. 找一找家中常用的传统农具，如铁锹、铁镐、平耙。

2. 问一问自己的家人这些农具的名称、作用等。

二、教学目标

1. 初步了解农具的发明、发展和演变过程，初步了解我国的农业生产方式。

2. 对比不同时期的农具，初步理解农具对农业生产的作用，感受劳动人民的聪明才智和人类社会科技的进步。

3. 尝试使用传统农具进行农业劳动，体验农民劳动的辛苦，尊重农民和珍惜他们的劳动成果。

三、教学过程

整个教学过程分为两大部分：课外实践活动和课堂教学。课外实践活动环节是本节课的最大亮点，教师试图用一种最朴素的教学方法，利用身边最广泛的学习资源——农田、农具等进行直观、体验性的教学。

环节一　课堂导入，激发兴趣

导入：同学们，今天我们的课堂有些特别，因为我们走出了教室来到了农田，在这里我们要和农民伯伯一起来了解我们身边的农业，首先就让我们从认识身边的农业工具开始吧！

[设计意图]依据《品德与社会学科能力标准与教学指南》的要求，本部分内容要让学生对农业生产有初步感知，建议有条件的学校可组织学生访问农户，或参加农业劳

动等。所以教师在课前请学生对自己的家长进行调查和访问：家里有哪些农具？这些农具是干什么用的？并请学生收集家里的农具在课上进行展示。由于孩子很少参加农业劳动，为了更为详细地了解农具和农业生产，教师将家长中的种田能手请到课堂中，并带领学生走出教室，走进农田，使学生在亲身体验中获取农业知识，认识农业工具。

环节二　认识、使用传统农具

提问：同学们，你们认识这些农具吗？它们到底是做什么用的？你知道哪一个，就来介绍一下吧！（呈现铁锹、铁镐、平耙等实物）

学生：辨认农具。

过渡：你知道这些农具的使用方法吗？下面我们就来了解一些传统农具的使用方法。

活动一　初步感知传统农具的特点

1. 学生试着使用铁锹、平耙、铁镐等进行劳动。

2. 现场采访：在使用这些农具的过程中你有什么感受？

3. 家长评价并示范，学生再体验。

4. 提问：通过刚才的学习，我们对这三种传统农具的使用有了进一步的认识。这些传统农具有什么共同点？

5. 小结：它们都是铁制农具，并安装了木柄方便人们使用，都需要人力操作。

活动二　认识农具——犁

1. 出示犁并提问：这也是一件铁质农具，你知道它叫什么吗？是做什么用的？你知道在劳动中它是怎样使用的吗？

2. 展示犁的使用方法。

3. 引导：通过家长的讲解和示范我们知道了犁集中了铁锹、铁镐和平耙三种农具的作用，你觉得和它们比较，犁还有哪些好处呢？（耕作方式：铁锹是人力直接使用，时间长了会很累；铁犁是人力和畜力并用，比较省人力。工作效率：铁锹慢，而铁犁比较快。）

4. 补充介绍唐朝曲辕犁。（曲辕犁将直辕改为曲辕，更加省力、灵活、方便。）

5. 提问：通过了解这些传统农具和它们的不断改进，你有什么感受？（预想：我国古代的劳动人民简直太聪明了！）

4. 小结：这些农具是我国古代劳动人民智慧的象征，更是农业生产力发展的一个标志。

[设计意图]依据《品德与社会学科能力标准与教学指南》的要求，本部分内容的学习要提升学生的“理解与领悟能力”。为了便于学生观察和分析，教师把收集到的传统

农具分类摆放，将单一依靠人力使用的铁锹、平耙、铁镐放在一起，技术更先进的犁放在一边，让学生通过观察实物，找一找这些传统农具之间的相同之处与不同点，进而归纳总结得出农业工具是不断发展变化的，人们在农业劳动中不断地改进农具，这些发展变化凝结了劳动人民的智慧。

活动三　再次体验传统农具的使用

1. 说明：通过刚才的学习，我们对传统农具的使用有了进一步的了解，同学们有没有兴趣来亲身体验一下？

2. 提出体验要求：每位同学选择感兴趣的一件农具用一用、试一试；使用中不要拥挤，隔开一定的距离，注意安全。

3. 学生体验使用农具。

4. 教师采访：你们在使用时有什么感觉？你们已经翻多大一块儿地了？试想一下，将农田的土地都翻完，需要多长时间？

5. 引导：通过刚才的体验活动，此时的你想对农民伯伯说些什么？

6. 小结：每一粒粮食都凝结着农民的汗水和辛苦，我们要尊重农民，珍惜他们的劳动成果。

[设计意图]本部分内容的学习要提升学生的“应用与实践能力”，此环节注重了对学生进行价值观的引领，即尊重农民，珍惜他们的劳动成果，爱惜粮食。当学生体验到农活的累，体会到了农民进行农业耕作的辛苦时，教师因势利导及时对学生进行教育，这样的教育是建立在学生亲身体会、感悟基础上的，因而更有说服力，较好地实现了品德教育知、情、意、行的统一。只有这样的教育才能使学生将尊重农民、珍惜农民劳动成果的行为内化，才能在生活中做到自觉遵守和持之以恒。

环节三　认识原始农具

1. 导语：(走出农田，回到了教室)刚才在农田中，我们体验了农业生产劳动。那么，我们人类最初的农业劳动和我们体验的一样吗？他们使用的农业工具又是什么样子的呢？(学生猜想)下面我们就来认识一下原始农具。

2. 想象：(呈现石刀、石镰、骨耜等图片)这些原始农具是做什么用的？和我们身边的哪些农具的用途相似？

3. 出示图片，猜想：我们的祖先是怎么使用这些农具进行耕作的呢？

4. 小结：我们的祖先用石尖或木棍尖挖个小孔，点上种子，靠其自然成长成熟，这就是“刀耕火种”。

5. 介绍青铜农具：随着时代的发展，也曾出现过一种特殊的原始农具——青铜农具，但是数量不多，仍以木质、石器为主，靠人力耕种。

6. 对比原始农具和传统农具：请你将原始农具和我们在农田里学习的传统农具比较一下，你发现它们之间有什么不同？（同时出示原始农具和传统农具两组图片。）

预想：

农具的材质不同。（原始农具主要是石质、骨质和青铜质；传统农具主要是铁质。）

使用方式不同。（原始农具依靠的是人力；传统农具依靠的是人力和畜力。）

生产效率不同。（原始农具效率低；传统农具效率较高。）

7. 引导：从原始农具到传统农具的变化，你觉得说明了什么？（预想：农业生产有了很大的进步；体现了劳动人民的聪明智慧。）

8. 小结：这些农具的出现和进步都是劳动人民智慧的结晶。它们的出现大大提高了农业生产效率，促进了农业发展。

[设计意图]依据《品德与社会学科能力标准与教学指南》的要求，本部分内容的学习要提升学生的“理解与领悟能力”，学生在农田的体验中，认识了传统农具和它们的使用方法。教师又将课堂由农田转到教室，通过猜一猜、想一想等活动使学生了解农具的起源——原始农具；了解原始社会的耕作方式——刀耕火种。通过原始农具和传统农具的对比，使学生发现两种农具的不同，在师生的共同探究中感受农具的发展和变化，体会它们对推动农业生产起到的进步作用，感受劳动人民的聪明才智。

环节四　认识现代农业机械

1. 导语：随着时代的发展，传统农具又有着怎样的变化呢？让我们一起走进现代农具的世界，来领略农业机械的巨大威力。

2. 欣赏现代农业机械（播种机、插秧机、收割机、脱粒机）。

3. 对比传统农具和现代农具引导学生思考：（出示两组农具图片）你觉得这些现代农具是哪种传统农具的演变？（预想：收割机——镰刀；播种机——铁镐、铁犁、铁锹。）

4. 提问：这些传统农具和现代农具相比有哪些进步？这些进步说明了什么？

预想：

使用材质。（传统农具有铁质、木质；现代农具都是铁质，更加结实，耐用。）

使用方式。（传统农具依靠人力、畜力；现代农具都是燃油或者电力（机械化）。）

使用效率。（传统农具比较慢、比较费力；现代农具更快、更省人力。）

5. 小结：农业机械的出现，节省了更多的人力，大大提高了农业效率，促进了农业的大发展，而这正是人类进步、科技进步的重要体现！

6. 对比原始农具、传统农具和现代农业机械（出示原始农具、传统农具和现代农具三组图片）。

提问：从原始农具到传统农具再到现代农具，在这一演变过程中，你又有什么发现？面对这些发现你有何感受？（预想：越来越节省人力，生产效率有了很大的提高，这是科技发展的力量，体现了人们的聪明才智。）

环节五　课堂总结

从刀耕火种的原始农具到人力畜力的传统农具再到机械化作业的大面积耕作，我们看到了农业工具的演变过程，然而这不仅仅是农具的演变，实际上更是农业的进步，是科技的发展，是劳动人民智慧的结晶。因此我们由衷地为劳动人民的聪明才智感到骄傲，为人类的科技进步感到自豪！

[设计意图]通过传统农具和现代农业机械的对比，使学生感受到现代农业机械在现代农业生产中发挥的巨大作用，认识到这也是人类社会科技进步的产物。通过三种农具的对比，使学生总结出农业工具演变的特点，激发学生对劳动人民聪明才智的敬佩之情，同时使学生认识到劳动创造一切，人类的发明创造是在劳动中获得的灵感。

四、教学点评

“农业工具的演变”是首师大版《品德与社会》五年级下册第一单元“我们的衣食之源”第二个主题“农业博物馆里的发现”中的教学内容。教师的教学设计有以下几个特色。

其一，利用地区资源的优势，加深学生对传统农具的感性认识。

学生感知能力的提升，是建立在认真、细致的观察和仔细阅读的基础之上的。学生往往对于直观的、形象的事物更感兴趣。教师在本节课中，充分发挥农村地区学生对农业接触较多这一优势，利用学生家长从事农业耕种的有利条件，将农田、农具等作为开展教学的重要资源与教学活动完整结合。教师带领学生走出教室，走进农田，真正实现了在农田里学习农业知识，让学生在农田里认识和尝试使用传统农具，获得最真实的感受与体验。学生眼中的农具不再是一个个词语，而是看得见、摸得着的更直观、更形象的实物，在此基础上加深了对农具的感性认识，也为进一步理解传统农具的作用奠定了基础。

其二，运用对比猜想的方法，促进学生对农业工具变化和发展的理解。

理解与领悟能力主要指学生能对有关的事物、现象、观点、事实等进行一定的分析、判断、归纳。如何提升学生的理解和领悟能力？教师在课堂教学中主要运用了对比和猜想两种方法。

在教学中教师先后四次引导学生进行对比，即：不同的传统农具铁锹、平耙、铁镐和犁的对比；传统农具和原始农具的对比；原始农具和现代农业机械的对比；原始农具、传统农具、现代农业机械的整体对比。在一次次对比中，学生深入理解：农业工具是不断变化的，每一次变化都是农业生产的进步，每一次变化都是劳动人民智慧的结晶。

在教学中，教师设计了猜一猜、想一想环节使学生了解了农具的起源，了解了原始耕作方式。教师请学生根据原始农具图片(石刀、石镰、骨耜等)想象：这些原始农具是做什么用的？和我们身边的哪些农具的用途相似？然后出示刀耕火种图，引导学生猜想，我们的祖先是怎么使用这些农具进行耕作的呢？激发了学生的学习兴趣，调动了学生的知识积累，使他们的记忆力、理解力、分析判断能力等多种智力因素得到充分发挥，从而使整个思维活动处于最积极、最活跃的状态。

其三，创设实践活动情境，促进学生在活动中体验、感悟。

在学生认识了传统农具之后，教师安排学生使用这些农具进行农业劳动。在学生亲身体验后，教师进行采访："你们在使用时有什么感觉？(采访使用铁锹翻土的同学)你们已经翻多大一块儿地了？试想一下，将农田的土地都翻完，需要多长时间?"可以说学生们的体会是相同的，他们体验到干农活的苦与累。此时，教师又因势利导开展了"对农民伯伯说一说"活动，学生此时的感受是在自己实际体验后的真实心声。这样的教育将知识传授与德育很好地结合，是建立在学生亲自实践和亲身感受基础上的，更有说服力。只有知、情、意、行相统一的教育，才能使学生将尊重农民、珍惜劳动成果的行为内化为自觉行动，才能在生活中做到自觉遵守和持之以恒。

设计者：任艳(北京市平谷区东高村镇第二学区)
点评者：贾春英(北京市平谷区教育研修中心)

"丝绸之路"教学案例及评析

一、教学背景分析

(一)教学内容分析

本课选自首师大版《品德与社会》五年级下册第三单元"灿烂的历史文明"的第四个主题"我国古代的丝绸之路"，根据《义务教育品德与社会课程标准(2011年版)》，本单元要求学生简要了解一些人类的文明遗产，激发学生对世界历史文化的兴趣，感受中华民族对世界文明的重大贡献，萌发民族自豪感和自信心。

"丝绸之路"是"我国古代的丝绸之路"第一课时的内容，以历史内容为主，重在让学生了解丝绸之路的概况和理解丝绸之路的作用。因为这节课的内容本身距离学生的生活较远，又比较抽象，所以学生学习起来比较困难。在教学中应从学生的生活中寻找与教学内容相关的衔接点，作为这节课的切入点，充分利用史料和教材中的文字、地图引导学生进行分析和讨论。

本课内容的教学要培养学生的感知能力和理解与领悟能力。

感知能力：要求学生对丝绸之路的基本事实有一定的了解，知道丝绸之路是一条古老的路、漫长的路、艰难的路。感悟丝绸之路对今天生活的影响。

理解与领悟能力：培养学生能够对事物的本质与内在联系有一定的理解和判断，理解丝绸之路是一条商贸之路、友谊之路和文化之路。

（二）学生情况分析

学生在生活中见过丝绸制品，对丝绸面料有一定的感知，但是对丝绸的发展以及丝绸蕴含的文化和历史意义不太了解。学生对于生活中非常熟悉的一些蔬菜、水果，如黄瓜、葡萄等，不知道其由来，不知道它们与这段历史的因果关系。学生在生活中对这些事物的感知是从外形、作用等角度进行的，与丝绸之路相关的信息并不了解。

学生通过本学科之前的学习，已经了解了我们祖先创造的四大发明和世界海陆分布，具有一定的分析地图和图表及阅读史料的能力。

（三）教学手段

以果蔬实物（黄瓜、胡萝卜、菠菜、葡萄、石榴、蚕豆等）为切入点进行学习，充分利用教材中的地图、图片及视频等资料，提取信息了解丝绸之路的基本情况，通过分析史料理解丝绸之路的意义和作用。

二、教学目标

1. 知道丝绸之路是一条古老、漫长而艰难的路。

2. 理解丝绸之路促进了沿途国家与地区之间的友好往来及经济、文化交流，初步感受我们的祖先勇敢、坚强和勤劳的民族精神。

3. 能够初步分析相关图片、史料等资源，提取有效信息，通过讨论分析等活动运用信息说明问题，认同丝绸之路的特征。

三、教学过程

本课的教学过程分为三个层次、七个步骤，引导学生从多种角度感知与丝绸之路相关的事物，建立并深入理解丝绸之路的概念。

教师谈话：今天老师给大家带来了几样东西，看看认识吗？（教师逐一出示葡萄、核桃、菠菜、胡萝卜等实物）这些东西对于我们来讲再熟悉不过了。可是，恐怕你们不知道，这些可不是我们这个地方的“原始居民”，它们是怎样从千里之外来到我们生活中的呢？今天我们学习第三单元主题四“我国古代的丝绸之路”。

教师引导梳理问题：关于丝绸之路，你有什么想法或问题？（学生谈想法和疑问）今天我们就围绕这些问题学习丝绸之路。我们来看一看，丝绸之路是什么样的路！

［设计意图］依据《品德与社会学科能力标准与教学指南》的要求，本课要对与丝绸之路有关的相关事物进行感知，获取与丝绸之路相关的信息。这些学生生活中熟悉的事物出现在课堂上激发了学生学习本课的兴趣。丝绸之路对于学生来说时间跨度大、距离远，怎样跨越时空的距离，获得理解？把水果蔬菜作为认知的起点，不仅因为这些是学生熟悉和亲近的，易于建立现实和历史的联系，还因为这之中蕴含着一段历史的因与果，学生在随之展开的对事物背后的原因追究的过程中，能够深化对生活的思考。

第一层次　初步建立丝绸之路的概念

第一步　读教材

教师指导学生观察陆上丝绸之路路线图，读教材文字。学生思考：丝绸之路是什么样的路？通过对陆上丝绸之路路线图的感知，学生发现陆上丝绸之路从我国长安(今西安)出发，途经敦煌、玉门关、葱岭，到达伊朗、阿富汗、伊拉克、阿拉伯等地。通过教材文字介绍，学生了解到丝绸之路是一条漫长的路，距今已经有两千多年了。

第二步　观察地形图

教师出示补充资源：陆上丝绸之路地形图。学生观察地形图思考：丝绸之路是什么样的路？学生发现丝绸之路途经地形地貌为高原、沙漠等，通过对丝绸之路途经地形的感知，了解到丝绸之路充满艰辛，是一条艰难的路。

教师提问：想象当年行走在丝绸之路上的人们，会遇到什么困难？学生思考讨论：当年行走在这条路上的人们需要翻山越岭，穿越漫无边际的沙漠荒漠、冰雪覆盖的高山和偏僻的荒野，往返一次要很长时间。还可能会遇到炎热、干渴、食物和水源不充足等危及生命的问题。

教师过渡：丝绸之路在唐朝的史书中被称为是“上无飞鸟，下无走兽，复无水草”的蛮荒之路。真是这样吗？我们通过视频来领略一番真实的丝绸之路场景。

第三步　观看视频

播放“丝绸之路——葱岭”视频。学生思考：丝绸之路是什么样的路？

［设计意图］第一层次初步建立丝绸之路的概念，通过三个步骤实现。在这三个步骤的学习中，与丝绸之路相关的事实以文字、路线图、地形图及视频等不同形式呈现给学生，学生带着本课的核心问题——“丝绸之路是什么样的路”进行阅读、观察和观

看，能够正确提取出相关信息，初步建立丝绸之路的概念，了解到丝绸之路古老、漫长且充满艰辛。

第二层次　深化丝绸之路的概念

第四步　感知丝绸

教师过渡：这条路为什么叫丝绸之路呢？在那广袤无垠的沙漠中，散落着的片片遗迹，仿佛在向我们诉说着什么，让我们一起来探寻吧！

出示史料“丝绸之路沿途发现我国古代丝绸织物图”。教师提问：你发现了什么？这说明了什么？学生通过观察地图，提取有效信息，了解到在丝绸之路沿途发现了许多丝绸，丝绸还传到了古罗马。说明我国古代的丝绸运送到了世界很多地方。

教师提问：为什么运送这么多丝绸？学生思考讨论：当时制造丝绸是我国独有的技术；丝绸十分精美；我国的丝绸深受世界各国人们的喜爱……

出示“古罗马作家对丝绸的评价”，讲“凯撒大帝关于丝绸的小故事”。

教师过渡：时至今日，丝绸依然被世界各国人们所喜爱，老师也十分喜欢我国的丝绸，还带来了一些丝绸制品，我们一起来感受一下吧！

出示丝绸实物。学生看一看，摸一摸，掂一掂，谈感受。

教师小结提升：在19世纪，德国地理学家第一次把中国中原地区经过新疆到中亚的陆上通道翻译成“SILK ROAD”，丝绸之路由此得名。后来人们把海上、草原上这样的通道都称作丝绸之路。

[**设计意图**]第二层次深化丝绸之路的概念，理解为什么以“丝绸”来命名这条路，教学时通过多种形式的资源让学生对丝绸之路有了全方位的感知，提升了学生对“丝绸之路”的理解。学生通过分析史料、感知丝绸实物，感受到丝绸是当时我国文明的代表。这同时促使学生的思维参与到课堂活动中来。他们会结合刚才的疑问进行思考。正是由于精美的丝绸是当时我国文明的代表，所以把这条路称为丝绸之路。学生能够对丝绸与这条路的内在联系有自己的感知与理解，使学科能力中理解与领悟能力逐步达到水平2。

第三层次　理解丝绸之路的意义

第五步　猜测验证——商贸之路

出示诗句“不是张骞通西域，安有佳种自西来？”教师提问：这句话是什么意思？经丝绸之路传入中原地区的物品有哪些呢？学生们猜一猜。

教师过渡：你们的猜测正确吗？请你们用资料来验证吧！学生利用资料验证猜测。核桃、葡萄、胡萝卜、菠菜、黄瓜、石榴等根据原产地判断是否为传入物品。

教师提问：原产地在中原地区，经丝绸之路传出的物品，还有什么？如果你想知道更多这方面的知识可以去百度百科寻找答案。

教师提问：不同地区交流了物品，给人们的生活带来了哪些变化？学生思考讨论：满足了人们的食物需求，丰富了饮食的种类，促进了当时社会的发展。

教师提升：这么多物品在丝绸之路沿途进行着买卖往来，这条路是一条什么样的路？——商贸之路。

第六步　分析史料——友谊之路

出示史料“《后汉书》记载：公元166年，大秦王派使臣沿丝绸之路来到中国”。教师提问：大秦是当时的罗马帝国。这是中国同欧洲友好往来的最早记录。你想到了什么？学生思考讨论：往来于丝绸之路上的除了商人，还有各国的使者，促进了当时我国同亚洲、欧洲和非洲各国的友好往来。

教师补充资料：到唐朝时，丝绸之路上长安等地纷纷呈现出国际大都市的风貌，各国使臣朝拜觐见的队伍来来往往，络绎不绝。

教师提问：现在你有什么新的感受？丝绸之路是什么样的路？学生思考讨论：丝绸之路是友谊之路。

第七步　观看视频分析史料——文化之路

教师过渡提问：古老的丝绸之路上还散落着一颗颗明珠，敦煌莫高窟就是其中之一。现在我们就走进莫高窟去看看吧。边看边思考：丝绸之路不仅交换着商品，传递着友谊，还传递着什么呢？

播放视频“敦煌莫高窟”，让学生观看。

教师提问：你了解到什么？学生讨论：有许多佛教僧人行走在丝绸之路上。敦煌莫高窟的壁画和佛像融汇了东西方的艺术风格。

教师提升：佛教就是经丝绸之路传入我国的。我国的绘画、雕刻，由于融合了外来文化的特点变得更加丰富多彩、美轮美奂。丝绸之路还促进了东西方的艺术交流。

出示史料“公元6世纪时，中亚和波斯等地已经学会了制丝技术”。教师提问：这说明了什么？学生阅读领悟：由丝绸之路还传出了制丝技术。教师追问：你们知道我国还传出了哪些技术吗？

教师小结提升：科学技术、文学艺术、宗教信仰等，都属于文化的范畴，一幅幅石窟壁画、一页页史书记载仿佛在诉说着历史上丝绸之路沿途文化交流的胜景，你们认为这还是一条什么路？学生思考领悟：丝绸之路还是文化之路。

[设计意图]第三层次通过了解沿丝绸之路进行的物品、文学、艺术、技术、佛教等方面的交易和交流及各国友好使者的往来，使学生感受到丝绸之路是一条商贸之路、友谊之路和文化之路。使抽象的概念具象化，从而实现真正的理解。深化丝绸之

路的概念，理解并认同丝绸之路对沿途国家和地区的经济、文化发展的促进作用。这一层次的教学重在培养学生的理解与领悟能力，力求使学生的理解与领悟能力达到水平2。学生对相关史料进行分析和思考之后，能够对丝绸之路促进文明发展有一定的理解和判断，能够对丝绸之路是商贸之路、友谊之路和文化之路有所认同。

出示“亚欧大陆桥地图”。教师拓展总结：从我国的连云港，到荷兰的鹿特丹，这条绵延一万多千米的现代“丝绸之路”在今天依然发挥着重要的交流作用。

[设计意图]本课最后从历史回到现实，在现代“丝绸之路”路线图上简要提取信息，展示在古丝绸之路的基础上现代铁路的开通及发挥的作用，使学生真正感受到历史是如何影响着我们生活的，现实是历史的沉淀。学生运用对历史的学习正确理解今天的社会现象。

四、教学点评

本课设计围绕“丝绸之路”概念的建立和深入理解，由课堂之初的教学情境到课堂上学生从不同类型的材料中提取有效信息了解丝绸之路的古老、漫长而艰辛，再到丝绸之路促进了商贸、文化的交流，通过三个层次七个步骤层层深入逐步展开，培养了学生品德与社会学科感知能力和理解与领悟能力。

其一，创设有价值的教学情境，培养感知能力。

本节课由教学情境导入，基于学生已有的生活经验，将学生熟悉的、亲近的生活内容(水果蔬菜)作为教学的起点，将历史和现实打通，引导学生认识到其熟悉的果蔬中蕴藏着历史的因与果，是我们的祖先凭借着坚强、勇敢、勤劳和智慧的民族精神打通了东西方文化交流的路，才使这些果蔬来到我们生活中。教学情境设计基于学生的“最近发展区”，打破认知平衡，激活学生的认知需求。选择蕴含历史信息的生活内容，将其转化为历史内容，培养学生用发展的眼光、联系的眼光看问题。

有价值的教学情境中，熟悉的场景和有价值的问题让学生产生学习的心理需要。因为是他们熟悉的场景和从未思考过的问题，所以他们会产生学习的兴趣，会有强烈的情感需求。围绕知识系统中核心概念提出的探究问题让学生有了学习的目标。创设有价值的教学情境中的场景、知识和问题能够激发学生的学习动机。在有价值的教学情境中，学生将产生强烈的学习或认知活动的动力，从而高效地进行学习活动。

学生生活中熟悉的果蔬、丝绸等事物在本节课中被重新认识。学生能够将这些事物与丝绸之路联系起来进行感知，提取相关信息，从而理解丝绸之路。

其二，丰富多样的教学资源，促进学生形成理解与判断。

本课教学开展阅读教材文字、观察路线图和地形图、观看视频及分析史料等活动，不仅能够不断丰富学生的视野，逐步拓展学生原有认知，使其获得形象具体的真实感受，更能够培养学生的理解与领悟能力，将事实与丝绸之路联系起来，从而形成和不断深化丝绸之路的概念。学生带着问题对于教师精选出的素材进行阅读、观看，逐步提取出有效信息，从而利用这些信息建立对丝绸之路的理解。

课堂上，教师呈现给学生的是真实的史料，是经过筛选的原始材料，不是现成的结论。在分析史料提取有效信息的过程中，学生充分感受到历史的真实及丰富，不但激发了学生进一步学习的兴趣，更培养了学生选择和运用信息的能力和探究学习的能力。学生提取有效信息之后的思维加工过程就是学生不断探究生成的过程。在建立概念、理解概念的过程中，学生的理解和领悟能力得到了培养和发展。

设计者：熊春颖（北京市丰台区东高地第二小学）

点评者：姚春平（北京教育学院丰台分院）

“同住地球村”教学案例及评析

一、教学背景分析

（一）教学内容分析

“同住地球村”这一主题是北京市义务教育课程改革实验教材首师大版《品德与社会》六年级上册第三单元“放眼看世界”中的主题四。本课选择了“同住地球村”中的第一个和第二个栏目，用1课时完成。

本课为“动物王国的珍宝”和“植物界的活化石”两个栏目的内容，展示了地球上的一些珍稀动植物。以这些动植物为点，引申到与我们共同生活在地球上的一切动植物。教学内容中还加入了学生提出的一些珍稀动植物，如大熊猫、朱鹮等。同时，在了解珍稀动植物的基础上，对生物多样性这一问题进行了初步的探讨。

（二）学生情况分析

课前，通过问卷的方式分析了所教班学生的知识现状。全班31名学生对于珍稀的动植物有一些了解，能列举出一些珍稀动物和被称为活化石的植物。但学生的认知水平仅仅停留在喜欢这个层面上，而对这些动植物被称为珍稀的动植物的原因进行思考的学生仅占6%，听说过生物多样性这一名词的学生只占3%（1人）。

（三）教学方式

教师结合新的课程理念，在教学中以信息技术为平台，以知识的讲授为主，附以学生参与介绍，引导学生进行探究与讨论并得出结论。

(四)教学准备

教师准备：

1. 课前了解授课班级学生的初步认知并进行相应的分析与归类。

2. 教师根据教学内容选取制作多媒体教学课件。

学生准备：

搜集珍稀动植物的相关资料，并做好向同学介绍的准备。

二、教学目标

1. 知道世界上一些主要的珍稀动植物。

2. 了解地球上动物与植物的生存状况，进一步理解人与自然的关系。

3. 体会感悟生物多样性的重要性。产生关爱动物、植物，保护生态环境及生物多样性的意识和责任感。

三、教学过程

(一)新课引入

1. 通过多媒体播放歌曲《我和你》的第一句。

教师请学生边听边思考：听后，你想到了什么？

预设：奥运会、刘欢、我和你……

教师追问：我和你指的是谁？

预设：指世界上所有的人。

教师引导：地球上所有的人不分肤色不分种族，由于交通的便利和通信技术的发展，使得我们人类居住的地球就像一个村子一样。所以人们常说把地球称为地球村。

2. 观看幻灯片：小村子(有人物、树木、房屋、小狗等)。

学生回答：我们的小村子。

教师追问：我们的村子里都有什么？

教师小结并导入新课：其实，我们的村庄里有动物、有植物、有房子、有我们人类。

[**设计意图**]利用音乐作品激活学生原认知，明确地球村中的居民不仅仅是我们人类。在了解学生原认知的前提下，通过师生共同对村庄的认识与描述，感知地球村中不仅仅有人类，还包括以动植物为代表的一切生物。

过渡：今天，我们就来了解一下地球上珍稀的动植物。

(二)新课部分

1. 动物王国的珍宝

(1)学生介绍珍稀的动物。

教师：课前，同学们进行了动物资料的收集。现在，请你向同学们介绍珍稀的动物。

学生分别介绍：白鳍豚、朱鹮、东北虎。

师生间、生生间进行互动。

(2)教师介绍珍稀的动物。

教师：老师也准备了一些珍稀动物图片与大家共享。

教师出示幻灯片：大熊猫。

师生进行互动：引导学生理解活化石的含义。

活化石是指这个物种没有灭绝，但这一物种诞生的年代离我们很遥远。例如，大熊猫生活的年代在冰川季之前，那时还没有我们人类。大熊猫只有我们国家有，而且只生活在我们国家很小的一个范围内，是国宝级的动物。

继续就珍稀的动物展开师生间的交流，包括：东北虎、白鳍豚(学生提出)、扬子鳄、朱鹮(教师与学生交流：朱鹮比大熊猫还要珍稀)、藏羚羊(教师补充：它的绒每克比黄金还要贵)。

(3)引导学生思考有些动物成为珍稀动物的原因。

教师与学生互动。

教师：假如你要穿上一件这样的衣服，你喜欢吗?

学生：喜欢。

教师：其实，我也喜欢。但是大家想过没有，你喜欢、他喜欢、我也喜欢，于是就有了人类大量的捕杀，致使藏羚羊成为稀少且珍贵的动物。

继续引导学生了解金丝猴、丹顶鹤、梅花鹿、斑马……

2. 师生讨论：一种动物成为珍稀动物是好事还是坏事

(1)教师提问：当一种动物成为珍稀动物，你们觉得是好事还是坏事?

学生讨论是好事还是坏事并说明理由。

(2)教师引导：我们人类非常喜欢这些动物，大家思考一下，如果这些动物越来越少，可能会出现什么问题?

学生：这些动物可能会灭绝。

(3)师生共同得出结论：动物成为珍稀动物时，对于这个物种不是好事。

[设计意图] 依据《品德与社会学科能力标准与教学指南》的要求，学生收集有关珍

稀动物的资料进行交流。在学生交流展示的基础上，教师补充一些珍稀动物图片并与学生展开交流、研讨，使学生了解珍稀动物的相关知识，了解动物成为珍稀动物的原因，感知由于人类大量捕杀，使得很多动物已经成为珍稀动物，甚至有可能灭绝，从而感知到人类活动与动物生存的关系。

过渡：了解了这么多珍稀的动物，现在我们再来看一看珍稀的植物。

3. 植物中的活化石

(1)教师与学生分享活化石级的植物资料。

(2)教师与学生交替介绍这些被称为活化石的植物。

银杏：生活在恐龙时代。

水彬：与银杏同一年代。

桫罗：称为活化石的植物。

珙桐、昙花、面包树、铁树、大红袍茶树(世界上就只有一棵)、金丝楠木。

(3)教师小结：正是由于有了这么多的动物和植物，给我们的世界、给我们的地球村带来了这般丰富与多彩。

过渡：在同学跟我交流的过程中，有的同学说：动物是人类的朋友。你同意这一观点吗?

教师带领学生展开“动物是不是人类的朋友”的讨论。

生 1：我不认为动物是人类的朋友。列举蟑螂、蚊子等动物对人类的危害。

生 2：我认同动物是人类的朋友的观点。列举小狗等动物陪伴人们，给人们的生活增添乐趣。

……

教师引导并小结：其实，我们仔细思考一下人类和动物到底是什么关系，我们就不会简单地说它是人类的朋友或不是朋友了。

教师继续引导学生理解：一个物种灭绝了会引发其他物种的灭绝。

出示幻灯片：渡渡鸟。

渡渡鸟灭绝了，卡尔瓦利亚树也面临着灭绝的危险，这是一个生物链。

[设计意图]依据《品德与社会学科能力标准与教学指南》的要求，结合师生共同搜集到的珍稀植物资料，使学生进一步了解一些活化石植物的相关知识。进而，使学生体会到众多的动物和植物给世界带来了丰富的色彩。同时，教师结合学生课堂生成性问题，展开相关讨论并以此引出了生物多样性的问题，提高学生感知与理解的能力。

4. 保护生物的多样性

(1)生物多样性。

教师：大家想一想，人类与动植物应该是共存的。如果有一天你一觉醒来发现我们的村庄中的动物都是狗，树都是杨树，你的感觉如何？

学生：太枯燥了，太单调了，太可怕了……

教师小结：地球上生物多种多样对于我们人类有着重要的作用，这就是“生物多样性”的作用。多种多样的生物为人类的生存与发展提供了丰富的食物、药物、燃料等生活必需品以及大量的工业原料，为人类的生存提供了良好的环境条件。

(2)保护生物多样性。

教师提问：谁能保护生物的多样性？

学生：人类。

教师追问：为什么人类要担当起保护生物多样性的重任？

教师引导：地球是我们和动植物共同的家园，正是拥有几百万种生物，地球才这样多姿多彩，同时它们对人类的生存和发展也起到了无可替代的作用，所以我们要关注它、保护它。

[设计意图]通过交流与互动，引导学生感悟和理解人类与动植物之间的关系，体会生物多样性的重要性，感悟人类有责任也有能力担当保护生物多样性的重任。

(三)总结提升

1. 现在让我们共同领略一下我们地球美丽迷人的风光，维护它、保护它人人有责。

2. 播放幻灯片(配乐的动植物、人类活动的幻灯片)，回顾本课内容，升华情感，增强保护家园的意识和责任感。

[设计意图]播放教学课件，回顾本课教学内容，让学生巩固所学知识。领略地球风光，唤起学生保护家园的意识和责任感。

(板书)

同 住 地 球 村

动物王国的珍宝　　植物界的活化石

保护地球生物多样性

四、教学点评

“同住地球村”是首师大版《品德与社会》六年级上册第三单元“放眼看世界”的第四个主题，这一课有以下几个特点。

其一，教师讲授与学生参与并重，促进学生对动植物的了解和认识。

教师在对珍稀动植物知识的讲授过程中充分尊重学生，结合学生对珍稀动植物的了解、喜好和教材内容设计教学形式。在交流、展示中充分发挥学生学习的主动性，使学生在了解珍稀动植物知识的同时，利用所学的动植物知识进行更加深入的思考。教师努力创设师生平等、民主的课堂氛围，这样的课堂学习形式深受学生喜爱。学生在轻松民主的学习氛围中了解了更多的动植物知识，体会到动植物和人类共同生活在地球上，动植物给地球增添了丰富的色彩。学生的感知能力在师生互动的过程中逐步提高。

其二，关注学生课前的认知水平，促进学生对生物多样性的理解与感悟。

课前，教师对学生进行了相关知识及认识的书面调查。在调查中比较充分地了解了学生的课前认识。在此基础上，教师进行了有针对性的教学设计，使教学活动有的放矢。例如，课堂教学中关于“一种动物成为珍稀动物是好事还是坏事”的讨论本身就源自于学生课前的调查。再有，教师教学课件中呈现的图片，也有一些是学生在调查中提及的珍稀动植物。这样的教学设计既能使教学贴近学生的生活，又增加了学生参与交流的热情，同时，使学生体会到生物多样性的重要性，逐步提高了学生的理解与领悟能力。

其三，关注学生课堂生成性问题，增强学生保护生态环境及生物多样性的意识和责任感。

在教学中，学生的问题生成具有极大的不确定性。因此，本课教学设计除了预设外，更关注学生课堂中的生成性问题。教师特别注意根据学生的现场生成对其进行引导和提升，从而有效地调控课堂，提升课堂教学的实效性。例如，在教师提到“动物是人类的朋友”这一话题时，有学生脱口而出：“我不认为动物是人类的朋友。”教师则顺势带领学生展开了对这一问题的讨论。当双方争执不下时，教师以问题的方式使学生的讨论层层深入，达成共识，继而引导学生关注生物多样性的问题并引发“谁能担当起保护生物多样性的重任”的讨论。这样的讨论与交流对学生而言既有针对性又有实效性。在学生交流与讨论的过程中，学生主动利用已经获取的知识说明自己的观点，使学生的应用与实践能力得以提高，保护生态环境及生物多样性的意识和责任感逐步增强。

设计者：杜文元（北京市东城区精忠街小学）

点评者：张建华（北京市东城区教育研修学院）

“战争风云下的儿童”教学案例及评析

一、教学背景分析

(一)教学内容分析

“战争风云下的儿童”是人教版《品德与社会》六年级下册第三单元“同在一片蓝天下”的第一个主题“战争风云下的苦难”中的一个话题。本单元旨在引导学生感受和平的美好，了解战争给人类带来的影响，热爱和平。

本课教学依据《义务教育品德与社会课程标准(2011版)》和《品德与社会学科能力标准与教学指南》，从儿童的视角看战争，旨在拉近与儿童的距离，让学生通过观察战争中儿童的悲惨生活，感受战争给儿童带来的恐惧、不安和担忧。本课的重点不是讲战争本身，而是通过对比让学生感受和平的美好，了解战争给人类带来的影响，并产生热爱和平的情感。

(二)学生情况分析

现在的学生生活在幸福的环境中，六年级的学生虽然对战争有一定了解，但只是表面的感知，没有深入的感受，通过本课的学习让学生了解战争巨大的破坏力，体会战争给人类带来的巨大灾难和深远影响，体会和平的重要性。尤其是通过感受战争中儿童的悲惨生活，进一步理解和领悟战争的苦难以及世界和平的宝贵。

本课距离学生的生活较远，教学中借助图片、数据、影视资料、生动的故事等直观材料，强化学生的感受；引导学生站在战争受害者的角度，思考和感受战争给人们心灵带来的伤害。

(三)教学方式

本课教学依据《义务教育品德与社会课程标准(2011版)》和《品德与社会学科能力标准与教学指南》，主要通过“结合生活，关注当今战争国际动态”，“结合生活，了解战火中同龄人的悲惨生活”，“透过历史看战争，了解世界大战期间儿童的悲惨命运”等探究活动，让学生看视频、图片等相关资料，去感知同龄人在战争中的感受，更深入地理解和领悟战争给人类带来的苦难。同时通过收集有关战争给人类带来苦难的图片和文字等资料，培养收集、整理、分析社会信息的能力，初步掌握自主解决问题的基本方法和步骤，提高应用与实践能力。

(四)教学准备

教师准备：

1. 教学课件“战争风云下的儿童”。

2. 阅读资料《照片背后的故事》。

学生准备：

课前听广播、看电视、阅读报纸或查找其他资料，收集近期世界各地爆发的战争、发生的冲突的图片和文字资料。

二、教学目标

1. 初步关注当今世界发生的局部战争，了解战争给人类带来的灾难。

2. 学生能通过收集有关战争给人类带来苦难的图片和文字资料，培养收集、整理、分析社会信息的能力，初步掌握自主解决问题的基本方法和步骤。

3. 感受战争的残酷、给人类带来的深重灾难以及和平的美好，树立热爱和平的意识。

三、教学过程

整个教学过程分为两大部分：第一部分“从儿童眼中看战争”；第二部分“战争带给人类的灾难”。其中教师将学生评价与教材相结合，运用新课程倡导的问题解决学习方式，为学生创设学有所思、学有所获的空间，引导学生观察反映战争中人们生活的图片和文字资料，感受战争的残酷，体会和平的美好，关注学生学习方法和学习能力的形成，使学生初步掌握自主解决问题的基本方法和步骤。

环节一　对比学生幸福生活，初步感知战争的灾难

导入：同学们，在上节课的学习中，我们已经了解到第一次世界大战和第二次世界大战给全世界带来的灾难。对比现在，我们的生活是那么的幸福安宁，首先就请同学们看一组图片，请你说一说看到了什么？想到了什么？

教师出示课件：(照片)丰富多彩的校园生活。

学生：交流自己的感想。

过渡：看到同学们丰富多彩的学习生活，感受到我们生活在一个和平的环境里，生活是那么的幸福美好。当老师看到这些照片时真是羡慕你们，老师也想回到童年过着这种无忧无虑的幸福生活。但是，同学们你们可知道，和我们生活在同一片蓝天下的某些地方的小朋友却不能过上这种生活，我们来看看他们的生活是什么样的。

教师出示课件：(视频)战争中的儿童。

学生观看视频。

提问：同学们，是什么使这些儿童痛哭不止？是什么使这些母亲伤心欲绝？是什么使这些儿童惊恐不安？

学生交流对战争的感受。

过渡：正如同学们所说的，是战争使他们的童年充满了苦难。今天我们学习的主题就是“战争风云下的儿童”。

（板书：战争风云下的儿童）

[设计意图]依据《品德与社会学科能力标准与教学指南》的要求，展示学生丰富多彩的校园生活，学生感知自己生活的幸福美好，再与战争中的儿童的悲惨生活进行对比，在强烈的对比中初步感知和平的美好以及战争带给儿童的苦难。

环节二 阅读照片背后的故事，探究战争带给儿童的苦难

活动一 结合生活，关注当今国际战争动态

提问：同学们，你们在生活中了解到的发生在世界上的局部战争有哪些？

教师出示课件：发生在我们身边的战争。

引导学生通过电视、报纸、网络、课外书籍去感受当今世界上发生的局部战争以及战争所带来的灾难，并对此话题展开交流。

过渡：从同学们的了解中我们看到，无论是在历史上还是在当今世界上，战争就发生在我们的身边。虽然我们生活在和平的环境中，战争好像已经离我们远去。但是，只要我们关注一下当今的国际动态你就会有所发现。请同学们看看下面这幅地图。

教师出示课件：世界局部战争与冲突的热点地区分布图。

过渡：这是联合国所公布的一幅世界局部战争与冲突的热点地区分布图，图中红点表示的是 20 世纪 90 年代以来爆发过局部战争或武装冲突的地区。

提问：请同学们说一说，通过这幅地图，你从中获得了哪些信息？

学生 4 人一小组观察地图并交流，从中获得关于当今世界局部战争和武装冲突的信息。

过渡：同学们不仅观察得十分仔细，还关注世界时政要闻思考问题。正像同学们发现的那样，第二次世界大战结束后，人们期盼的和平并没有如约而至。在世界的一些地方，局部战争和武装冲突仍然在危及世界的安宁，再次给人类带来灾难。让我们再通过一段短片来看看。

教师出示课件：（视频）战争并不遥远。

学生观看视频。

提问：通过发生在世界上的一些局部战争，你从中了解到了什么？

学生交流战争离我们并不遥远。

小结：我们看到从 1999 年的科索沃战争，2001 年的阿富汗战争，2003 年的伊拉克战争，2008 年的俄罗斯和格鲁吉亚战争，再到 2011 年的利比亚战争，2012 年持续不断的叙利亚武装冲突，战争离我们并不遥远，我们的世界并不十分太平。

[设计意图]依据《品德与社会学科能力标准与教学指南》的要求，本环节的设计从提升学生的感知能力出发，通过观察、阅读报纸、书籍和视频，对战争获得初步的感性认识，并在原有基础上进行再认识，结合自己的生活关注当今国际动态，感受战争离我们并不遥远。

活动二　结合生活，了解战火中同龄人的悲惨生活

过渡：下面就让我们通过一组照片走进处于战火中的我们的同龄人的生活，看看战争带给他们的又是什么？

教师出示课件：照片背后的故事。

提问：这就是那些处于战争中的我们的同龄人生活的真实写照。看了这一幅幅触目惊心的画面，请你说一说战争带给他们的是什么，此时此刻你有何感受。

学生分小组阅读“照片背后的故事”并分析交流，探究战争带给儿童的灾难。

学生分组交流汇报谈感受，教师依据学生交流话题提出相应的问题。

学生交流自己的感受。

提问：同学们，战争给他们带来的是什么？

小结：战争给他们带来的是家园被毁、流离失所、亲人离别、家破人亡。

（板书：家园被毁、流离失所、亲人离别、家破人亡）

过渡：这就是战争给人们带来的苦难。就在2012年9月，中央电视台的一名记者曾经对位于伊拉克的一处难民营进行了采访，我们一起来看看那里儿童的生活是怎样的。

教师出示课件：（视频）记者采访难民营。

学生观看视频。

过渡：身处难民营的儿童倍感思乡，就像记者最后说的，战争使儿童的幼小心灵承受了巨大的压力。儿童往往会成为最直接的受害者。战争不仅给儿童带来身体上的伤痛，而且使他们整日生活在惊恐和不安中，那种内心的恐惧对儿童的精神伤害更大。就如这篇伊拉克少女的日记，让我们一起来听一听。

教师出示课件：（视频）伊拉克少女的日记。

学生观看视频。

过渡：听了这篇伊拉克少女的日记，再对比我们的生活，请同学们谈一谈你的感想。

学生交流感想（引导学生对比自己的生活）。

小结：我们每天的生活无忧无虑，而她却生活在惊恐和不安中，即使战争结束了，

她可能也会做噩梦，因为她内心的恐惧难以消除。读书上学、与家人团聚对我们来说是再平常不过的事情，但对于那些处在战争与冲突中的我们的同龄人来说却是一种奢望。可见和平是多么宝贵！

[设计意图]依据《品德与社会学科能力标准与教学指南》的要求，本环节的设计是引导学生探究照片背后的故事，在探究交流的过程中进一步理解与领悟战争给儿童带来的苦难，从而理解和领悟和平的宝贵，树立热爱和平的意识。为拉近学生的生活，教学中所选取的资料全部是他们同龄人的遭遇，这些资料的选取更能激发学生的心灵感受，突出教学重点，突破教学难点。

环节三　课堂小结展望未来，珍爱和平

过渡：通过这节课的学习我们感受到了战争给人类带来的灾难，看到了战争中我们的同龄人的悲惨生活。

提问：战争给我们带来的是什么？

小结：因为战争他们流离失所，家园被毁；因为战争亲人离他们而去，家破人亡；因为战争他们失去了快乐，带来的却是身体的伤痛甚至是死亡，还有那种难以形容的恐惧和心灵的创伤。战争带给人类的是无穷的灾难，无尽的伤害！我们企盼和平，我们反对战争。

提问：面对战争的苦难，对比我们无忧无虑的生活，你想对处于战火之中的我们的同龄人说些什么？把你想说的写一写或者画一画。

学生写一写或者画一画自己对战争的理解和感悟。

学生展示自己的作品。

教师出示课件：(学生作品)绘画世界和平。

小结：有的同学画的是世界各国小朋友手拉手共祝世界和平；有的同学画的是我们的世界到处飞翔着和平鸽，让世界处处和平；还有同学号召人们收起枪炮，让我们的世界不再有战争。这是全世界所有儿童的心声。和平是生命的摇篮，让我们保护生命，珍爱和平，创造和平美好的明天。

[设计意图]依据《品德与社会学科能力标准与教学指南》的要求，本环节引导学生在了解战火中儿童的悲惨命运，感受战争的残酷和对人类的巨大伤害后，有效渗透情感态度与价值观教育，通过所写所画谈对战争的感悟和理解，表达反对战争、企盼和平的真实情感。

（板书）

战争风云下的儿童

家园被毁 流离失所

亲人离别 家破人亡

伤痛残疾 死亡威胁

恐惧担忧 心灵创伤

珍爱和平

四、教学点评

“战争风云下的儿童”这个话题离学生生活较远。如何运用适合学生的学习方式，引导学生感受战争给人类带来的苦难，体会和平的美好，是教师备课中普遍遇到的问题。教师经过深入钻研教材，认真学习并依据《义务教育品德与社会课程标准（2011版）》和《品德与社会学科能力标准与教学指南》，运用新课程倡导的问题解决学习的教学方式，有效实现教学目标，课堂教学突出品德与社会学科特点，教学有新意，激发学生学习兴趣，为学生构建了乐学课堂，值得大家学习和借鉴。主要特点如下。

其一，从学生的生活出发，调动学生学习积极性，关注学生能力的培养。

学生是学习的主体、教师要通过创设任务情境或问题情境，激发学生主动学习和探究的兴趣，鼓励学生大胆尝试解决问题的方法。本节课教师结合学生生活实际，培养学生的感知能力。

首先，教师运用对比法创设问题情境，引导学生通过与战争中儿童的生活对比，使学生看到战争巨大的破坏力，体会战争给人类带来的巨大灾难和深远影响。

其次，教师通过“关注当今国际战争动态”，“了解战火中同龄人的悲惨生活”，“透过历史看战争，了解世界大战期间儿童的悲惨命运”等探究活动，让学生进一步感受战争给人类特别是儿童带来的苦难，从而理解和领悟和平的宝贵。

最后，通过让学生收集有关战争给人类带来苦难的图片和文字等资料，培养学生收集、整理、分析社会信息的能力，并初步掌握自主解决问题的基本方法和步骤，进一步提高了学生的应用与实践能力。

其二，突出评价的主体地位，激发学生学习兴趣，促进学生发展。

本节课教师将作品评价与课堂教学相结合，是教学的又一亮点。教师运用问题解决学习方式选择从儿童的视角看战争，拉近与儿童的距离。学生通过观察学习卡上的图片及相关事例，去关注战争中的人们，通过写一写、画一画的方式，感悟战争给人类带来的灾难，产生热爱和平的情感。教师对学生的评价重在对学生学习过程的评价，是对学生情感态度与价值观、学科知识、学习能力的一种综合性的评价，这种评价方式激发了学生的学习兴趣，提高了学生的学习能力，促进了学生的发展。

设计者：白富斌（北京市西城区黄城根小学）

点评者：樊雪红（北京市西城区教育研修学院）

“世界并不太平”教学案例及评析

一、教学背景分析

（一）教学内容分析

本课是北京市义务教育课程改革实验教材首师大版《品德与社会》六年级下册第二单元“我们爱和平”主题二“世界并不太平”，旨在引导学生了解今天的世界仍不太平，战争和恐怖袭击使人们流离失所、家破人亡，威胁着世界和平。在主题一“世界大战的灾难”中，学生通过对两次世界大战的学习已经了解了战争给人类社会带来的巨大灾难，为本课的学习奠定了基础。

（二）学生情况分析

六年级的学生已经具备了分析材料的能力，能从材料中读出信息获得感受。由于局部战争和恐怖袭击事件离学生的生活较远，学生不易体会身处战争和恐怖袭击事件给人们带来的影响，只能凭借具体材料让学生去理解、感受战争给人们带来的灾难与痛苦。

（三）教学方式

采取对比的方式，引导学生初步感知和平与战乱给儿童带来的不同生活情境；运用大量的战争图片，引导学生分析、理解战乱给人类带来的影响，感受和平的美好，激发学生厌恶战争、热爱和平的情感。

（四）教学准备

教师准备：

为学生的小组学习准备相关材料。

学生准备：

1. 找一找自己在学校学习、生活的幸福图片。

2. 收集一些近几年发生的局部战争或恐怖袭击的相关资料。

二、教学目标

1. 在对比中，了解战争（或恐怖袭击）给人类带来的灾难和痛苦。

2. 阅读材料，从不同角度分析战争(或恐怖袭击)给人类带来的影响；结合图表和时事，分析讨论当今世界并不太平。

3. 表达自己对战争的认识，感受和平的美好，激发热爱和平的情感。

三、教学过程

(一)从生活入手，对比和平与战乱，揭示问题主线

过渡语：同学们，上课前老师先给大家看一些生活照，看看你们熟悉吗？

1. 出示学生的学习生活图片

提问：你们从这些同学的脸上看到了什么？

过渡语：你们知道吗？在同一片蓝天下，还生活着这样一群孩子……

2. 出示战乱中孩子的照片

(1)提问：你从这些孩子的脸上看到的又是什么？

(2)提问：是什么给他们带来了这些痛苦呢？

(板书：战争)

(3)提问：说到战争，你脑中浮现的是一幅怎样的画面？

3. 揭示课题

过渡语：在第二次世界大战结束后的几十年里，虽然没有大范围的战争，但局部冲突和小规模战争不断。今天，我们一起走近一些战争和恐怖袭击事件，看看它们究竟给人们带来了什么。

[设计意图]依据《品德与社会学科能力标准与教学指南》的要求，本部分内容要让学生初步感知和平的美好以及战争给人类带来的影响。由于学生对战争的了解多来自影视作品等表层的认知，所以教师利用表现学生幸福学校生活的一组照片与在战乱环境中生活的儿童情境进行对比，让学生初步感受战争的残酷，为学生进一步的学习奠定基础。

(二)围绕问题主线，展开小组学习

1. 自主学习

出示学习要求：认真阅读材料中的图片，把你看到的和感受到的用简短的话记录下来。

2. 小组交流学习

出示小组交流要求：

(1)把你看到的和感受到的在小组内进行交流。

(2)把小组交流的结果写在纸上。

(3)选出本组发言人。

3. 全班交流学习

(1)出示汇报要求：

①汇报小组交流结果，表达清楚，语言简练。

②认真倾听，哪些是各小组共同的感受。

(2)集体交流，汇报。

△阿富汗战争

关键词：害怕、恐惧。

提问1：你们组是怎么读出的恐惧？

提问2：人们恐惧的是什么？

小结：正如同学们所说的，只要有战争，就会有人受伤，就会有人死亡。这是每一个身处在战争中的人都恐惧的。而且这种心理创伤会影响他们很长时间，甚至是一生。

△两伊战争

关键词：家园被毁。

提问：你们组从哪里读出的家园被毁？

小结：这个小组的同学们观察得很仔细，我们看到昔日的家园变成了一片废墟，基础设施都被毁了，家园需要重建，经济发展不前，而大部分的资金又被投入到战争中去了，这场战争长达8年之久，所以这场“马拉松式”的消耗战给伊朗和伊拉克都带来了严重的经济损失，你们知道吗？总计损失达6000多亿美元，使两国的发展至少推迟二三十年。

△伊拉克战争

关键词：流离失所。

提问1：人们为什么会流离失所？

提问2：因为战争流离失所的人被称为什么？

小结：是战争使得很多无辜的人成为难民。这些无家可归的人生活在难民营里，那里的环境非常恶劣。疾病蔓延，人们没有办法医治。人们忍饥挨饿，过着提心吊胆的日子，不知道哪天就会失去生命。跟你们一样大的孩子也不知道什么时候能回家，什么时候可以重返课堂。你们知道吗？每一场战争过后都会有难民。据统计，全球大约有4200万难民。

△海湾战争

关键词：污染环境。

提问：你们组是怎么读出的污染？

小结：由于科学技术的不断发展，很多高科技武器应用于现代战争中，给战争中的人们带来更严重的灾难。有些国家不顾社会的舆论，竟然使用化学毒气弹、贫铀弹，不仅大量地杀伤平民，而且还造成了严重的环境污染，对人类生命与健康以及生态环境造成了空前的恶劣影响。

过渡语：除了局部战争，当今世界上还发生了很多恐怖袭击事件，我们称它们为阳光下的罪恶。

（板书：恐怖袭击）

播放“9·11事件”视频。

总结：从这些视频和图片中我们深深地感到，无论是战争还是恐怖袭击都会给人民带来同样的感受。

(3)找相同感受：通过我们刚才交流的这些感受，你发现有哪些感受是相同的？

其实，局部战争和恐怖袭击事件给人们带来的不仅仅是我们看到的这些，还有很多很多。我们今天只是了解了其中一小部分，世界上还有很多地方曾经发生过战乱。

[设计意图]依据《品德与社会学科能力标准与教学指南》的要求，本部分内容的学习是提升学生的“理解与领悟能力”。为了便于学生观察和分析，教师采取小组学习的方式，对学习材料进行信息提取，加深对战乱的理解，形成自己的认识，并在小组内进行交流，达成共识。在生生、师生互动中，让学生从伤亡人数、经济损失、环境破坏、心灵创伤等方面深入认识战争带来的影响。

4. 从空间和时间上感受世界并不太平

(1)观察教材第39页的世界地图。

提问：从图中你发现了什么？

小结：从地图上，我们可以看出局部战争和恐怖袭击分布的地域非常广。

(2)出示2000—2012年局部战争和恐怖袭击事件时间表。

提问：表中的信息又说明了什么？

(3)提问：结合这张图和这张表，你们发现了什么？

小结：世界上很多地方都曾经发生过战乱，几乎每个时间段都有战事发生，可见，世界并不太平。

（板书：世界并不太平）

(4)出示波士顿马拉松爆炸事件图。

介绍：波士顿马拉松爆炸事件。

提问：面对不太平的世界，人们渴望的是什么？

（板书：渴望和平）

小结：正是因为我们国家看到了这些战乱给人们带来的灾难，所以我们国家力争采取对话、谈判的这种和平的方式解决冲突。因为只有和平才能使得经济发展，只有和平才能带来繁荣昌盛，所以世界人民都渴望和平。

[设计意图]依据《品德与社会学科能力标准与教学指南》的要求，本部分内容的学习也是提升学生的“理解与领悟能力”。学生阅读、分析第二次世界大战后发生的一些典型事例，深刻认识到战争给人类带来的巨大影响。教师借助空间和时间图表引导学生认识到当今世界并不太平，并结合新近发生的时事，唤起学生渴望和平的情感。

(三)感受和平的美好

1. 和平的样子

提问：说到和平，此时你脑海中浮现的是一幅怎样的场景？

2. 总结

只有在和平年代才会出现你们刚刚说的这些场景。我们希望有朝一日，你、我、我们大家的眼中不再有战争，剩下的只是和平的世界，充满爱的世界。就让我们在这首歌中结束我们今天的这节课。（播放歌曲《让世界充满爱》）

[设计意图]战争的残酷使人们更加渴望和平。学生在畅谈和平的场景时，联想到的是一幅幅幸福美好的画面，感受到我们现在生活在和平的环境里，享受和平的美好，进一步理解和平的意义，激发了学生热爱和平的情感。

四、教学点评

战争是一个离学生生活比较远的话题，如何让学生认识战争、体会和平的美好是本单元学习的重点。为突出单元教学重点，教师在主题一“世界大战的灾难”教学基础上，采取对比、小组自主合作、分析讨论的学习方式，用战争的残酷反衬和平的珍贵，从而达成教学目标。本课的学科能力教学，主要表现为提升学生的感知能力、理解与领悟能力。

其一，在对比中感知战争带来的影响。

可见，本课教学体现了教师对学生感知能力、理解与领悟能力的培养与训练，通过观察、阅读地图、图表、图片、文字等活动，能够对战争的事实获得初步的感性认识。

其二，在阅读、分析中理解战争给人们带来的影响，领悟和平的珍贵。

理解与领悟能力在本课教学中主要表现在能够对事物的本质与内在联系有一定的理解和判断，能够对观点、事实等有自己的反应。在教学中，教师为学生提供了更直观、更有想象力、更有生命力的图片材料，让每个学生认真阅读图片，把看到的和感受到的用简短的话记录下来；并在小组内交流自己的感受，形成本组观点，学生先独立思考，再交流分享。学生从家破人亡、经济损失、环境破坏、心灵创伤等不同角度理解战争的残酷以及给人们带来的巨大影响，对战争有了更加深刻的认识。

在直观理解战争带来的灾难和痛苦后，教师引导学生从时间和空间上理性分析局部冲突和战争依然存在、恐怖袭击事件频繁发生，当今世界并不太平。从感性到理性，使学生对战争(恐怖袭击)有了自己的认识、反应和态度，并结合新近发生的波士顿马拉松爆炸事件，唤起学生强烈的心理感受和情感共鸣，产生厌恶战争的情感，对和平的意义领悟得更加深刻。

在本课教学中，为使学生对战争、和平建立一个感性认识，教师采取对比的方式，展现两组不同的儿童生活图片，引导学生初步感知战争给人们带来的苦难。并通过分析、理解、判断，形成自己对战争(恐怖袭击)的态度——反对战争，热爱和平，收到较好的学习效果。

设计者：陈爽(北京市大兴区亦庄镇第一中心小学)
点评者：刘静(北京市大兴区教师进修学校)

后 记

全国基础教育课程改革正在逐步深入推进。北京市在总结十余年课程改革经验的基础上，结合2011年义务教育阶段课程标准的修订，立足当前教育教学改革的实际，研究制定更符合各学科教学实际情况、更凸显促进学生能力发展的加强与改进学科教学的指导意见、学科能力标准与教学指南。

根据国家和北京市教育改革与发展规划纲要中提出的未来十年的教育导向及主要任务，新的历史阶段的教育核心走向是以育人为本，以提升质量为目标。义务教育阶段新修订课程标准的颁布实施，强调德育为先，突出能力为重，适当控制知识的容量和难度，增加社会发展和科技发展的新信息。在这种背景下，我们一直在思考，作为省市级教研部门，我们能为减轻负担、提高质量做些什么？

该项目在北京市教委的支持下，针对北京市当前的教学实际情况，研制具有操作性和指导性的教学指导意见、教学标准和教学指南，在国家课程标准和区域义务教育教学实践之间搭建“桥梁”和“缓坡”，为教师教学提供指导和方向，促进教师专业成长，减轻师生教与学负担，促进首都义务教育质量的提高。《学科能力标准与教学指南丛书》就是该项目的研究成果。

本套丛书聚焦学生学科能力培养，既有宏观层面的、方向性的指导意见，又有中观层面的能力发展标准和教学建议，还有微观实践层面的、分主题的教学案例。因此，本书既可作为指导课程实施和教学实践的参考资料，也可作为教师专业发展的培训辅导用书。

本项目在研究过程中得到了国家教育部及课程中心田慧生主任、刘月霞副主任、柳夕浪处长、付宜红处长等，北京市教委李奕委员、张凤华处长，北京教科院方中雄院长、褚宏启副院长等各级领导和专家的指导与支持。同时，也得到来自中国教科院、北京师范大学等科研院校的专家学者的指导与帮助，为项目的顺利开展与实施提供了有力的保障。项目的实施也离不开北京市各区县教研领导、学科教研员和学科教师等的积极参与、研讨，在此一并表示感谢。

《学科能力标准与教学指南：品德与生活、品德与社会》为该套丛书的分册，全书主要包括三个部分，每个部分都从品德与生活和品德与社会两个学科分别呈现相关内容：

第一部分，学科教学的指导意见。在总结十余年本课程实验情况的基础上，从深入推进课程改革和促进学生发展、给予学生社会主义核心价值观有效引领的要求上，提出加强和改进教学的建议，以加强本市品德与生活、品德与社会课程的建设。

第二部分，学科能力标准与教学指南。依据学科课程标准，从促进学生学科能力发展的角度提出具体教学建议。具体内容包括：(1)学科能力的整体描述；(2)学科能力标准及其教学建议。

第三部分，教学案例及评析。依据以上两部分，尤其是学科能力标准与教学指南，按品德与生活、品德与社会课程内容和学科能力的不同方面选择典型、适宜的教学案例，重在分析学科能力培养的具体活动和教学策略。本书共收纳了 8 个品德与生活教学案例和 15 个品德与社会教学案例，由品德与生活、品德与社会教研员和市级骨干教师指导修改并进行评析。

本书凝练了近年来北京市品德与生活、品德与社会教学研究的成果：品德与生活学科的第一、二部分主要由北京教科院基教研中心社会学科教研室胡玲、北京市西城区教育研修学院安子琴、北京市通州区教师研修中心肖月和北京市门头沟区教师进修学校艾艳敏等老师共同讨论和撰写；第三部分的案例由北京市本学科骨干教师张崧、朱莉、李爽、张如燕、于连蕊、殷冉冉、安海霞 7 位教师撰写，胡玲、安子琴、肖月、艾艳敏等撰写了教学评析。胡玲负责全书编写框架思路的设计和审定，安子琴、胡玲负责全书统稿工作。品德与社会学科的第一、二部分主要由北京教科院基教研中心社会学科教研室顾瑾玉撰写，赵跃老师参与讨论、完善；第三部分的案例由北京市 15 个区(县)的 15 位教师撰写，由区(县)教研员撰写了教学评析。顾瑾玉负责全书编写框架思路的设计工作，并和赵跃老师一起完成对全书的统稿和审定工作。

此外，本书的第一、二部分邀请了中国人民大学余国良教授、中国教科院杨一鸣博士、北京教育学院朝阳分院王小京教授、北京市西城区教育研修学院汪亚勤特级教师等专家审阅，得到了基本肯定并提出了具体修改意见。本书第一部分征求了北京市

16 个区(县)及燕山地区的品德与生活、品德与社会教研员和部分一线教师的意见。在此，对参与、支持及关注本书编写、出版的各位领导、教师表示衷心的感谢。

经过近四年的努力，凝聚着编写组成员心血的《学科能力标准与教学指南：品德与生活、品德与社会》终于与各位同仁见面。由于研究水平和能力、实践条件的限制，本书仍存在许多有待进一步研究的问题，因此我们诚恳地希望同仁及读者在用书过程中，将发现的问题以及意见、建议及时反馈给我们，使其更加完善。

《学科能力标准与教学指南丛书》编委会

2015 年 1 月